あらゆる学問は保育につながる

発達保育実践政策学の挑戦

秋田喜代美 監修
山邉昭則／多賀厳太郎 編

東京大学出版会

Challenges in Interdisciplinary Research on Early Childhood
Development, Education, and Policy
Kiyomi AKITA, supervisor
Akinori YAMABE & Gentaro TAGA, editors
University of Tokyo Press, 2016
ISBN 978-4-13-051333-3

はじめに

多賀厳太郎

保育は、私たちが人類の未来のために担っている最も大切な営みの一つである。一方、学問とは、自己を含む世界のすべてを知りたいという欲求を、普遍的な形で後世に残す営みである。そこで、保育と学問とを同じ土俵の上に乗せてみると、この組み合わせが、極めて重要で魅力的な課題であることに気づかされる。つまり保育は、現在の学問を総動員して追求すべき問題ではないかと。本書の構想は、これほど大切で魅力的なことにもかかわらず、多くの学問の協同によって保育が語られてきたことは、あまりなかったのではないか、ということを出発点にしている。

人が育つこと、そして、人が育てられることを本質的に理解するために、あらゆる領域の学問の進歩が必要だということを説明するのは比較的容易である。しかし、それらの学問が、実践的な知とどのように結びつくのかという道筋は明確ではない。このギャップを乗り越えるためには、強力な作業仮説が必要だ。そこで本書では、「あらゆる学問は保育につながる」という作業仮説を掲げ、この困難な問題に挑戦することにした。

このような試みには、新たな場の形成が必要である。平成二七年七月一日、東京大学大学院教育学研究科において、附属発達保育実践政策学センターが発足した。このセンターでは、保育を担う社会と政策、子育てや保育の実態、乳幼児の発達の機構、保育に関わる教育等について、社会科学、人文科学、自然科学までをカバーするあらゆる学問領域の専門家が集まって研究できる場を構築することを目的としている。本書は、この活動に賛同する多くの研究者、そして保育の実践者他、多くの方の協力により形になったものである。

本書がこうした新たな試みの旗印となり、多くの人々に読まれ、さらに多くの知恵が保育の問題の追求へとつながることを期待している。保育に強い関心を持っている方が、思ってもみない学問領域の面白さに目覚めること、保育に全く関心のなかった方が、自分の仕事や研究が、実は保育に関連していることに気づいたりすること、そんなことが、読者の中で展開することを特に期待したい。

［目次］

目次

序章　いま「保育」を考えるために

秋田喜代美

1　「保育」をめぐる課題

（1）社会の課題としての「保育」

日本は先進諸国の中で最も早く少子化・高齢化の両方の問題に同時に直面する国であるといわれている。保育所に入りたくても入ることができないという二万人以上の待機児童の問題が各種メディアで大きく報じられている。日本では、〇—二歳の乳児の約二割が現在保育所で保育を受けている。平成二五年から二六年の保育所等申込者数は全国で五万人増であったのに対し、平成二六年から二七年には一三万人増とさらに増加しており（厚生労働省、二〇一五）、保育ニーズに対し供給が追い付いていない状況である。国際的には、女性の社会参画率に比例して乳児保育率は高くなるといわれている。日本では女性の就業率の増加とともに、子どもの人口は減っても、今後もしばらくは入所希望率は増加すると予想されている。

また一方で、園に入れたとしても、保育中に起こる子どもの痛ましい事故の報道もなされている。乳幼児の保育は、生命の危険と背中合わせの仕事である。しかし厳しい労働環境の中で保育者も保護者も働かざるを得ないという貧困や経済格差の問題が家庭にも施設にも及んでいる。施設によって保育の質は大きく異なる。日本において、小中学校の教育が戦後直後から四年制大卒以上の者を採用試験選考によって選んできたことでの教師の質と全国統一の学習指導要領や教科書等によって全国どこにいっても一定以上の質が保たれてきたのとは異なり、私立・民営に多くを依存する園間の差はきわめて大きい。現在四、五歳においては、九九パーセントの子どもが保育所あるいは幼稚園、認定こども園という制度上の集団保育（教育）の場で育ち、小学校へ進学している。この意味で、学校教育は小学校から始まるのではなく、幼児期からすでに始まっている。乳幼児期の心身の健やかな育ちを保障するためには、保育の質のさらなる向上や最低基準に満たない施設を減らし、一定以上の質基準へと底上げを図っていくことが求められている。

また一方では、マスコミ等にとりあげられることは少ないが、少子化によって過疎地域では閉園や園の統廃合が進んでいる。公共の児童福祉と幼児教育の役割を担ってきた公立の保育所や幼稚園が閉園を余儀なくされてきている。乳幼児期の子どもが地域にいること、地域で子も親もともに育ち合っていくことは、その地域の人々をつなぐコミュニテイをつくりだす核である。二〇二〇年を境に、どの地域でも子どもの数は減少し、子どもが人口の中で占める比率は減っていくという推計も出ている。

今後高齢者が増えるにしたがって、子どもの声はとりあげられにくくなり、社会保障費は縮小されると予想される。子育てをしたいと思える街の創出はまさにコミュニティづくり、まちづくりとつながっている。いまそれが改めて議論される必要があるだろう。

乳幼児期の保育のあり方は、保育者と子どもの関係性や各園のあり方の問題だけではなく、社会で向かうべき大きな課題である。待機児童の入所問題などに典型的にみられるように、自治体や国、あるいはグローバルな国際社会の政治や政策というマクロな制度的環境やそのデザインが子どもの発達のあり方を大きく方向づける時代となってきている。ＯＥＣＤ（経済協力開発機構）や世界銀行、ユネスコ、欧州連合などが保育に関するプロジェクトに取り組んでいるのは、この課題が社会にとって重要な課題だからである。保育者や保護者一人一人の努力や園の対応だけでは片付けられない問題が多々ある。保育は、女性の就労や家族の意識変化、貧困をはじめとするさまざまな家庭の問題、市場経済中心の社会が生み出す労働の課題などを映し出す鏡である。保護者の保育ニーズは、子どもが低年齢のうちから、より長時間、より長期間、より多くの子どもたちに対して必要となっている。乳児からの長時間保育は子の成長にどのような影響を及ぼすだろうか。保育ニーズに応えようとするとき、子どもの育ち、そして親が親になっていく育ちにとって必要な時間を保障できているだろうか。そのボーダーはどこにあるのか。子どもの健やかなよりよい育ちを保障するための要件は何か、またやむを得ない状況においてそれを補完するためにはどのような環境が求められるかなどを、さまざまな観点から専門家が論拠をもって語り合うべき時がきている。子どもたちのことを大人がそれぞれの立場から責任をもって語り考えていく道筋が求められている。

(2) 保育を語る視座の問題

同時に、保育の問題だけではなく、保育を誰の視点でどのようにとりあげ、語るかという点にも問題がある。報道も含め、子を預ける保護者と預かる施設経営者という大人の論理や都合による語りが主流を占めやすい。子どもの最善の利益や幸福の保障、生涯にわたる基盤としての子どもの育ちの観点からの議論は多くはない。子どもたちの言葉にならぬ声やその子どもたちのために骨身を削って働く保育者の声が社会一般や政策立案者に届きにくいのが現状である。

ヒトの最初期に関しては、発達脳科学や小児医学等の研究の急速な進展によって、現在では、胚子、胎児からすでにその発達のメカニズムやプロセスが解明され始めてきている。また、それら最先端の科学は、ヒトの睡眠や摂食、運動などを遺伝子レベルからシステム的に明らかにしてきてもいる。このような乳幼児の発達のメカニズムの解明を行う発達科学と、乳幼児の保育実践のあり方を解明するシステム的視点、そしてそれらを社会的な政策の課題分析と関連づけて検討をしていく回路が必要ではないだろうか。保育の質や保育実践、保育制度のあり方が、子どもたちの発達に与える影響や、国の公的財源投入がもたらす社会経済的効果についても、国際的にはこの二〇年間ほどの間に多くの知見が報告されてきている。しかし残念ながら、我が国にはこのような縦断研究もないし、知見も英語であるために一般の人たちに最新の成果が届くことも少ない。言い換えると、最新の自然科学や社会科学の知見に基づくエビデンスベースの議論が、子育てや保育に関わる人に届くことがいまだに少ない。そしてそれよりも、政治主導の政策が当該分野では中心となっている。本当にそれでよいのだろうか。多領域の専門家が保育に関して手を携えて自分のできるところから考えていくことが、研究者の社会的責任として求められるのではないだろうか。それが本書執筆者一同の共通の声である。

（3）「保育」という語と保育学の設立

現在の状況に関わる課題を述べてきたが、読者の中には、「保育」は保育所が行うもので、幼稚園は「幼児教育」と呼ぶべきという指摘もあるだろう。また保育には乳幼児の保育所保育だけではなく児童福祉法上一八歳までのさまざまな保育が含まれるという指摘もあるだろう。ただし本書では乳幼児期を中心にし、園で行う集団の場の営みを広く「保育」という語を用いて使用している。

保育史・教育史の専門家である湯川の論稿（印刷中）や太田／浅井（二〇一二）によると、江戸時代まで「保育」という語の用例はみられなかったと指摘されている。湯川（印刷中）によれば「保育」の語は、一八七六（明治九）年一一月の東京女子師範学校附属幼稚園の創設に伴って、幼稚園における教育を表すものとして考案され使用されるようになったものである。明治・大正時代には小学校教育とは異なる幼稚園教育の独自性を示すために、幼稚園は「幼児を保育し」というように幼稚園教諭が行う実践を指して使われていた。また託児所・保育所においても「保育」という語が用いられ、戦後まもなくまで継続して使用されていた。ただし、幼稚園の「保育」は「就学前教育」を主とし、保育所の「保育」は「社会的養護」を主とするというように、「保育」の内容は、園や対象とする幼児により異なっていた。そして一九四八年には、幼稚園や保育所、家庭という保育する場の違いを超えて共通の「保育」を行うための手引き書「保育要領」も編まれている。しかしながらその後、文部省では「保育要領」から一九五六年に「幼稚園教育要領」となり、また、厚生省では一九四八年制定の「児童福祉施設最低基準」、一九五二年の「保育指針」で「保育」の語を使ったことで、幼稚園では幼児教育、保育所では保育というように分かれて用いられるようになってきた。そして二〇一二年八月に認定こども園法が一部改正され、「幼保連携型認定こども園」の設置が新たに規定された。その際に、「幼保連携型認定こども園」は「義務教育及びその後の教育の基礎を培うものとしての満三歳以上の子どもに対する教育並びに保育を必要とする子どもに対する保育を一体的に行う施設であり」(第二条第七項)、この法律において「「教育」とは、教育基本法第六条第一項に規定する法律に定める学校において行われる教育」をいい(第二条第八項)、「「保育」とは、児童福祉法第六条の三第七項に規定する保育をいう」と明記された(第二条第九項)。この記述で、行政の法令上は「教育」と「保育」の語は、完全に分けて使用されるようになっている。

しかし学問では最初の段階から、幼稚園、保育所等の制度的壁を超えて保育学を構想してきている。日本の幼児教育の礎をつくった倉橋惣三は、東京帝国大学文科大学哲学科で児童心理学を修めた後、コロンビアのティーチャーズカレッジでジョン・デューイから進歩主義教育の思想を学んだ。そして東京女子高等師範学校(現・お茶の水女子大学)の教授となった。また同附属幼稚園主事として、日本の保育学の思想を形成するのに尽力し、日本保育学会初代会長として、日本保育学会会報第一号（昭和二四年四月二〇日発行）に「保育学の本領」という次の文章を書いている。

保育学の領域は廣い、横には幼児生活の全面に亘り、縦には基本研究から実際研究に及ぶ。研究者としては。それ〳〵の専門面を局限し、それでなくては精深に達し得ないであろうが、狭く偏しては完き保育学にはならない。但、領域が廣いといふのも、研究せらるべき内容の範囲が廣く、事項が多いといふ丈ではない。それらのすべてが交錯連関して、内に含有の廣さを持つといふ意味である。これは、その對照たる幼児の生活が常に渾然として各面を切離すことの出来ない全一性のものであるからである。幼児生活の此の本質が即ち保育学の本質になる。

幼稚園の目的として、幼児を保育して心身の発達を助長すると言われているのが、心身を二つにならべているのではないことはいふまでもない。絶對に二つにわかてない心身である。心身の相関は、人間のいつの場合にもいはれることであるが、幼児保育の場合には、単にそうした原理に止まることでなく、現実の生活実相として常に一つなのである。これを発達の未分化といえばそれまでのことでもあるが、ここにこそ、幼児生活の、従って幼児保育の特質もあり、真諦もあり、妙味もあるのである。保育学の本領も亦、これを離れて存在しない。入るには何れからするもよい。究極は必ず此の本領が把えられなくてはならない。各の研究分野は、それ等自身として素より独立の学的存在と必要とをもつ。しかし、それ等の併列と集積だけが直に保育学ではない筈である。近来の新しい学的興味があるものであるまいか、但、こうした考へ方は保育学を常識に止める危険がないではない。われらの言ふところは、研究態度に何處までも厳密な科学性を具えつ丶、その對象の特質から生ずる必然の非分離性を求めているのである。

ゲゼール博士の就学前児童学（即ち保育学の基礎）が、斬界の顕著な学的業績であることは更めて云うふまでもないが、氏がウィスコンシン大学とクラーク大学における心理学と、エール大学における医学の学位所持者であることは見のがされない。又、かのモンテッソリー女史の独創の保育学も、女史がローマ大学における医学と教育学の両学位所持者であったことを、うなづかせられずにいない。之れ等の場合は、或いは特例でもあろうが、保育学構成の道筋の一例として、又その成果たる保育学の本領の一実証として、考えさせられるところがありはすまいか、そうして必ずしも一人でこの本領に達しないでも、合同協力の研究によって、日本保育学会に、その実現を期待したいものである。（倉橋、一九四九）

保育を対象とする領域の学際性や総合性は当時からいわれている。つまり学問の交差点に保育がある。しかし倉橋の時代には、幼児の教育の議論が、当該学会では主流であった。また園の中の教育内容や方法が主に議論されてきた。それは当時の園数や通う子どもの数が少なかったからであり、保護者もともに参画し育つという発想はなかったからである。しかしいまは、すべての子どもが乳幼児期に保育を経験している。また親にとっても園は子育てを学ぶ場、子育てを支えられる場となっている。

そしてその輪が小学校進学後の保護者の輪をつくる基盤ともなっている。だからこそ、子ども、保育者、園のあり方とともに、それをとりまくマクロな社会文化的なシステムや制度のあり方も考えることが必要になっている。そして子どもたちは長時間園にいることが多くなり、生活の場として園が機能しているからこそ、そこでの食や睡眠、遊び、運動などあらゆる活動を支える基礎的なメカニズムやよりよい環境のあり方の解明が必要なのである。

2　あらゆる学問は保育につながる

(1) 発達保育実践政策学の構想

発達保育実践政策学という言葉は初めて聞かれる方が多いだろう。これは、筆者らが立ち上げた発達保育実践政策学センターが新たに目指す学問領域を表した語である。日本語では、○○心理学、○○社会学、○○教育学と呼べば、各々心理学、社会学、教育学の一下位分野と解釈される。とするならば、発達保育実践政策学は、政策学の一分野であり、保育実践に関する政策を研究する一分野と解釈されるかもしれない。しかし当センターが目指す、「発達科学にもとづく保育実践政策学」は、子どもの発達を見つめ保育実践という社会文化的な営みを対象とし、それを支える社会的な制度や文化システムを参画しながらつくりだすより広い学際的研究領域の確立を問おうとしている。子どもの育ちを中心に置き、保育の実践や保育実践に関わる政策のあり方について、学術的に解明検討を行う学問領域が、「発達科学に基づく保育実践政策学」である。もちろん、子どもの園生活は家庭生活と連続している。またヒトの最初期から幼児期、児童期への発達過程は累積的である。この乳幼児期の生活を対象として発達のあり方、その発達を支える専門家としての保育者・保護者のあり方、カリキュラムとしての活動の内容を、多様な専門家がともに問うことを私たちは目指している。

発達保育実践政策学というと、政策は行政の仕事であり、それに学者が口をはさんだり現在のあり方を批判したりする学問なのかと考える人もおられるようである。日本学術会議に提出する、センター設立のための申請書を書いた時には、「政策は行政の仕事です」といわれた行政官もおられた。私たちの目的は、国や自治体の現行の保育政策を分析し批判をすることではない。現在の政策決定プロセスや方向性を他の国や他の分野と比較検討することで保育領域の特徴や現在の位置づけを明らかにすることを目指している。また子ども・保育者・保護者の声を、量的・質的に記述分析することによって、よりよい保育のあり方を実現するために優先すべきことや、求められる政策デザインの方法と政策が実践に至るまでの過程を、長期的スパンで明らかにしたいと願っている。保育という制度的な場での最初期のヒトのあり方の検討は、少子高齢化社会における地域創生や社会形成を考える出発点ともなりうる。したがって発達保育実践政策学は、学者としての研究者だけではなく、研究者としての目をもつ保育者や保育に関わる実践者を含む、総合的な学際研究領域である。そのため、研究者が専門家として一人で問いを立て検証していくことは難しい。しかし倉橋が「必ずしも一人でこの本領に達しないでも、合同協力の研究によって、その実現を期待したいものである」と述べたように、連携しあって専門分野の最新の智慧をかさねあわせ対話をしていくことで、一定の方向性を示すことはできるのではないだろうか。またその知を一般の人々がいち早く共有することで実際に保育や家庭生活の子育ての中で生かすことができるだろう。

すべてはそれぞれ密接に関連しあっている。この意味では射程は広い。この縦串、横串をつなぐには、従来の保育学あるいは教育学の射程だけでは不十分である。現在の保育学や教育学のそれぞれを適切につなぐプラットフォーム領域が必要である。（図1参照）

なぜ保育と政策等との連携や最先端の発達科学との結びつきは難しいのであろうか。それは学術研究を担う研究者養成の問題が大きい。保育学は、保育者養成と密接につながって研究が発展してきた。保育者養成は、短大や専門学校が養成機関としては中心であり、また四年制大学であっても、大学においては保育者養成のための教育が中心となっている。いわゆる研究を主として行うことが求められる研究大学においては保育学の研究者養成が大学院博士課程でなされているところは非常に少ない。教育学は、小学校以降の教員養成として発展するだけではなく、その学術研究分野として教育学部、教育学研究科で研究者養成もなされてきた。しかし幼児教育の研究や研究者養成はあっても乳幼児期全体を網羅した保育の研究や養成はない。一方で自然科学分野では医学や看護学、心理学等の分野では胎児・乳児の研究が進んできている。また法学、工学、農学、栄養学などでも、子どもの生活に関わる分野の研究が、それぞれの専門分野の一下位分野としては位置づいてきていた。しかし、それ以上の学際研究としての発展は必ずしも十分にはしてこなかった。したがって、いわゆるこうした発達

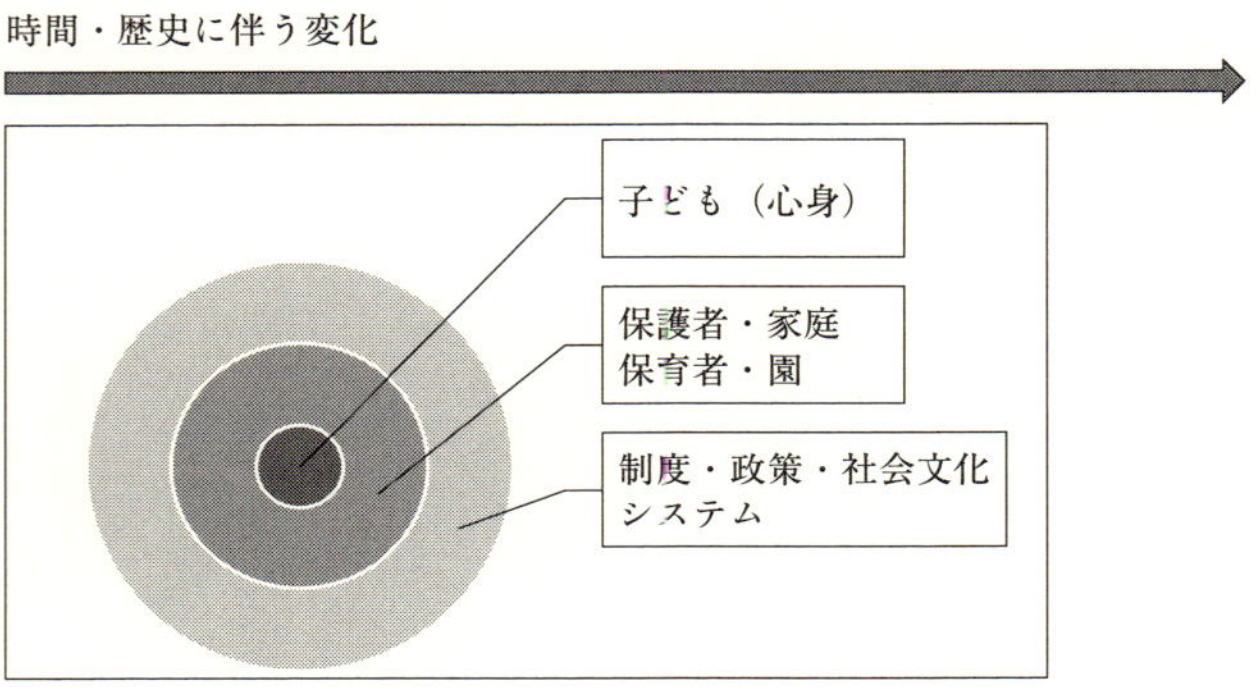

子ども：ヒトの最初期である乳幼児期の個体の発達メカニズム，行動（食，睡眠，運動など）の解明と個体差

保護者・家庭：子どもをとりまく家庭の中での家族システムのあり方と子どもの発達や家庭と園の連携，社会文化的な生活の連続性と環境移行の分析，地域子育て支援システムのあり方

保育者・園：乳幼児期の社会文化的な場である保育の質（保育者の専門性，カリキュラム，保育の思想と目標，個々の活動の空間や時間，家庭・地域との連携）と子どもの発達の連関や園間の多様性

制度や社会構造：保育の場を制度的に支える自治体や国の制度政策，政策や担当行政官のあり方，また学校教育や学童保育などの環境移行の制度的構造，保育者養成

国際的分析と歴史的分析：上記の保育の営みを捉える比較文化的，通時的分析

図1　発達科学に基づく保育実践政策学のさまざまな射程

保育実践政策学的な研究者養成の機会はなかったため、研究者の層も現在のところ厚くはない。心理学、社会学等の分野で学術研究者養成はなされてきているが、そこでの発達心理学や子ども社会学等の研究者が保育の場のことを十分に理解しているとは、必ずしもいえない状況にある。

ギボンズ（一九九七）は、知識生産活動としての実践への参画と協働のあり方を問題とした。そして、研究の価値が学問の内的規範や論理によって規定され、また学問の原理によって、研究主題の設定から研究方法、成果の表現や専門職としての就職までも規定され、専門家と非専門家がはっきり分かれる知識生産活動のあり方をモードⅠと呼んだ。これに対して、社会の要請によって課題の設定と解決をし、複数の領域の人々の共同による知識生産活動をモードⅡと呼んだ。発達保育実践政策学は、このモードⅡへの挑戦である。

（2）本書の構成

本書は二〇一五年七月に設置された東京大学大学院教育学研究科附属発達保育実践政策学センターの設置や運営に関わっているメンバーによるものである。メンバーは保育が専門の研究者ばかりではない。本書所収のさまざまな各論考では学問の視点から発達科学に基づく保育実践政策学への提言をしている。第1部では、社会的な制度や政策と保育の関係、そして実践者の方たちとの座談会を所収する。第2部では、ヒトの最初期の発達のメカニズムと子育てや保育の関係を取り上げる。そして第3部では、執筆メンバーによる学術としての保育のあり方を問う座談会も収めている。そしてコラムとして本研究会で話しをいただいた興味深いテーマをコラムとして、さまざまな学術分野の専門家に執筆していただいている。現在、発達保育実践政策学センターでは、東京大学七部局が連携するとともに、学外の多くの研究者も含めた、乳幼児の発達や保育実践、保育政策等に関わるさまざまな研究者を招いて毎月研究会を継続実施している。また保育に関わる新たな学術研究の種まきという理念で「SEED研究プロジェクト」と呼ぶ試みも始めている。これまで他分野の専門家の方たちからの新たな着想でさまざまな視点からの研究に取り組み始めている。保育の知のプラットフォームをつくる第一歩の試みになり、多様な領域の交差から新たな知が生まれていけば幸いである。

引用・参照文献

ギボンズ、M、小林信一（訳）（一九九七）現代社会と知の創造――モード論とは何か、丸善ライブラリー
厚生労働省（二〇一五）「保育士等に関する資料」第三回保育士等確保等検討会参考資料一
倉橋惣三（一九四九）保育学の本領とは、日本保育学会会報第一号
太田素子／浅井幸子（二〇一二）保育と家庭教育の誕生（一八九〇―一九三〇）、藤原書店
湯川嘉津美（印刷中）保育という語の成立と展開、日本保育学会（編）保育学講座第一巻　保育学とは――その問いと成り立ち、東京大学出版会

第１部　社会と保育

第1章　現代日本の保育——人が育つ場としての保育

秋田喜代美

はじめに

第1部では、社会と保育の関係を論じる。「保育の質」という言葉が一九八〇年代後半から世界的に広く使用されている。その背景には何があるのだろうか。なぜ乳幼児期の保育が国際的にも重視され、保育の質が論じられるようになってきているのだろうか。またこの保育の質という観点から現代の日本の保育の特徴をどのように捉えることができるだろうか。二〇一五年四月より、子ども・子育て支援新制度が始まった。これは戦後最大の保育制度改革であるといわれる。本章では国際的な動向を踏まえて、日本の保育の特徴を捉えることで、保育の働きを考えてみたい。

1　生涯の基礎を培う乳幼児期の教育

(1) 乳幼児への公的投資効果

乳幼児期は、ヒトの一生涯で、最も短期間に心身ともに著しい変化を示し、成長変容する時期である。この時期の子どもの健やかな心身の育ちの重要性を、一般の多くの人は、自身の子育てを通して経験的に理解している。また時にその健やかな環境が何らかの要因で剝奪され欠損した状況において育った子どもの心身に何が生じるのかを明らかにすることの重要性が、発達心理学や小児医学の領域等では古くから指摘されてきている。これは一人の人が人として育っていくための必要条件を説くのに重要な事例である。

これに対して、近年では、乳幼児への保育・教育政策に国や自治体が公的資金を投入することが社会政策としても効果的であることが、ノーベル経済学賞受賞者で米国ワシントン大学のヘックマン教授らの研究（ヘックマン、二〇一五）や、米国ラトガーズ大学の教育経済学者バーネット教授の研究(Barnett, 2010) によって明らかにされてきている。それらの研究では、就学前の経済的に恵まれない子どもたちを対象に、特定の教育プログラムを受けるグループと受けないグループとを設けて、二〇年後に比較調査した。結果、教育プログラムを受けた子どもたちの方が後の犯罪率の低下や社会保障費受給率の低減につながったという。その研究では政策投資に対してどれだけの返報効果があるかが、

幼児教育プログラム	投資額（Cost）	利益（Benefits）	B/C
Perry	$17,599	$284,086	16
Abecedarian	$70,697	$176,284	2.5
Chicago	$ 8,224	$ 83,511	10

表1　就学前教育プログラムの効果

表1のように計算され報告されている。つまり、社会全体にもたらす経済効果の大きい政策として就学前教育投資が認められてきているのである。一ドルを幼児教育政策に投資すると、二一歳では七倍、四〇歳のときには一六倍の経費節減になるという試算もなされている（Melwish, 2015）。一九八〇年代には、恵まれない子どもたちを対象とした幼児教育プログラムへの投資は長期的に効果があるといわれてきた。しかしさらに調べてみると、経済階層の下位層だけではなく、中上位階層でも幼児期の教育プログラムに通った子どもはそうでない子どもよりも得られる恩恵利益が多いといったことも示されるようになってきた。つまり個人だけではなく社会全体の出費の長期的な節約にもつながるという見方が生まれてきた。また学力には個人差があるので、どの経済階層にも有効という指摘も出てきている。

（2）幼児教育が培う社会情動的スキル

そして幼児期の教育が就学後の学業成績に寄与するだけではなく、生涯にわたって生きる力としてのライフスキルを培う意味をもってきているとこの数年いわれるようになってきている。図1は四つのプログラムの効果を示したものである（Bartik, 2014）。興味深いのは、幼児期の教育プログラムの効果が小学校

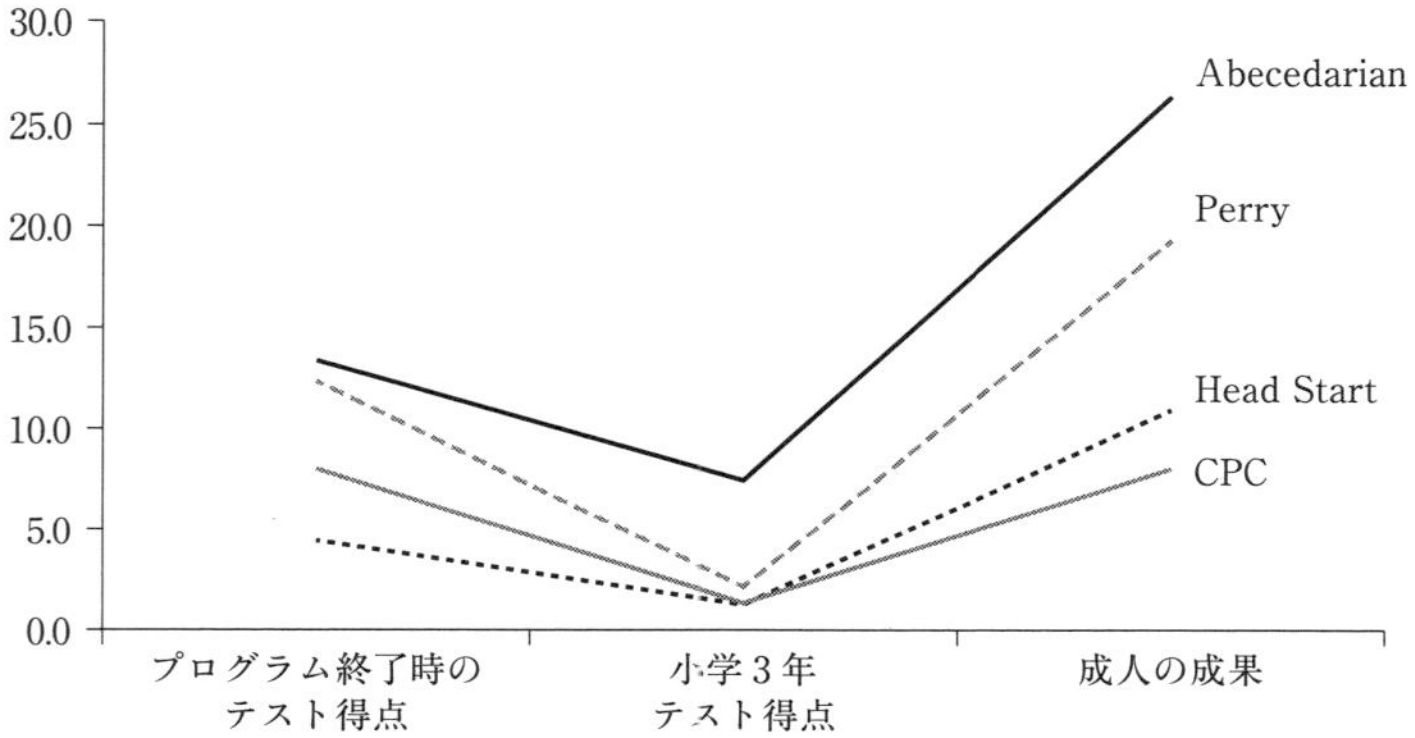

図１　幼児期教育プログラムが予測した効果：小学校３年生の成績と大人になってからの年収効果

出典：Bartik, 2014

では減少して消失したようにみえることである。しかしそれが大人になってから再び現れるという。なぜなら、非認知スキル（社会情動的スキル）といったライフスキルは、独力での回答を求められる学業テストのような方法では測定できないが、就職して他者と協働して働くようになって初めて、その影響が現れると考えられているからである。つまり乳幼児期の教育の効果はいわゆる学業の成果だけではなく、ライフスキルを育て、職業人や社会人として必要なスキルの基礎を培っていると指摘されてきている。

大人になるまでの教育効果をみるには、幼児期から成人になるまでの長期的な追跡縦断研究が必要になる。一九七〇―八〇年代から集められた複数のデータをさらにメタ分析という手法で検討することで、具体的にどのようなスキルが成人後のどのような指標との関連性があるのかについてや、またその効果の大きさ等を示した研究がある（Schoon et al., 2015）。

	教育/社会経済的/雇用	精神的健康	身体的健康	その他
証拠カテゴリー１　複数の縦断研究のいずれでも，強い効果が見られた関係				
自己調整，自己統制，我慢	*学業成績(+) *社会経済的地位(+) *収入(+)*失業(−)	*精神的疾患(−) ストレスマネジメント(+)	*臨床的問題(−) *肥満(−)	*犯罪(−)
言語力	*学業成績(+)収入(+) 社会経済的地位(+) 失業(−)	*精神的疾患(−)	*不健康な行動(−)*健康自己評 *臨床的問題(−)	*犯罪(−)
数的スキル	*学業成績(+)収入(+) 社会経済的地位(+)		不健康な行動(−) 臨床的問題(−)	
証拠カテゴリー２　いくつかの縦断研究では強い効果がみられているもの				
情緒的安定性		*人生の満足(+) *精神的疾患(−)	肥満(−)	パートナーシップと生活する資質(+)
実行制御機能，注意制御，作業記憶抑制統制，運動スキル	*学業達成(+)(注意) *数学能力(+) *一般的認知スキル， *大学単位取得		肥満(−)	学級での適応行動(+) 問題行動(−)

表２　５歳での指標で成人期の影響の予測因となったもの

＋は正の相関，－は負の相関．＊は，６歳以前にスキルの測定が実施されたものである．

出典：Schoon et al., 2015

表2は、アメリカ、イギリス、カナダ、ヨーロッパ各国、ニュージーランドなど二九カ国で実施された長期縦断研究のデータセットをメタ分析した論文をまとめたものである。

これらの結果からは、五歳までの幼児教育において培われる自己調整（制御）の力や自分が行動主体であるという主体性の感覚が、さまざまな教科や領域の内容についての知識を超えて、生涯にわたる人生後半の成果につながる予測因となること、そしてそれは認知的能力の高さとは独立に影響を及ぼすものであることが明らかにされてきている。つまり、対人的関係において自己調整能力や情緒的安定性、意欲や自信をもって行動できる力、そしてスムーズにコミュニケーションをとり、人とうまくやっていける力が、いわゆる知的な能力とは別な力として生涯において重要だという結果である。そしてそれはいわゆる、ヒトの成長メカニズムに備わった生得的なもののみではなく、同年代の子どもたちが集団で受ける幼児教育の中で培われるものである。

情動的な安定性は、成人後の心的・身体的健康に影響を及ぼす。また言語力は成人後のさまざまな領域の成果を促進する。一方、数学的能力は学業達成や社会経済的な地位や身体的健康には影響を及ぼすが、限定的な効果しかないことも明らかにされてきている。集中して課題に取り組むなどの実行制御能力が学校での成績や行動に影響があることも示されつつある。社会的スキルは、幼児期には潜在しており見えにくいが、家族を形成できるか、親になれるかどうかの判断の予測因子であり、アルコール中毒などのリスク要因の低減にも影響することもメタ分析でわかってきている。

つまり、幼児期の教育において、いわゆる知的な学習だけではなく、他者とともにくらし遊ぶことを通して培われる社会的スキルや、同年代との関わりから学ぶ自分の感情を調整する力やストレスをマネジメントする力が、生涯にわたって重要な働きをすることが欧米での長期縦断研究から明らかにされつつある（池迫／宮本、二〇一五）。こうしたエビデンスによって、保育の政策への公的投資について の説明責任を果たすことができると考えられる。またそこで大事なのは、読み書き算数を前倒しして教育するという早期学校化ではなく、幼児期こそ他者との関係性の中で学ぶことが意味をもっているということである。

（3）エビデンスのない国——日本

日本では保育に関わるこのようなデータセットは一つもない。また日本において、保育政策が重視されてきたのは、子どもの育ちに寄与するというよりも、選挙において母親の票を集めるための政策という面が大きい。日本の外遊びや自由な遊びは欧米の保育とは異なる面も多い。だから独自のエビデンスが必要である。日本にも事例や少数でのサンプル研究、あるいは子どもの身体の発育などの調査はある。しかし保育や教育に関わる長期縦断研究データはない。乳幼児の保育に携わる保育者は、この時期の子どもが経験すべき内容やその大切さを認識しているが、第三者からは園では子どもは遊んでいるだけだと見られたり、子どもをただ世話しているという見方をされることも多い。しかし、実際の保育は子どもが同年代の仲間と生活や遊びを夢中になってともにすることや、意見がぶつかり合うことを通して自分の気持ちをコントロールしたり、自信を身につけたりといった生涯にわたって

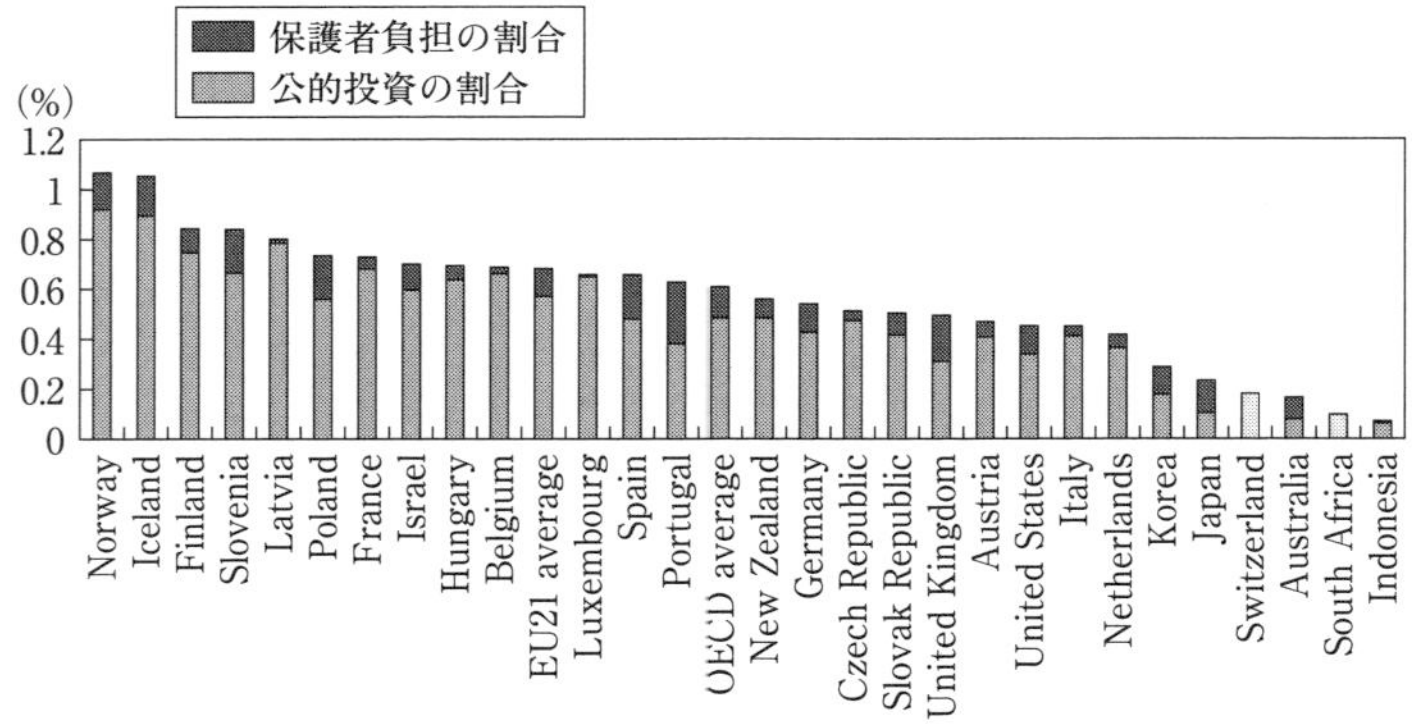

図２　OECD 諸国での GDP にしめる就学前教育支出の比率
出典：OECD, 2015a

有用なライフスキルが育つ場である。また、保護者も園の活動に参加することで我が子だけでなく園の他者の子どもや保護者とともに成長していく場であることも社会一般では認識されていない。

図２は、二〇一一年の各国のＧＤＰ（国内総生産）にしめる、就学前教育への公的投資と保護者の個人負担の割合を示した図である（OECD, 2015a）。ＯＥＣＤの調査参加国の平均はＧＤＰの〇・六パーセントが就学前教育に割り当てられているのに対し、日本は二〇一二年データではＯＥＣＤ加盟国中下から五位の〇・二パーセントであった。しかもその半分以上は公費からの負担ではなく、個人の家計から支払われている状況にあることがわかる。これは保護者にとっては、家計負担が他の国に比べて大きく、子どものための財政支援が少ない国となる。特にシングルマザー等での非正規雇用による経済格差が他国に比べて大きい分、負担も重く感じられるだろう。だが一方、行政からすれば、公的にお金をかけずに一定

以上の成果や質が担保されている効率のよい状況とみることもできてしまうだろう。いずれにせよ誰の立場になって語るのか、これからの社会を担う子どもにとって有用な視点から考えることが急務であろう。

2　制度改革としての子ども・子育て支援新制度

（1）前進への一歩

この国際的な動向の中で、日本において、二〇一五年四月に子ども・子育て支援新制度が施行された。制度改革に伴って〇・七兆円が恒久財源として保障されることになった。二〇一七年四月に予定の消費税増税分八・二兆円のうちの一・三五兆円が社会保障の充実にあてられ（そこには医療、介護、年金なども含まれる）、そのうちの〇・七兆円が、子ども・子育て支援新制度のためにあてられるとされている。待機児童対策という量的拡大だけではなく、保育士の処遇改善・保育の質の向上にもあてられることになった。いままで、これほど大きな予算が保育に投じられることはなかった。今回の政策は、子どもを大切にするというスタンスを国が社会に対して明示すると同時に、経済的に厳しい家庭を支援し、働きたいという女性の社会参画を保障するメッセージでもあると解釈できる。

この改革には賛否あるが、少なくとも一歩前進ではある。まず制度検討のための子ども・子育て会議が内閣府のもとにつくられ、各自治体でも地方版子ども・子育て会議がもたれるようになった。幼

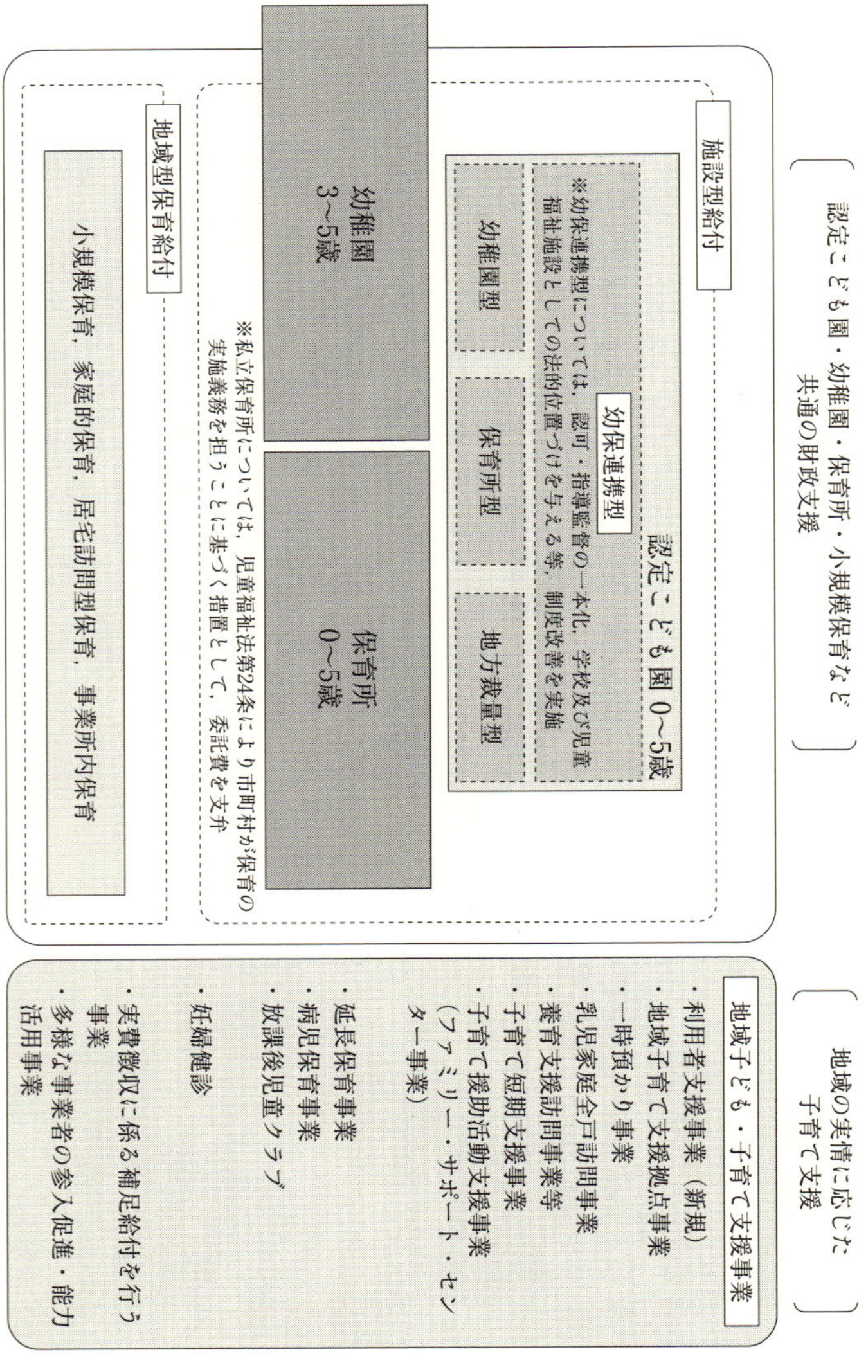
認定こども園・幼稚園・保育所・小規模保育など共通の財政支援
施設型給付
認定こども園 0〜5歳
幼保連携型
※幼保連携型については、認可・指導監督の一本化、学校及び児童福祉施設としての法的位置づけを与える等、制度改善を実施
幼稚園型
保育所型
地方裁量型
幼稚園 3〜5歳
保育所 0〜5歳
※私立保育所については、児童福祉法第24条により市町村が保育の実施義務を担うことに基づく措置として、委託費を支弁
地域型保育給付
小規模保育、家庭的保育、居宅訪問型保育、事業所内保育
地域の実情に応じた子育て支援
地域子ども・子育て支援事業
・利用者支援事業（新規）
・地域子育て支援拠点事業
・一時預かり事業
・乳児家庭全戸訪問事業
・養育支援訪問事業等
・子育て短期支援事業
・子育て援助活動支援事業（ファミリー・サポート・センター事業）
・延長保育事業
・病児保育事業
・放課後児童クラブ
・妊婦健診
・実費徴収に係る補足給付を行う事業
・多様な事業者の参入促進・能力活用事業

図3　子ども・子育て支援新制度の概要（内閣府資料より）

稚園、保育所、認定こども園、小規模保育、家庭的保育などの代表者や、保護者、自治体の代表者などさまざまな保育関係者が一つのテーブルについて、日本のこれからの保育に関わる制度を議論し合う機会がもたれたことは大きな意味をもっている。これは戦後、幼稚園と保育所の二元制度が文部科学省と厚生労働省という別々の所管で続いてきたことからすれば画期的な一歩である。保育・幼児教育施設に対する財源給付の一本化（施設型給付）や小規模保育への給付（地域型保育給付）という財政の仕組みができた。一本化によって基礎自治体である市区町村が幼稚園も保育所も施設型給付という一つの財源の流れの中で扱うことができるようになった。（図3）

そのために各自治体が、保育の需要と供給を把握し、地域の子ども・子育てのあり方を計画的に検討するための会議がつくられることになった。また認定こども園制度の煩雑な事務処理が改善され、学校教育と児童福祉施設の両方の性質をあわせもつ幼保連携型認定こども園への移行が容易になり、国や自治体が推進する方向が生み出され、保育教諭という名称も生まれた。これは幼保一体化への一歩といえる。しかし、シンガポールや台湾が制度も財源も一本化し、韓国はカリキュラムを一元化したのに対して、日本は現在のところ地域ニーズに応じて多元化の道を歩んでいる。

（2）多様な視点からの評価と次の一歩へ

この制度改革が短期的、長期的に保育の量と質に関して改善をもたらしたのかは今後検証が必要である。制度改革によっては、改善へと推進する部分もあれば、実施時には予想もしない弊害を生み出す面もあるだろう。この制度改革は自治体の多様な方針と創意工夫を認めていると同時に、自治体の財政負担が大きくなり地域格差をもたらす懸念もはらんでいる。

この数年間、毎年約一〇〇園の公立幼稚園が閉園しているといわれるが、平成二六年度には、全国で認定こども園への移行も含めれば二〇〇園もの園が閉園している。公立保育所も常勤職員比率は下がり、パート職員が増え、保育所も公設民営化が進んでいる。これらは経済的に厳しい自治体で顕著である。私立・民営依存は、保育をより安い賃金の職業へと押し下げたり、保育や教育の公共性を低め、私事化を進める危険性との裏表一体である。小規模保育や家庭的保育の推進は家庭から近い場所で保育を受けられる可能性を高めるメリットがある一方で、異年齢保育や保育者がチームで多様な視点から子どもを観るという保育所がもっていた機能の一部を失わせる危険性も含んでいる。また地域の子育て支援等のために子育て支援員という新たな資格が設けられたが、それは、保育を専門家の仕事ではなく、数日の研修を受ければできる仕事へと脱専門職化を促す危うさもはらんでいる。そして保護者の就労を支援し、長時間の保育も保障していくという親の望む保育サービスの充実は、子どもたちにとっては家族の絆や心身の安定を弱め、また、親が親として育つために必要な時間や子育ての喜びの共有の喪失を生み出すかもしれない。また乳幼児期には家庭での子育てに関わりたい、また〇歳時期には育休を取得して自分の手で子どもを育てたいという親に対しても、低年齢のうちに入っておかないと保育所を利用できないかもしれない、乳児期早期からでも子どもは集団の場で専門家に育ててもらった方がよいのではないかという不安や誤解を助長し、子育てに関わる主体的選択の幅を狭める可能性もある。

量の確保と質の向上を同時に追求するのは現実には難しく、新制度が地域によっては質の低下をもたらしていく危険性もある。つまりこれまで以上に地域や園間での格差が拡大する可能性がある。誰にとってこの改革がよいものとなったのか、子どもや保護者、園、自治体等の多様な視点からみて長期的に検証評価をしつつ、そこからまた次への可能性を探る視点についての議論がされなければならないだろう。子どもは、自分では保育を選べず、希望するあり方を自ら語ることもできない。だからこそ保育に関わる人々や研究者が、子どものいまここ、そして将来のために何が必要かを代弁していくことが必要になっている。

（3）子ども目線の質の向上

この制度改革や財源支援が子どもたちの日々の教育や保育の質の充実、子どもの暮らしや遊びの充実、そして健やかな育ちへとつながっていき、本当の意味での質の向上につながるためには、自治体や園においてどのような道筋の想定が必要かを丁寧に検討しなければならない。施設制度改革や財源確保は園の経営や保育実践に携さわる大人にとって直接的な支援になり、とても大事である。しかし経済的支援は子どもにとっては間接的なものである。必要条件ではあっても十分条件ではない。子どもたちの日々の保育や教育の質の向上につながるためには、園での保育実践のあり方、子どもたちの日々の経験にこの制度改革がどのようにつながっていくのかの丁寧な検討を行い、その道筋を皆が共有し保障していくことが不可欠である。

保育の質の向上を図るためには、「1．ビジョンや目標、規制のあり方、2．子どもの育ちを保障する教育保育のカリキュラム、3．日々の保育者の関わりや職場環境、4．保護者や地域の人の参画と対話、そして5．常に実践をモニタリングし評価する仕組みを園、自治体、国の各水準でみていくことが大事」といわれている（OECD, 2013）。また子どもが通う施設の設備や環境といった空間、保育のための素材や教材というモノ、そして保育を行う時間や一日の活動の流れという園生活を構成する時間をトータルにシステムとしてみていくことが大事になる。質は社会文化的な価値に基づく相対的なものである。日本の子どもたちにとって各時代において何が大事にされるべきかを議論し考えなければならない（秋田／佐川、二〇一二）。そのとき、ある一定水準以上の質の確保と、各地域や各園の独自性を生かした質の向上という二つの様相をわけて議論することが必要である。質の確保は、最低基準として何を全国すべての園に確保すべきかという議論である。たとえば日本の保育所の子ども一人あたりの面積の最低基準は戦後一度も見直されておらず、しかも子どもの発達からみて本当にその基準が必要十分であるかの証拠はない（定行、二〇一四）。保育者一人あたりの子どもの数や年齢によるクラスの学級定数も現行の基準に子どもの育ちからみた根拠はない。子どもの行動からみて適切かを問われなければならない。こうした状況では最低基準自体が子どもの現在の生活や健やかな育ちにとって十分とはいえないし、待機児童問題のために最低基準すら設けることができず、参照基準にとどまっている地域もある。また最低基準は満たしていればよいのではなく、さらにその質を向上させる必要がある。そして、向上のためのサイクルを生み出す人材や、それを適切に評価するためのシステムを草の根レベルからつくりださなくてはならない。この点について、国際的にみると、外部評価と関連付けて質向上のために外部専門家とともに助言を行うシステムを考えている国（たとえばニュージーランドや台湾など）も数多くある。日本では、最低基準以上の質の向上については各園や自治体に現在のところは任されたままである。第三者評価にしても子どもに直接関わる保育過程の質は検討されていない。学術的な視点から制度改革の評価や検証は不可欠である。

3　日本の保育の質の向上のために

ここでは、質の向上を考えたときに、保育者と保育カリキュラムの二つの観点から日本の保育の特徴をみてみたい。

（1）乳幼児保育と小学校以上の教育の格差の大きさと接続への工夫

二〇一五年四月にOECD対日経済審査報告書（二〇一五年版）が日本政府に提出された。その中で、女性の就労による労働力の増大という観点から最も優先度の高い政策として「保育の拡充」がトップにあげられ、次のように述べられている。

「雇用における男女間格差は、出産後労働市場に残る女性が三八パーセントに過ぎないという事実に表れている。日本は子育てや学童保育に対する支出（対GDP比）がスウェーデンや英国の三分の一に過ぎない（ただし、支出を増やすためには税もしくは社会保険料収入が必要）。母親が仕事を行いやすくするため、日本再興戦略は保育所を二〇一八年三月までに四〇万人分、二〇二〇年三月までに学童保育を三〇万人分増やすことにしている。子育て支援策の拡充により、二〇一三年に一・四に過ぎない合計特殊出生率が高まるかもしれない」。

この文章や第1節でも述べたように乳幼児期の子どもたちに日本が投じる公的資金額は、その他先進諸国に比べてきわめて低い水準にある。また乳幼児期の公費投入比率も他国に比べて低い。さらに重要な点は、学校教育へ投じる資金に比べて保育や幼児教育への投入がかなり低い点にある。これは財源の問題だけでなく、社会の人々や政策立案者が乳幼児期の保育を考える際の根底にある認識や信念によるところが大きい。北欧等では、子どもの健全な成長を支える保育は、子どもの権利保障であり、子ども・社会にとって公共財（Public goods）であるという考え方がある。子どもは一市民であり、学ぶ権利は乳幼児期から保障されるべきという思想が浸透している。また子どもを貧困の連鎖から断ち切るためにも、乳幼児期からの手厚いケアと教育が大事であることが実証され、その考え方が北欧では一般の人々にも共有されている。

北欧や英国をはじめとする社会民主主義の国では、エスピン－アンデルセン（二〇〇一）がいうように、子どもは社会の皆で育てるという思想が高福祉や公教育保障政策の背景に強くある。これに対して現在の日本は、義務教育に関してはその公共性が議論されるが、乳幼児期の保育に関しては、家

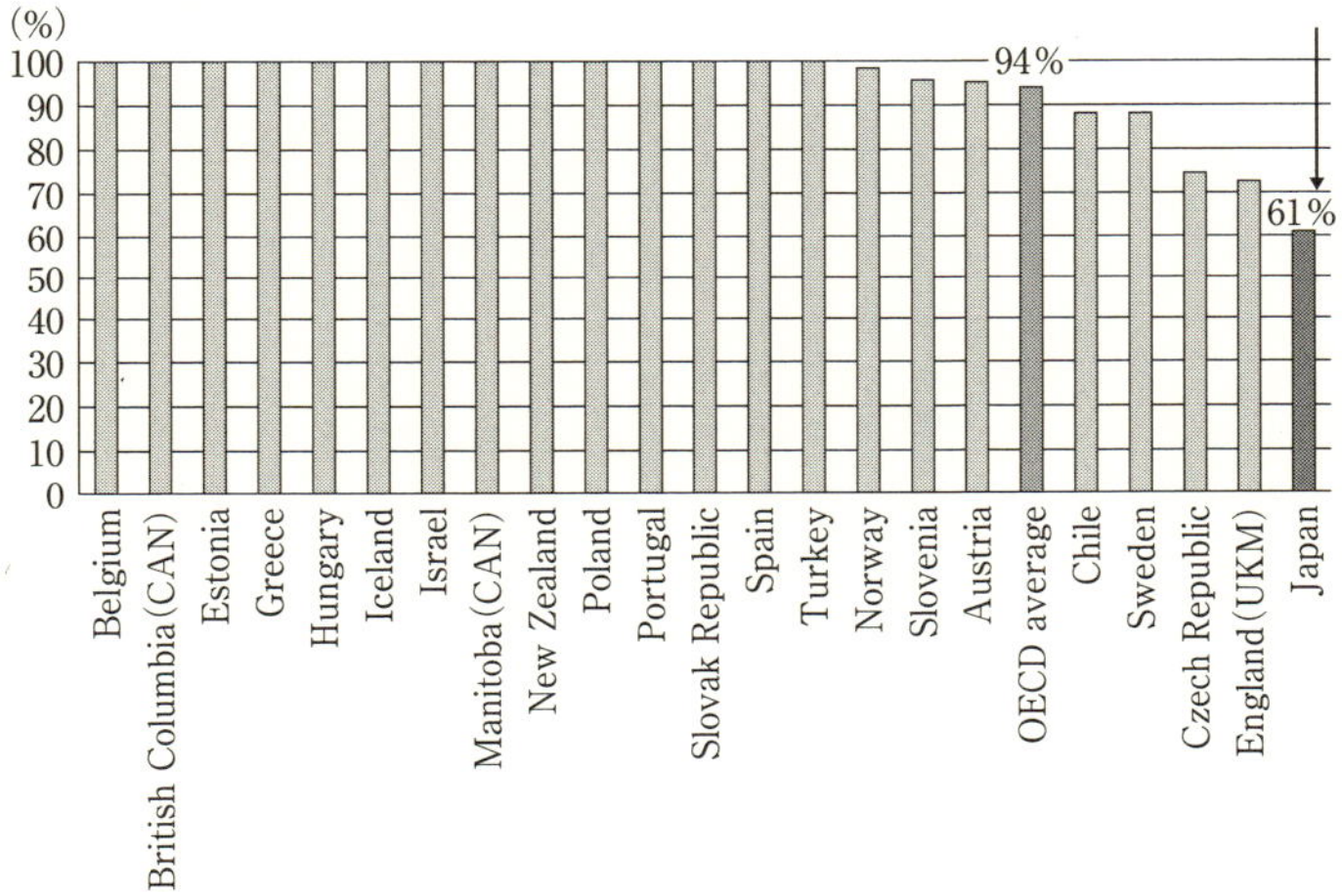

図４　小学校教員給与と幼稚園教諭給与の比較
出典：OECD, 2012

庭の責任という思想や法制度と、新自由主義・市場主義とがつながってしまい、たとえ多額の公費が投入されていても、保育は金銭を介した単なるサービスであり、保護者や子どもはそのサービスを受ける対象としてのみ捉えられがちである。またその一方では、子育ては母親の務めであるという思想に基づく発言がいまだに行政の中でも聞かれる。こうした思想は、子どもにとってマイナスなだけではなく、保育現場で働く人の地位の専門職化も妨げている。たとえば小学校以上の教師の給与と幼児教育に関わる教員の給与との格差が先進諸国で最も大きいのは日本であるといったデータ（図４）からもそれはいえる（OECD, 2012）。しかしまた一方で、保幼小連携接続に関しては、保育士体験や合同研修など国や自治体がさまざまな取り組みを推進している国として、日本はＯＥＣＤ諸国の中では珍しい存在である。子どもの数が減っていく中で、地域の人々のつながりをつくっていく契機も秘めている。

また、公立幼稚園の教諭には研修の権利が保障されているが、私立では園の裁量も大きく、保育士の場合には専門職であるにもかかわらず研修の権利は保障されていない。つまり勤務時間は保育にあてるべきと考えられるために、勤務時間内で新たなことを学んだり保育中の出来事をふりかえったりする時間や教材を開発することにあてる時間が保障されない中で、早朝から夜遅くまでの中でシフトを組んで勤務をしている実情がある。また保育所は児童福祉施設であり、施設長には教諭や保育士の資格の義務付けがなく、誰でも経営できることになっている。保育は「お母さんの仕事、家庭での育児の延長」として、子育て経験のある人なら誰でもできる仕事という見方がいまだに根強いことが、保育の脱専門職化を招いている。

保育者が自律的な専門家として働けるように、待遇の低さや勤務条件の厳しさを解消し、子どものためによりよい保育を行うことの手ごたえや職務満足感を感じるための研修の時間の保障を行っていくことが、いま求められている。限られた時間でも学び合える研修がこれからに求められている。保育者の勤続の継続性や研修の時間の確保によって、キャリアを積むことの階梯が明確になることで保育者の専門家としての展望がみえてくる。しかし残念ながら、保育士資格には経験年数を積んでもこのようなキャリア階梯も制度的に準備されていないのが日本の現状である。保育者の専門性や園長や施設長の専門性（ロッド、二〇〇九）を明らかにして専門性基準を策定していくこと、また個人と同時に園全体が学び育ち合う組織になっていくことが求められている。
保育は、他の教育機関の教員以上に高度な資質と知識、責任が求められる。乳児期の子どもの健康は生命の保持に直結しており、大きな責任がそこには存在する。また言語でのコミュニケーションが難しい子どもたちの意思を適切に推測して望ましい保育・教育を行う力が保育実践の場では求められる。だからこそ、子どもを丁寧に注視し見守れる力のある保育者一人あたりの子どもの数を適切に保ち、安全な環境が準備される必要がある。

また子どもとの関わりだけではなく、保育者には、保護者への日々のコミュニケーションと対応が数多く求められるところが小学校などとは大きく異なる保育の専門性である（シラージほか、二〇一六）。家庭との連携が日々の子どもの生活の連続性を保つためにも欠かせない。保護者自身もまた園という場で親として育っていく機会を得ている。特に子どもの数が減り、我が子をもつまでに子どもに接したことのない若者が増えていて、そういった保護者にとっても園は自身が育つ場となっている。そして園で培われた人的ネットワークが小学校以上の保護者の輪もつくっていく。

また日本では貧困の格差が大きくなっている。経済的に厳しい家庭の親子は社会的絆や支援も少ないために、心身への支援が園に期待されている。保育ソーシャルワーカーの充実やチームによる連携の中で、人生最初の時期からの累積的なハンディを防ぐための専門性も園や園に関わるさまざまな職種の人に必要になってきている（小西、二〇〇六）。しかしそうした課題に対しての手厚い保育のあり方の議論がまだなされていない。貧困対策においても、小学校以上の学力保障の議論は多くなされても保育に特化した議論はないのが現状である（秋田／小西ほか、印刷中）。人間として最もしなやかな可塑性をもった時期の子どもたちの命を預かり育むと同時に、保護者と協働して子どもを育てていくことが保育者に求められる。

そしてそのための組織風土や職場環境を保持活性化していくためには、園長や施設長が子どもの発達や教育について専門的見識に基づくビジョンをもって組織をつくり、リーダーシップをとっていくことが必要である（ロッド、二〇〇九、Shirai, 2013）。それが保育の質を保障するといわれている。しかし、園長の専門職基準をつくっている国もあるが（カナダ、中国など）、日本にはそれもない。子どもと保護者をどのように総合的に支援するのか、そのための専門職育成を考えたときに現在のキャリア階梯のない保育士の資格のみでよいのかは考えていく必要がある。

専門職の高度化のために教職大学院へ行くといった従来の学校教育の専門性向上とは異なる、現状を踏まえた道を保育では考えていく必要がある。個人の学歴の高度化ではなく、園内研修の充実等によってチームで子どもたちを育む保育の質の向上という別の道を考えていくことが求められているといえよう。

（２）遊びと生活中心カリキュラムの重視

乳幼児期の保育・教育と小学校以上の教育の分断という課題を述べてきたが、一方では、乳幼児期の発達にふさわしい子どもの遊びや暮らしを大切にする方法としての保育を学校教育とは独立して保障し、早期からの学校教育化を防いできたという歴史もある。三歳以上での就園率の高さはその後の学力保障につながるといわれているが（OECD, 2015b）、日本は、集団保育の場で過ごしている子どもの比率がとても高い国である。だからこそそこでの保育・教育の質が子どもの育ちにとってはとても大事な意味をもっている。ＯＥＣＤ（2006）が指摘しているように、就学準備に力点を置いたアングロサクソン系のカリキュラム、子どもの権利としての遊びの保障を重視する北欧のカリキュラムなどと日本の保育のカリキュラムは構成が違っている。欧米のカリキュラムは社会が子どもに身につけさせたい能力の育成を中心に構成されているので、認知、運動、言語、社会情動的スキルなどの能力で何がどのようにできるかを軸に書かれている。それに対して日本では「健康、人間関係、環境、言葉、表現」といった乳幼児期に望まれる生活経験をもとにカリキュラムの領域が構成されている。「生活を生活で生活へ」という倉橋惣三の言葉に象徴されているように、日々の遊びと暮らしを大切にし、戸外での自然活動や遊びを重視する教育内容を生み出してきた。そして日本では言語的な教示ではなく、「環境を通して行う教育・保育」が乳幼児期の心身の健やかな育ちを保障してきた。質の高いカリキュラムのあり方について観察をもとに行った英国でのイラム・シラージらの調査結果（Silva et al., 2010）からは、保育者主導の活動と子ども始発の活動時間のバランス、特に子どもが始めた活動の発想を保育者が支え発展させていくことの大切さや子どもの発想をつなぐ保育者の力量の大切さが明らかにされている（Iram et al., 2015）。日本の典型的な保育はまさにこうしたことを大事にしてきている。しかし、このカリキュラムの次元と園の多様性の中で行われる保育実践や保育過程の構造化の質については、質の評価として十分な検証がされているとはいえない。教育と称して細切れの時間割で、さまざまな業者をいれてスポーツや音楽などを指導している園から、自由な遊びを掲げてカリキュラムが必ずしもきちんと構想されていない園までさまざまである。

また園庭がない園や、狭いビルの上層階に所在する保育室では戸外での遊び活動の経験が保障されないという問題がある。長時間の保育が増えるほどに、保護者が迎えに来たときに「お預かりしたままの体で返す」ということが至上命題になり、子どもの体をつくる運動を制限したり、いざこざを通して子ども同士が育ち合う機会を妨げることにもつながってきている。

財務や経営、施設管理、危機管理などは監査や外部の評価がなされているが、教育保育課程やその活動の質については、実際には各園にお任せという実態がある。またこれまでは教育委員会管轄の公立幼稚園では指導主事が園間を回って指導助言することで一定の質を保つ機能を果たしてきていた。しかしこれらの機能が制度改革の中で消失していくこともある。また各園が相互に保育を公開し参観し合うことで、保育の質の向上に努めようとする園ネットワークの動きや各自治体では園間をつなぐ幼児教育・保育コーディネーターの育成の動きも出てきている。しかしその内実においてどのような力量が必要とされるのかは明らかになっていないのが現状である。

たとえば台湾では地域の保育者養成校の教員が各園を回り、質の改善が必要と考えられる園には園内研修や助言を行う評価の仕組みをつくっている。ニュージーランドでは質の評価局の監査委員が指導が必要な園に寄りそって質の向上を目指す制度をつくっている（Education Review Office New Zealand,

2013)。地域の人材資源をつないで活用することで園としての保育内容や保育実践の質をどのようによくしていくのかが問われている（European Commission directorate-general for education and Culture, 2011)。日本は遊びを中心として質の高い保育を多くの園が実践してきている。これはこれからも大事にすべき誇る点である。しかしその保育過程（プロセス）の質をどのように認めて高めていくのかは、必ずしも明確ではない。質が高いからこそ、その保持向上のためのあり方の検討が必要になる。

またその一方で乳児期からの保育の質をどのように捉えたらよいのかについては、日本も含め、先進諸国においても議論が開始されたところである（Moss, 2014)。乳児期における質の高い経験や遊びについて子どもの実態から検討することが求められている。

以上のように保育の課題は、いわゆる表だって報道される問題だけではなく、数多くの検討すべき課題を有している。保育の質の高い国として北欧やニュージーランドなどがあげられることが多いが、それらの国と比べて日本は人口規模も思想も歴史も違う。そうした中で日本ならではの質の高い保育のためのシステムづくりがいま求められている。

ヒトの最初期の大切な時期の命を預かる保育者は、それだけに人が人生の中で最も大きく変化する成長の喜びを分かち合うことができる。過酷な労働条件の中でも、一人一人の専門性だけではなく、相互に連携し、チームで責任を引き受け、子どもたちの幸せを保障する実践的智慧を日本の保育は豊かに有している。学校に比べれば組織が小さく、シフトもある職場だからこそ助け合い支え合う文化が生まれている。そして保護者とのつながりは地域の人との絆や共同体をもつくりだしている。保育を担う園は、高齢化する社会の中でもケアのコミュニティをつくりだす希望のセンターでもある。実際に園がコミュニティコーディネーターや、地域の小中学校とをつなぐ基盤を生み出したり、アーティストなどの専門家による実践も日本のさまざまな地域で行われてきている。

遊びを大事にしてきた方法は、おそらく学力や業績を問う方法だけではなく、どの子もどの人もその人のよさやかけがえのなさを大事に思う市民性の基本を培い、人とうまく折り合いをつけることが人生を楽しむことにつながるという生涯の楽しみ方の基盤を育てていくだろう。自然環境を大事にし、環境から学ぶ経験を重視する保育は、環境との共生や愛着、探究の力を培ってきた。このような保育の質が、これからの社会に求められる生きる力の基礎を育んでいる。保育や幼児教育は「見えない教育方法」であるとバジル・バーンスタイン（一九八五）はいっている。しかし、その質を議論し、第三者に対して可視化していくことが、いまは問われている。それは学びの根源を問うと同時に、ケア、遊び、暮らしの質を社会で改めて考えていく機会にもなるのではないだろうか。

子どもにとって本当に質の高い保育とは何か、制度改革は、この問いについて私たちが改めて考えるはじめの一歩でもある。少子高齢化が進む日本で、子どもが育つために必要なことを改めて問い直し、子ども、保護者、保育者の幸せのためには何が必要か、さまざまな立場の人が声を聴き合い支え合いながら進んでいく民主的な対話が求められている。対話こそが、質の向上を一定のスタンダードで求めるのとは違う、より質の高い保育へのもう一つの道のりである。しかしそのための根拠や検証は弱いままである。私たちは「あるべき論」やサービスを受ける人の要求によって市場原理に走ってはならない。質的・量的な子どもの経験の事実とエビデンスをもって、園や地域で、国や自治体で、そして研究者コミュニティで、対話しながら問うていくことが必要な時期にあるのではないだろうか。一歩ずつでも、親子や保育者の笑顔のために、実践の知恵を共有し支え合うこと、と同時にそれを可視化し伝えていく役割を引き受けることが、自治体や研究者に求められている。

引用・参照文献

秋田喜代美／佐川早季子（二〇一二）保育の質に関する縦断研究の展望、東京大学大学院教育学研究科紀要、第五一巻、二一七—二三四頁

秋田喜代美／小西祐馬／菅原ますみ（編）（印刷中）貧困と保育、かもがわ出版

Barnett, S. (2010). Economics of Investments in Early Childhood Development 第10回ＯＥＣＤ　ＥＣＥＣネットワーク会議資料

Barnett, W. S. (2011). Effectiveness of early educational intervention. *Science*, 333, 975-978

Bartik, T. J. (2014). *From Preschool to Prosperity: The Economic Payoff to Early Childhood Education*. W. E. Upjohn Institute.

バーンステイン、B、萩原元昭（訳）（一九八五）教育伝達の社会学——開かれた学校とは、明治図書

Education Review Office, NewZealand (2013). He Pou Tātaki - How ERO reviews early childhood services (http://www.ero.govt.nz/Review-Process/Frameworks-and-Evaluation-Indicators-for-ERO-Reviews/He-Pou-Tataki-How-ERO-reviews-early-childhood-services)

エスピン－アンデルセン、G、岡沢憲芙／宮本太郎（訳）（二〇〇一）福祉資本主義三つの世界、ミネルヴァ書房

European Commission directorate-general for education and Culture. (2011). *Compretence Requirements in Early Childhood Education and Care*. University of London and Gent.

ヘックマン、J、J、古草秀子（訳）（二〇一五）幼児教育の経済学、東洋経済新報社

池迫浩子／宮本浩司、ベネッセ総合教育研究所（訳）（二〇一五）家庭、学校、地域社会における社会情動的スキルの育成――国際的エビデンスのまとめと日本の教育実践研究への示唆、ＯＥＣＤワーキングペーパー

倉橋惣三（二〇〇八）倉橋惣三選集第三巻　育ての心、学術出版会

小西祐馬（二〇〇六）子どもの貧困研究の動向と課題、社会福祉学、第四六巻第三号、九八―一〇八頁

Melwish, E. (2015). Does quality of Early Childhood Education & Care (ECEC) matter?　第一七回ＯＥＣＤ　ＥＣＥＣネットワーク会議資料

Moss, P. (2014). *Transformative Change and Real Utopias in Early Childhood Education: A Story of Democracy, Experimentation and Potentiality*. Routledge.

内閣府（二〇一五）子ども子育て支援新制度（http://www8.cao.go.jp/shoushi/shinseido/index.html）

ＮＨＫスペシャル『ワーキングプア』取材班（二〇〇七）ワーキングプア――日本を蝕む病、ポプラ社

OECD (2006). Starting Strong II Early ChildhoodEducation and Care OECD (http://www.oecd.org/edu/school/startingstrongiiearlychildhoodeducationandcare.htm)

OECD (2012). Taguma, M., Litjens, I., & Makowiecki, K. Qvality Mattersin Early Childhood Education and Care Japan (http://www.oecd.org/japan/JAPAN%20policy%20profile%20%20published%2028-09-2012.pdf)

OECD (2013). Starting Strong III-A Quality Toolbox for Early Childhood Education and Care (http://www.oecd.org/edu/school/startingstrongiii-aqualitytoolboxforearlychildhoodeducationandcare.htm)

OECD (2015a). Early childhood educationFirst implementation of ISCED 2011 in data collection. OECD18th

ECEC network 提出資料

OECD（2015b）. Starting Strong Ⅳ Monitoring Quality in Early Childhood Education and Care OECD（http://www.oecd.org/publications/starting-strong-iv-9789264233515-en.htm）

ＯＥＣＤ対日審査報告書二〇一五年版（http://www.oecd.org/eco/surveys/Japan-2015-overview-Japanese-version.pdf）

ロッド、Ｊ、民秋言（訳）（二〇〇九）保育におけるリーダーシップ――いま保育者に求められるもの、あいり出版

定行まり子（二〇一四）保育環境のデザイン――子どもの最善の利益のための環境構成、全国社会福祉協議会

Schoon, I., Nasim, B., Sehem, R., & Cook, R.（2015）. The Impact of Early Life Skills on Later Outcomes OECD OUTCOME SURVEY 2nd meeting 資料（著者よりの使用許可済み）

Shiraj, I.（2013）. *Effective and Caring Leadership in the Early Years*. Sage.

シラージ、Ｉ、キングストン、Ｄ、メルウィッシュ、Ｅ、秋田喜代美／淀川裕美（訳）（二〇一六）「保育プロセスの質」評価スケール――乳幼児期の「ともに考え、深めつづけること」と「情緒的な安定・安心」を捉えるために、明石書店

Silva, K., Melhuish, E., Sammons, P., Siraj-Blatchford, I., & Taggart, B.（2010）. *Early Childhood Matters: Evidence from the Effective Pre-school and Primary Education Project*, Routledge.

Taguma, M., Litkens, I., & Makowiitz, K.（2012）Quality Matters in Earlu Childhood Education japan./OECD.

第2章　公共政策の対象としての就学前の教育と保育

大桃敏行

はじめに

就学前の教育や保育が公共政策の対象として注目を集めている。ここには子育て支援や格差の是正の必要性に関する認識の高まりとともに、幼児期の教育への公的投資の有効性に関する研究の影響がある。それでは、就学前の教育や保育は、就学後の義務教育段階の教育と比べた場合、公共政策の対象としてどのような特色がみられ、そのことは就学前の教育や保育に関する政策について考察していくうえで、どのような課題をもたらしているのか。政策の公共性の観点からみた場合、公共政策の対象としての就学前の教育や保育をめぐる議論はどのようにとらえられるのか。本書は発達保育の領域への多くの学問の集結を提起するものであるが、研究成果を政策につなげていくにあたって、あるいは研究成果の公表の仕方自体において、どのような課題があるのか。本章では、就学前の教育や保育に関する研究と政策について検討していくうえでのこのような基本的事項について考えてみたい。

1　公共政策と就学前の教育・保育のアクターの多様性

(1) 公共政策の二つのとらえ方

公共政策の対象としての就学前の教育と保育について考えるにあたって、まず、公共政策がどのようにとらえられているのかを少しみておきたい。ここでは、次の二つの定義を取りあげる。一つは山川雄巳の一九八〇年代の定義であり、山川は政策を「行為の計画化された方法的基準」とし、公共政策を「政府行為の計画化された方法的基準」としている(1)。もう一つは足立幸男の二〇〇九年の定義であり、足立は公共政策を「純然たる私事および特定諸団体に固有の事柄から区別される公共的諸問題に対処するための政策すなわち行為戦略」とし、「公共政策のうち政府の行為指針として正式に採用され実施されるに至ったもの」を「政府政策」と呼んでいる(2)。

二人の定義には「公共」のとらえ方に相違がある。山川においては政策一般がまず定義され、公共政策についてはその主体に政府が想定されている。山川は「アメリカの経営者が《public》という形容詞なしで《policy》を使用するときは、それは主として《経営政策》のことをさす」という説明も行っている(3)。これに対して足立においては、公共政策は内容面から定義されており、政府の政策、つまり「政府政策」が公共政策の下位概念に位置づけられている。一九八〇年代と今日とを比べると後述するように公共の担い手の多様化に関する議論に相違があり、そのことが両者の定義の違いを生み出す一因になっているとも考えられる。このことと関わって、公共政策を主体からとらえる場合、まず検討課題となるのが就学前の教育と保育のアクターの多様性である。

（2）就学前の教育と保育のアクターの多様性

日本の義務教育制度は保護者に対して子を学校教育法の第一条に定める学校に就学させることを求めている（学校教育法第一七条）。同法第一条に定められている学校は一条校と呼ばれ、その設置者は構造改革特区を除けば国（国立大学法人・独立行政法人国立高等専門学校機構を含む）、地方公共団体（公立大学法人を含む）、学校法人に限定されている（同第二条）。括弧内は国立大学、公立大学及び国立高等専門学校の法人化に伴い設けられたものである。また、一条校のなかでも幼稚園については、学校法人の経過措置について特例が設けられ、「当分の間、学校法人によって設置されることを要しない」との定めがある（同附則第六条）。しかしながら、小学校や中学校、特別支援学校の小学部や中学部などの義務教育段階の学校についてはこのような特例はなく、構造改革特区を除けば設置者が国と地方公共団体と学校法人に限定されている。

義務教育が一条校への就学を求めているのに対して、就学前の教育と保育については、幼稚園、保育所、認定こども園、そしてそれ以外にも多様な施設がある。幼稚園は前述のように学校教育法第一条に定める学校であり、早くは一八七二年の学制に「幼稚小学ハ男女ノ子弟六歳迄ノモノ小学ニ入ル前ノ端緒ヲ教ルナリ」（第二三条）の規定がある。一八七六年に東京女子師範学校（現在のお茶の水女子大学）に開設されたものが日本で最初の幼稚園とされている。(4) 現行の学校教育法は幼稚園の目的を「義務教育及びその後の教育の基礎を培うものとして、幼児を保育し、幼児の健やかな成長のために適当な環境を与えて、その心身の発達を助長すること」と定めている（第二二条）。保育所は児童福祉施設である。戦前は託児所と呼ばれたが、戦後、児童福祉法に位置づけられた。(5) 保育園という呼び方がなされる場合があるが、児童福祉法上の名称は保育所である。現行の児童福祉法は保育所の目的を「日日保護者の委託を受けて、保育に欠けるその乳児又は幼児を保育すること」と定めている（第三九条）。

幼稚園と保育所が長い歴史をもつのに対して、認定こども園は二〇〇六年にスタートした新しい施設であり、幼保連携型、幼稚園型、保育所型、地方裁量型の四タイプがある。幼保連携型は単一の施設が幼稚園的機能と保育所的機能をあわせもつもの、幼稚園型は認可幼稚園が保育所的機能を備えたもの、保育所型は認可保育所が幼稚園的機能を備えたもの、地方裁量型は幼稚園・保育所のいずれの認可もない地域の教育・保育施設が認定こども園として機能を果たすものである。(6)

就学前の教育と保育はこのように施設が多様であるとともに、設置者も多様である。幼稚園は一条校であり、設置者が国、地方公共団体、学校法人に限定されているが、前述のように学校法人について経過措置の特例がある。文部科学省の学校基本調査によれば、全国の私立幼稚園八一四二園（分園を含む、以下同じ）のうち学校法人立七三四六園、宗教法人立三六八園、財団法人立四園、その他の法人立五四園、個人立三七〇園となっている（二〇一四年五月一日現在）。保育所は地方公共団体や社会福祉法人などが設置にあたっているが、設置主体の制限はない。認定こども園については、幼保連携型は国、地方公共団体、学校法人、社会福祉法人が設置者であるが、学校教育法附則第六条の幼稚園の設置者が設置にあたる場合の経過措置がある。幼稚園型認定こども園の設置者は幼稚園と同じであり、保育所型及び地方裁量型の認定こども園は設置主体の制限がない(7)。

以上の施設への給付とともに、子ども・子育て支援新制度は小規模保育や家庭的保育などへの地域型保育給付を設けており、地方公共団体だけでなく民間事業者などがその事業主体に位置づけられている。さらに、より広くとらえれば、二〇〇三年の次世代育成支援対策推進法のもとで、自治体は総合的な子育て支援行政を展開してきており、ここにはＮＰＯや自治会などを含めて多様なアクターが関わっている(8)。

（3）分野横断的政策研究と政府の役割や守備範囲に関する研究

以上のような施設の多様性と設置者や事業者の多様性は、公共政策の対象として就学前の教育と保育について考えていくうえで、二つの課題を提起している。一つは分野横断的研究に関するものであり、もう一つは政府の役割や守備範囲についての研究に関するものである。

義務教育段階の学校教育は文部科学省の所掌領域であり、それに関する政策は教育政策として括ることができる。しかしながら、義務教育段階の教育においても、フリースクールなどのオルタナティブスクールへの注目が高まり、それへの財政援助や制度的な位置づけの見直しの必要性が示されている。さらに、「普遍的で共通の教育」の保障においては、一条校だけでなく、学習塾などにおける「有償な教育機会」への公費支援も含めた検討の必要性が指摘されている(9)。このように、義務教育段階の教育についても政策をより広くとらえる必要があり、貧困や格差に関しては福祉政策との分野横断的な研究が欠かせない。

しかしながら、分野横断的な政策研究の必要性は、就学前の教育と保育についてより高いものと言える。幼稚園の教育は文部科学省の、保育所の保育は厚生労働省の所掌領域であり、幼保連携型こども園は両省の政策領域にまたがる。就学前の教育と保育はまさに教育政策と児童福祉政策がクロスする領域である。さらに、少子化や貧困対策の観点からの子育て支援を考えると、より多くの政策領域が関わってくる。このような領域にあっては、個別分野の政策に関する研究とともに、分野横断的な政策研究の知識が必要になる。個別政策分野については、次章で検討するように、それぞれ政策の内容に関する知識（in の知識）とともにその政策過程に関する知識（of の知識）の蓄積が重要であるが、政策内容に関する研究も政策過程に関する研究も政策領域をまたいだ分析が必要であり、そこにおいては政策デザインや政策評価の一般理論や手法、公共政策形成システムなどの分野横断的研究から蓄えられた知識が重要となろう(10)。

第二の政府の役割や守備範囲に関する研究は、前述の公共政策の定義自体と関わってくる。現代社会において、政府がその政策を通してすべての公共的なサービスの供給を行うことはおおよそ不可能であり、また国や地方公共団体以外のアクターの方がより良きサービスを供給し得る場合もある。岡部光明は「社会および情報環境が大きく変化した現代においては、中央政府による法的・行政的権限によって行う意思決定とその実施をもって政策と捉え、それを中心に社会問題の解決を図ろうとする従来の見方には、大きな限界が生じている」と指摘し、「伝統的な『政策』から社会プログラムへ」の転換を提起している。伝統的な「政策」とは引用文に示されているように政府の政策であり、「社会プログラム」は「社会で発生している問題（ないし発生する可能性のある問題）の解決ないし社会状況の改善を図るために計画（立案、設計、デザイン）された一つのまとまりを持った対応策」と定義されている。そして、「政府以外の主体も幅広く関与することによって、各種の社会問題の明確化と解決を図ってゆく」ことの必要性が説かれている(11)。

意味合いの違いはあるが同じように政府の役割を相対化しようとする視点は、内容面から公共政策を定義していた前述の足立にもみられる。足立は「民主主義の下では公共政策はもはや官ないし政府の占有物ではない」と述べ、「潜在的にはすべての社会構成員が、公共政策の構想者・提唱者になり得る」と指摘している(12)。

就学前の教育と保育も政府がその政策を通じてすべての機会を供給することはおおよそ不可能であり、多様なアクターの連携のなかでより良き実践が生み出されることも考えられる。しかしながら、多様化にはまた、一般に指摘されているように、部分的に質の低下をもたらす可能性もある。それでは、国や地方公共団体は、①実際の教育や保育の機会の供給において、また②システム全体の教育や保育の質の確保において、さらには③各アクター間の利害調整やより良き実践の創出に向けたアクター間の協働の場の設定において、いかなる役割を担うべきなのか。①は事業実施者として活動、②は補助金の交付、基準や評価システムなどに関する活動、③は多様なアクターの協議の場の設定や各アクターの協働による事業実施の仕組みの開発などが、それぞれ考えられよう。これらの活動領域において政府はどこまでを政策の対象とし、いかなる役割を担うのか。

この政府の役割や守備範囲に関する研究は、その前提として政策がそれを対象とする理由、つまり、前述の公共政策の内容面の定義と関わって、政策の公共性や公益性をどうとらえるのかという問題とつながってくる。

2　公共政策と就学前の教育・保育の公共性

(1)　公共政策と公共性

政策の公共性や公益性をどうとらえるかは極めて難しい問題である。価値観の多様化、あるいは多様な価値の存在承認の重要性に関する認識が高まるなかで、特定の価値に超越的な優先権を与えてその実現に公共性なり公益性なりを主張することは難しい。また、「最大多数の最大幸福」という表現に示されるような、全体効用の最大化に公益性を主張することも難しい。このような公益性論は社会構成員それぞれの効用が同等の価値をもつという前提にもとづいているが、少数派の権利の擁護など効用の単純な総和では測れないものがある。[13]

前述の足立は全体効用の最大化なども含めて公益（public interest）に関する諸解釈を整理するなかで、その一つとして「妥協ないし手続きとしての解釈」を示している。足立によれば、これは「利益集団間の相互作用そのもの（敵対と妥協）、もしくは、相互作用のあり方を大枠で規制する手続きやルールに public interest を認めようとする立場」によるものであり、「民主的紛争解決（妥協）とそのための手続きとルール」に public interest があるとするものである。[14] このような公益理解においては、意思決定のプロセスを広く開くとともに、行政が価値選択において重要な役割を担っているとすれば、行政裁量への民主的な統制をどう確保していくかが課題となる。

水口憲人は行政学における公共性を論じるにあたって、「行政が公共性の名によって、価値の序列化を現実に行っている事実が存在する」と指摘している。水口によれば、「単純化していえば公共性の問題というのは、その役割を拡大していくなかで、行政はいかなる裁量を行っているのかという問題を考えること」であり、「裁量をいかにデモクラティックにコントロールするかという問題」が立てられることになる。[15]

種々の参加や公開などの仕組みの整備を通して、政策形成のプロセスや実施過程は広く開かれなければならない。公開性が公共性の論拠ともなる。しかしながら、井上達夫は「政治的決定の公共的正統性の保障を民主的プロセスに『丸投げ』する」ことを否定している。井上によれば、「民主的プロセス自体の公共的正統性の条件を解明しようとするなら、再び実体的価値問題へと送り返される」のであり、この実体的価値論争において「自己と対立する他者に対して実体的正当化責任を遂行するためには、我々はその対立する他者にも妥当する論拠として、自閉的な特異理由を超えた公共的理由を提示しなければならない」とされる[16]。前述の足立もまた、妥協や手続きに限定されない「社会構成員に共通な利益」の領域が存在するとし、「public interest は、その種の利益と理解されるのがもっとも適切と思われる」と述べている[17]。

それでは、政策の形成と実施のプロセスを広く開くとともに、就学前の教育と保育を公共政策の対象としていくうえでの「公共的理由」あるいは「社会構成員に共通な利益」をどのようにとらえていくのか。

（2）就学前の教育と保育の公共性

すべての子どもたちにより良き成育環境を保障することは、それ自体が本来的に公共的意義を有するものと言えよう。加えて、近年においては、少子化が進行するなかでの子育て支援の観点から、また貧困の連鎖を断つ観点から、就学前の教育や保育の施設の拡充や質の向上が求められているが、少子化対策も貧困の連鎖の切断も公共性の高いものであり、それによってもたらされる利益は社会の多くの構成員に及ぶものであろう。

ここでは、子どもの貧困対策を例にみてみよう。二〇一三年六月に「子どもの貧困対策の推進に関する法律」が制定された。同法は「子どもの将来がその生まれ育った環境によって左右されることのない社会」の実現を基本理念に掲げ（第二条第一項）、その実現に向けて貧困の状況にある子どもの育成環境の整備と教育の機会均等を図るために、「子どもの貧困対策を総合的に推進すること」を目的として定めている（第一条）。同法にもとづき翌年八月に「子供の貧困対策に関する大綱」が閣議決定された。「大綱」は重点施策の一つに教育への支援を位置づけ、「『学校』をプラットフォームとした総合的な子供の貧困対策の展開」などとともに、「貧困の連鎖を防ぐための幼児教育の無償化の推進及び幼児教育の質の向上」をあげている。ここには「幼児期における質の高い教育を保障することは、将来の進学率の上昇や所得の増大をもたらすなど、経済的な格差を是正し、貧困を防ぐ有効な手立てである」とする考えが示されている[18]。

教育基本法は「人種、信条、性別、社会的身分、経済的地位又は門地」による教育上の差別を禁じている（第四条第一項）。教育を受ける権利は子どもに限定されるものではないが、子どもについて言えば、人種や性別だけでなく、社会的身分も、経済的地位や門地も、いずれも本人の責任に帰することが難しい属性や要因である。思想信教の自由と関わる信条を除けば、教育基本法はこのような本人の責任に帰せられない属性や要因による差別を禁じていると読むことができ、子どもの貧困対策推進法に示された「子どもの将来がその生まれ育った環境によって左右されることのない社会」の実現とそれに向けた教育の機会均等の保障は、教育基本法の規定に呼応するものとして理解することができよう。本人の責任に帰せられない要因による制約の削除や軽減は、現代社会が拠って立つ平等原理に沿うものであり、高い公共性が主張できる。

格差是正の観点からの就学前の教育への注目は、外国においてもみられる。たとえば、アメリカ合衆国（以下、アメリカ）では、二〇一一年に連邦教育省と連邦健康ヒューマンサービス省の共同の補助金プロジェクトがスタートした。プログラム名は「頂点への競争――早期学習チャレンジ（Race to the Top—Early Learning Challenge）」であり、同年八月二六日に出された補助金申請の通知は、その目的を「早期の学習と発達の質を改善し、高いニーズをもつ子どもたちに成績の格差を埋めること」としている。「頂点への競争」はオバマ政権で始められた州間の競争的教育補助金プログラムであり、学校教育だけでなく就学前の教育や保育もその対象とすることになったのである。[19]

同通知によれば、確固たる研究が次のことを実証しているとされる。つまり、「質の高い早期の学習と発達のプログラムやサービスは、幼い子どもたちの健康や社会情動的認知的アウトカムを改善し、学校へのレディネスを高め、幼稚園入園時に存在する高いニーズをもつ子どもとそうでない子どもとの間の学校へのレディネスの広い格差を埋めるのに役立ちうる」ということである。本プログラムはすべての子どもたちに質の高い学習への機会の拡大をめざすものであるが、特に、貧困家庭の子どもや英語の習得が十分でない子ども、障がいのある子どもなど高いニーズをもつ子どもたちへの支援と、それによる格差の是正が企図されたのである。[20]

（３）就学前の教育と保育への投資の有効性

アメリカの例にみられるように、就学前の教育や保育への注目の背景に、それへの投資の有効性に関する研究がある。日本において言及されることの多いのがシカゴ大学教授のジェームズ・ヘックマンの研究であり、彼の論文やそれに関する専門家のコメントが翻訳出版されている。ヘックマンはこの翻訳書において科学的証拠の検討によって三つの大きな教訓が示唆されると述べている。第一に「人生で成功するかどうかは、認知的スキルだけでは決まらない」こと、第二に「認知的スキルも社会的・情動的スキルも幼少期に発達し、その発達は家庭環境によって左右される」こと、そして第三に「幼少期の介入に力を注ぐ公共政策によって、問題を改善することが可能」なことである[21]。文部科学省の「今後の幼児教育の振興方策に関する研究会」の委員を務めた経済学者の大竹文雄は、この翻訳書の解説で、日本においても「就学前教育への支援、とりわけ貧困層への支援に対して税金を投入することが、他の公共政策と比べていかに投資効果の大きなものであるかを説明していくこと」の必要性を指摘している[22]。

ヘックマンが依拠しているものの一つが、アメリカで一九六〇年代に行われたペリー就学前プロジェクトの研究結果である。このプロジェクトは低所得家庭のアフリカ系アメリカ人の就学前の子どもたちを対象に実施されたものであり、午前中に毎日二時間半教室で授業を行い、週に一度教師が家庭を訪問して九〇分の指導を行った。指導は非認知的特質を育てることに重点を置き、子どもの自発性を大切にする活動を中心になされた。その結果、このような教育を受けた子どもたちのグループとそうでない子どもたちのグループを比較すると、基礎学力の達成などの教育面だけでなく、四〇歳時点での所得や持ち家率、生活保護の非受給率においても大きな差が出たとされている[23]。大竹もまたこのプロジェクトに言及し、介入を受けたグループと比較対照グループとの間に教育面だけでなく生活保護受給率や逮捕者率において相違があるとし、所得や労働生産性の向上、生活保護費の低減など、就学前の教育は投資効果が高く「通常の公共投資ではあり得ないほどの高い投資収益率である」と述べている(24)。

義務教育制度の成立期においても、犯罪の未然の防止による治安維持の観点から、あるいは労働生産性の向上の観点から、教育制度の整備への公費投入の意義が主張されていた(25)。幼児期の教育への投資が以上のように生活保護受給者や逮捕者の減少をもたらし、それにより社会福祉や治安維持に関する経費の削減がはかられれば、その観点からも投資の有効性が主張できる。さらに、公共政策において効率性と公平性にしばしばトレードオフの関係でとらえられるが、ヘックマンは社会政策を悩ますこのトレードオフは幼少期の教育への介入にはほとんど存在せず、「幼少期の介入は経済的効率性を促進し、生涯にわたる不平等を低減する」と主張している(26)。以上のような投資効果と投資における効率性と公平性の両立もまた、それが詳細に実証されていけば就学前の教育と保育に関する政策の公共性の論拠となりうるものであろう。それでは、このように公共性が主張できる領域の政策に対して、研究はどのように関わっていくのか。

3　研究の社会貢献と研究成果の政策への反映

（1）研究の社会貢献の多様性と相互の緊張関係

就学前の教育と保育の領域における研究と政策との関係について考察するのに先立ち、学問研究の社会貢献一般について時間、レベル、内容の三つの側面からみてみよう[27]。

まず、時間については、どのくらいの時間の長さで社会貢献を考えるのかという問題がある。学問研究には既存の社会のあり方自体の点検や価値の問い直しの課題がある。学問研究はその時々の社会への貢献が求められる一方で、既存の体制や価値体系との間に厳しい対立や緊張が生起することがあった。そういったなかで、学問研究の自由が認められてきたのは、真理を探究する個々人の権利の擁護の思想とともに、学問研究の自由が長い目でみれば人類の進歩や幸福につながるという考えによるものであろう。この現社会への貢献と人類史的貢献との間の緊張関係は、大きな対立の形態をとって顕れない場合でも、より良き社会の構築と関わって様々な政策展開の場面でみられる。教育や保育は次世代の育成の営みであり、未来志向が求められる領域でもある。現実社会の課題解決と直接結びついた政策選択と、民主的市民の育成といった未来志向との間に緊張関係が生じることもあろう。

次に、レベルについては、国の政策の作成や評価への貢献から、地方公共団体における様々な施策の策定と実施への貢献、さらに個別の機関や施設の課題解決への貢献など、多様なレベルでの貢献が考えられる。教育や保育の領域にあっては、前述のように多様な施設がある。幼稚園に限っても、個々の園の経営への貢献や、各園におけるカリキュラム編成や教育実践への貢献など、多様な形態での貢献が考えられる。ここで注意しなければならないのは、先の現社会への貢献と長期的スパンでの制度変革への貢献との関係に構図が似ているが、政府の政策レベルでの貢献と個々の実践レベルでの貢献との間にも緊張関係が存在することである。個々の実践レベルでの貢献がより大きな社会変革につながっていく契機をもつ一方で、国の政策のありようが個々の実践のありようを、そしてそれに関わる研究のありようを制約していく可能性もある。

さらに、社会貢献の内容をどのように考えるのかの問題がある。学問研究には規範科学の側面と実証科学の側面がある。前者は新しい規範の構築やシステムの設計と関わり、後者においては量的・質的アプローチを通じて実証的成果の蓄積がめざされていく。この規範と実証の間には補完性と独立性がある。貧困や格差の問題のように、個々の実証的研究の積み重ねが価値選択に役立ったり政策選択を支えたりする場合がある一方で、量的な実証的データをこえて価値判断を行わなければならない場合もあろう。先に述べたような少数派の権利の擁護などがこれに属するものと考えられる。この規範と実証の問題は、政策の策定や実施のための実証的データの提供を科学研究の本務ととらえ、価値選択は政治の役割とするのか、あるいは政策選択に関わる価値の問題にまで踏み込んで議論を行っていくのかといった、現実の政策との研究者の距離の取り方にも関わってくる。しかしながら、実証的基礎研究にあっても、研究対象の選択自体において、つまり何を研究対象とするのかによって特定の社会的問題やそれに関わる政策とのつながりが生まれてくる。実証研究においても、その研究成果の使われ方に無頓着ではありえない。

長期的視点からの社会貢献のために、あるいは現社会の課題に総合的に取り組んでいくためにも、細分化された研究分野の再点検、場合によってはそれらの再構成が課題となろう。科学技術・学術審議会学術分科会の二〇〇九年の報告は人文学や社会科学に関するものであるが、それへの社会の側からの期待とは「個別的な実証研究の積み上げだけではなく、「『人間』とは何か」、「『歴史』とは何か」、「『正義』とは何か」といった文明史的な課題に対する「（認識）枠組み」の創造にある」とし、このような「社会の期待に応えるという観点から、研究の細分化が克服され、『歴史』や『文明』を俯瞰することのできる研究への取組がなされることが、大いに期待されている」と指摘していた(28)。このことは自然科学を含めた学問研究全体についても言えよう。

本書は前述のように発達保育の領域への多くの学問分野の集結を提起している。人間の発達のメカニズムの解明、睡眠や食事、生活空間を含めたより良き成育環境の考察、子どもの学びのプロセスとそれへの保育者の関わり方の検討、さらには幼児教育や保育に携わる専門家の養成や研修のシステムの開発、こういった課題に総合的に取り組んでいくためには、多くの学問分野の集結が必要である。そして、多くの学問分野の集結と共同研究の遂行が、各学問分野の認識枠組みや方法のイノベーションに、さらには知の統合化と異分野融合による新たな学問分野の創設につながれば、学問研究上の意義も大きいと言えよう。それでは、以上のような学問研究の社会貢献一般の観点からの検討とともに、幼児教育や保育の領域においては、研究成果を公共政策とつなげていくうえで、あるいは研究成果自体の公表の仕方においてどのような課題があるのか。

（2）研究成果の政策への反映と成果公表における課題

先に幼児教育と保育における国や地方公共団体の役割を、①事業実施者として活動、②補助金の交付、基準や評価システムなどに関する活動、③多様なアクターの協議の場の設定や各アクターの協働による事業実施の仕組みの開発などの三つに整理した。ここでは、そのなかでも、幼児教育や保育の質保証に直接関わる基準や評価システムを例に、研究と政策との関係を考えてみよう。

就学前の教育や保育は先に検討したように公共性の高い領域と言えるが、複雑な政策領域でもある。教育政策と児童福祉政策の両者にまたがるとともに、子育て支援や貧困対策との関係ではより多くの政策領域と関わってくる。前述のように、施設は多様で、その設置も国や地方公共団体だけでなく、営利、非営利を含めた多様な民が関わっている。さらに、就学前の教育や保育は公と私が交わる領域であるが、義務教育段階の教育以上に私事に属する面が多いと言えよう。先に本人の責任に帰せられない属性や要因に制約されない機会の保障の重要性を指摘したが、生誕から小学校就学までの教育や保育についてすべて就学義務化することは考えにくい。保護者の教育や保育に関する責務の遂行を支援する観点から、諸施設の拡充やその水準の確保が公共政策の対象となっても、親の教育や保育の権利を制約して、幼少期の子どもたちをすべて特定の施設に収容することは、依然として合意を形成するのは難しいと考えられる。

また、諸施設の拡充やその水準の確保と記したが、財政支援については予算が許せば支持が得られるとしても、質の確保に公共政策がどう関わるかは多くの議論があろう。就学前の教育や保育は認知的スキルだけでなく非認知的スキルを育むことに関わっている。先のヘックマンにおいては、認知的スキルだけでなく非認知的スキルの将来の成功のための重要性が指摘されていた。非認知的要素とは「肉体的・精神的健康や、根気強さ、注意深さ、意欲、自信といった社会的・情動的性質」と説明されている。[29] 私は心理学を専門としていないが、テストなどで測定される認知的スキルよりも、非認知的スキルはより人間の内面に関わるものであろう。

本田由紀は「ポスト近代型能力」を「意欲や独創性、対人能力やネットワーク形成力、問題解決能力などの、柔軟で個人の人格や情動の深い部分に根ざした諸能力」ととらえ、そのような能力を要請する「ハイパー・メリトクラシー化」を批判していた。本田はその批判において「理屈」を提示しつつも、「実際には、『理屈』以前の生理的な嫌悪感、『うざったさ』の感覚のようなものが、筆者の中にはある」と記している。それは近年言われている様々な「〇〇力」によって「自分をいじられたり測られたり云々されたりしたくない、という感覚」と説明されている。[30] 非認知的スキルの育成の重要性が言われても、それを公共政策が方向付けていくことには、本田の言う「うざったさ」の感覚とは異なるものかもしれないが、「ざわざわ」とした感覚をもつ人も多いだろう。

就学前の教育や保育、成育環境について多くの学問が集結して研究を蓄積していくことは重要である。しかし、それによって産出された研究の成果を公共政策にどう反映していくのか。この問いは、公共政策が人間の内面の形成にどこまでどのように入り込んでいくのか、何を保護者の責任領域、あるいは実践にあたる専門家の領域とすべきかという問題につながってくる。就学前の教育や保育の質の保証において、その基準の設定やプロセスの管理、そして評価手法の開発の重要性が指摘されても、その成果をどのように公共政策につなげていくのか、あるいは公共政策はどこまで対象とすべきか。たとえば質保証のための評価を取りあげても、人間の育ちの何を評価の対象とし、何を対象とすべきでないのか、それに公共政策はどこまで立ち入るのかについては、慎重な検討が求められよう。

ここにおいて、先述の規範と実証の問題に立ち返ることになる。ヘックマンが依拠する研究は前述のようにアメリカの貧困層を対象とするものであり、日本の政策を考えていくためには日本の文脈に即した大規模な縦断研究が必要である。また、先に指摘した発達や成育環境に関する基礎的実証的研究の蓄積も重要である。このような実証研究とともに、公共性の問題をプロセスや手続きに「丸投げ」するのでなければ、政策の公共的理由についての掘り下げた考察がまた重要となる。就学前の教育や保育に関する政策は前述のように公共性が主張できても、その役割については保護者の義務や権利、幼児教育や保育に携わる者の専門性、幼児教育や保育のプロセス自体の固有性などとの関係からの規範的な分析が必要となろう(31)。その場合、このような規範研究を実証研究がどのように支えることができるのか。先述の規範と実証の補完性と独立性を踏まえた、両研究の深化が求められることになる。

以上のような研究成果の政策への反映の仕方とともに、その公表の仕方も問われよう。幼少期の教育や保育の状況と将来の所得や持ち家率、犯罪率、生活保護受給率などとの相関関係が実証されても、そのような研究成果の公表は幼少期に「良い」教育や保育を受けられなかった子どもたちに対して、不快感や「どうせ駄目なんだ」といった失望感を与えかねない。このような研究は貧困や格差の是正といった課題意識にもとづくものが多いと思うが、その意図に拘わらず負のメッセージを当該階層の子どもたちに与えかねないのである。研究成果の公表の仕方も予期せぬ効果に無頓着であってはならないものであろうし、筆者の以上のような記述の仕方自体も同様の恐れを内在している。

おわりに

公共性を手続き面からとらえれば、就学前の教育や保育に関する政策についても、その形成や実施のプロセスが広く開かれることが求められよう。公共性を公開性が支えることになる。公共性を内容面からとらえれば、就学前の教育や保育に政策が関わること自体の公共的理由が問われることになる。これまで検討してきたように、本人の責任に帰せられない属性や要因に制約されない機会の保障において、あるいは子育て支援や貧困対策の観点からも、就学前の教育や保育はその公共性を主張できようし、近年の研究が示すように、幼児教育への投資の有効性が詳細に実証されていけば、そのこともまた就学前の教育や保育に関する政策の公共的理由を支えるものとなろう。

しかし、このことは当然のことながら公共政策が就学前の教育や保育に関するすべての責任を引き受けるべきことを意味するものではない。就学前の教育と保育は公と私が交わる領域であり、その供給においては多様な民が関わっている。特に、幼児期における非認知的スキルの育成の重要性が指摘されても、公共政策がそれにどこまでどのように関わるのかについては慎重な検討が必要である。公共政策の対象としての就学前の教育や保育への注目が高まるなかで、より良き教育や保育、成育環境の創出に向けて、多くの学問領域が集まり基礎的実証的研究を蓄積していくことは重要である。その研究成果を政策に反映していくにあたっては、人間の内面形成への政策の関わり方についての規範研究がまた重要であり、規範と実証の往復が求められることになる。

注

（１）山川雄巳「政策研究の課題と方法」、日本政治学会『政策科学と政治学（年報政治学一九八三）』一九八四年、八頁

（２）足立幸男『公共政策学とは何か』ミネルヴァ書房、二〇〇九年、一頁

（３）山川、前掲、四頁

（４）藤井穂高「乳幼児期の保育制度」、教育制度研究会編『要説教育制度（新訂第二版）』学術図書出版社、二〇〇七年、五八―五九頁

（５）同書、五八頁

（６）内閣府子ども・子育て本部「認定こども園概要」[http://www.youho.go.jp/gaiyo.html]（二〇一五年八月

一一日アクセス）
（７）内閣府子ども・子育て本部「こども・子育て支援新制度について」（平成二七年七月）二四―二六頁
（８）背戸博史／大桃敏行「子育て支援行政の総合化による生涯学習施策の新たな展開――浦添市の事例分析」『琉球大学生涯学習教育研究センター研究紀要』第六号、二〇一二年、五一―六四頁
（９）末冨芳「義務教育の基盤としての教育財政制度改革」、日本教育学会『教育学研究』第七九巻第二号、二〇一二年、一五六―一六九頁、貞広斎子「学校外補習学習費の私的負担傾向からみた教育戦略と地域特性――教育費の公私のゆらぎを巡って」『日本教育政策学会年報』第二〇号、二〇一三年、四一―五五頁
（10）足立、前掲、一二―一七頁
（11）岡部光明「伝統的『政策』から社会プログラムへ」、大江守之ほか編『総合政策学――問題発見・解決の方法と実践』慶應義塾大学出版会、二〇〇六年、二三―二四頁
（12）足立、前掲、七頁
（13）足立幸男「政策評価における公益（Public Interest）概念の意義と役割」日本政治学会『政策科学と政治学（年報政治学一九八三）』一九八四年、五一―五七頁
（14）足立、同書、五七頁
（15）水口憲人「行政学における『公共性』論」『法律時報』第六三巻第一一号、一九九一年、五二―五三頁
（16）井上達夫「公共性とは何か」井上達夫編著『公共性の法哲学』ナカニシヤ出版、二〇〇六年、一八頁
（17）足立、前掲（一九八四年）、六〇―六一頁
（18）内閣府「子供の貧困対策に関する大綱――全ての子供たちが夢と希望を持って成長していける社会の実現を目指して――」二〇一四年八月二九日、一〇―一一頁
（19）U. S. Department of Education and U. S. Department of Health and Human Services (USDE & USDHHS),

"Applications for New Awards; Race to the Top—Early Learning Challenge," *Federal Register*, Vol. 76, No. 166, August 26, 2011, p. 53564, 大桃敏行「競争による早期学習の質保証と機関連携――米国「頂点への競争――早期学習チャレンジ（RTT-ELC）」プログラムの分析――」宮腰英一（研究代表者）『「子ども・青少年」行政の統合化と専門家養成に関する国際比較研究』（科研研究成果報告書）二〇一二年、三九―四七頁

(20) USDE & USDHHS, *Ibid.*

(21) ジェームズ・J・ヘックマン『幼児教育の経済学』大竹文雄解説、古草秀子訳、東洋経済新報社、二〇一五年、一一―一二頁

(22) 大竹文雄「解説 就学前教育の重要性と日本における本書の意義」ヘックマン、同書、一二三頁

(23) ヘックマン、前掲、三〇―三一頁

(24) 大竹、前掲、一一六―一一八頁

(25) 大桃敏行「一九世紀後半米国ナショナリズム高揚期におけるコモンスクールへの連邦政府介入の論理とその限界――ジェファソニアン・リパブリカニズムの課題性の視点から――」東北大学教育学部教育行政学・学校管理・教育内容研究室『研究集録』第一一号、一九八〇年、四〇頁

(26) ヘックマン、前掲、三五頁

(27) この箇所は次の拙稿による。大桃敏行「人文学・社会科学の社会貢献」第九回日・韓人文振興政策懇談会『人文学・社会科学に対する要請と社会的貢献の在り方』二〇一二年、一一七―一二一頁

(28) 科学技術・学術審議会学術分科会「人文学及び社会科学の振興について（報告）――『対話』と『実証』を通じた文明基盤形成への道」二〇〇九年一月二〇日、六―七頁

(29) ヘックマン、前掲、一一頁

(30) 本田由紀『多元化する「能力」と日本社会――ハイパー・メリトクラシー化のなかで――』ＮＴＴ出版、

二〇〇五年、ⅱ-ⅲ頁

(31)　次の石井論文は就学前の教育や保育を直接対象とするものではないが、教育における規範研究の具体的内容を考えていくうえで参考になる。石井英真「教育実践の論理から『エビデンスに基づく教育』を問い直す――教育の標準化・市場化の中で」日本教育学会『教育学研究』第八二巻第二号、二〇一五年、二一六―二二八頁

第3章　保育の制度・政策研究をめぐる諸課題

村上祐介

はじめに

本章では、保育の内容や方法ではなく、制度・政策の面に焦点を当てる。

本章の目的は、保育や幼児教育をめぐる制度・政策の研究にどのような課題があるのかを考察し、今後の保育政策研究の方向性を提示することにある。したがって、子ども・子育て支援新制度など、保育の制度・政策の内容やその是非について論じるわけではない。それらについては本書の第1章、第2章でも若干触れられており、また様々な論稿があるのでそちらを参照していただきたいが、日本の保育研究の発展をはかるうえで、制度・政策の研究については多くの課題があるように思われる。本章では保育・幼児教育における政策研究の在り方に焦点を当てて議論を進める。

筆者の専門分野は教育行政学・行政学である。主に教育行政制度を研究対象としており、保育・幼児教育政策が直接の専門分野ではない。ただ、それゆえに保育・幼児教育政策の研究については専門の研究者とは別の角度から考察することが可能であろう。本章では財政や行政制度などに言及しながら、今後の保育制度・政策研究の在り方についていくつかの提案を行いたい。

あらかじめ本章で主張したいことを述べるならば、次の二点に大きく集約できる。第一に、保育制度・政策の研究は、たとえば子ども・子育て支援新制度の改革をどう考えるか、それによって現場や保護者がどのような影響を受けるかといった点に強い関心がある一方、保育・幼児教育にまつわる様々な制度・政策がなぜ、どのように形成されたのか、といった点はそれほど強い問題関心を持っていなかった。換言すれば、政策の中身すなわち政策内容への関心は強いが、政策プロセス、政治学的にいえば政策過程への関心は弱かった。本章ではこのことがいかなる問題をはらんでいるのかについて、公共政策学の枠組みを参考にしつつ述べてみたい。第二に、保育制度・政策研究の環境整備と人材育成の在り方についてである。端的にいえば、保育研究において保育の内容・方法を専門分野とする研究者は多いが、保育の制度・政策を専門とする研究者は極めて少ない。言い換えれば、保育政策や幼児教育政策のプロパー研究者は珍しい存在である。そのため、学校教育やその他様々な政策領域と比べても、保育や幼児教育は制度・政策研究で後れを取っている面があることは否めない。本章ではたとえば東京大学に設置された保育・幼児教育の研究拠点となる発達保育実践政策学センターを拠点として、保育・幼児教育の制度・政策研究のプラットフォームとなるしくみを構築する必要があることを主張する。

本章の構成は次の通りである。「はじめに」では本章の問題関心や要約を述べた。次の第1節では、日本の保育・幼児教育政策に関する基本的なデータを示しながら、制度・政策を分析対象とするにあたってどのような視点が重要であるかを考える。第2節では、保育・幼児教育政策の研究に現在いかなる課題があるのかを、公共政策学の枠組みを手がかりに考える。また、研究人材の育成や研究分野の基盤をどのように整備するのかについても言及する。最後の「おわりに」では、本章での議論を改めて振り返り、保育の制度・政策研究をめぐる今後の課題を整理する。

1　日本の保育・幼児教育政策をどう分析するか

二〇一五年四月から施行された子ども・子育て支援新制度は、保育ニーズの増大や待機児童問題の深刻化などに代表される保育の「量」の問題と、配置基準の改善や保育士の待遇の引き上げ、保育の専門性確保など「質」をめぐる課題への対応策として制度設計された。同時に、保育の「量」と「質」の向上に向けて就学前教育・保育の財源確保も図られるはずであった。具体的には、新制度の実施に必要な一兆一〇〇〇億円のうち、二〇一五年四月に消費税が一〇パーセントに引き上げられる際にその一部である七〇〇〇億円を子ども・子育て支援新制度の実施に充てることになっていた。しかし残りの四〇〇〇億円についてはメドが立たず施策の見直しを余儀なくされたうえに、二〇一五年度からの消費税引き上げが見送られた。そのため、新制度初年度の二〇一五年度については五〇〇〇億円あ

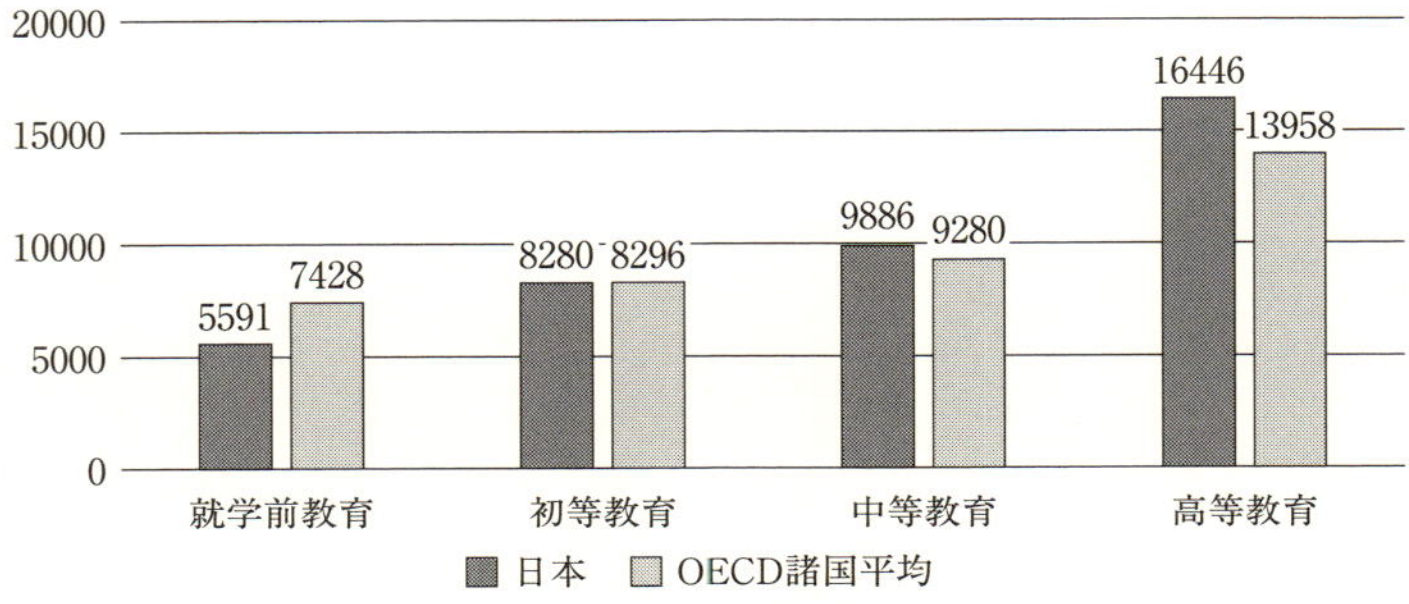

図1　在学者一人当たり年間教育支出（GDP（国内総生産）購買力平価による米ドル換算額）（2011）

出典：OECD, *Education at a Glance 2014*. を基に作成

まりが予算措置されたものの、恒久的な財源確保の見通しは立たないままに新制度がスタートした。

では実際に、これまで保育・幼児教育政策はどの程度の財源が充てられてきたのだろうか。他の先進国や、あるいは日本の初等中等教育・高等教育と比べてどのような状況であったのであろうか。ここでは初等中等教育・高等教育や諸外国との比較の視座で具体的なデータを確認しておきたい。

図1は、二〇一一年における児童・生徒一人当たりの年間教育支出（公費・私費の合計）を学校段階ごと（就学前教育、初等教育、中等教育、高等教育）に示したグラフである。各学校段階の二本の棒グラフの左側は日本、右側は先進国の多くが加盟しているOECD（経済協力開発機構）三四カ国の平均を示している（いずれもGDP（国内総生産）購買力平価による米ドル換算額）。初等・中等・高等教育では公費・私費を合計すると日本の一人当たり教育支出はOECD諸国の平均値とほぼ同じか、あるいはそれをやや上回ってい

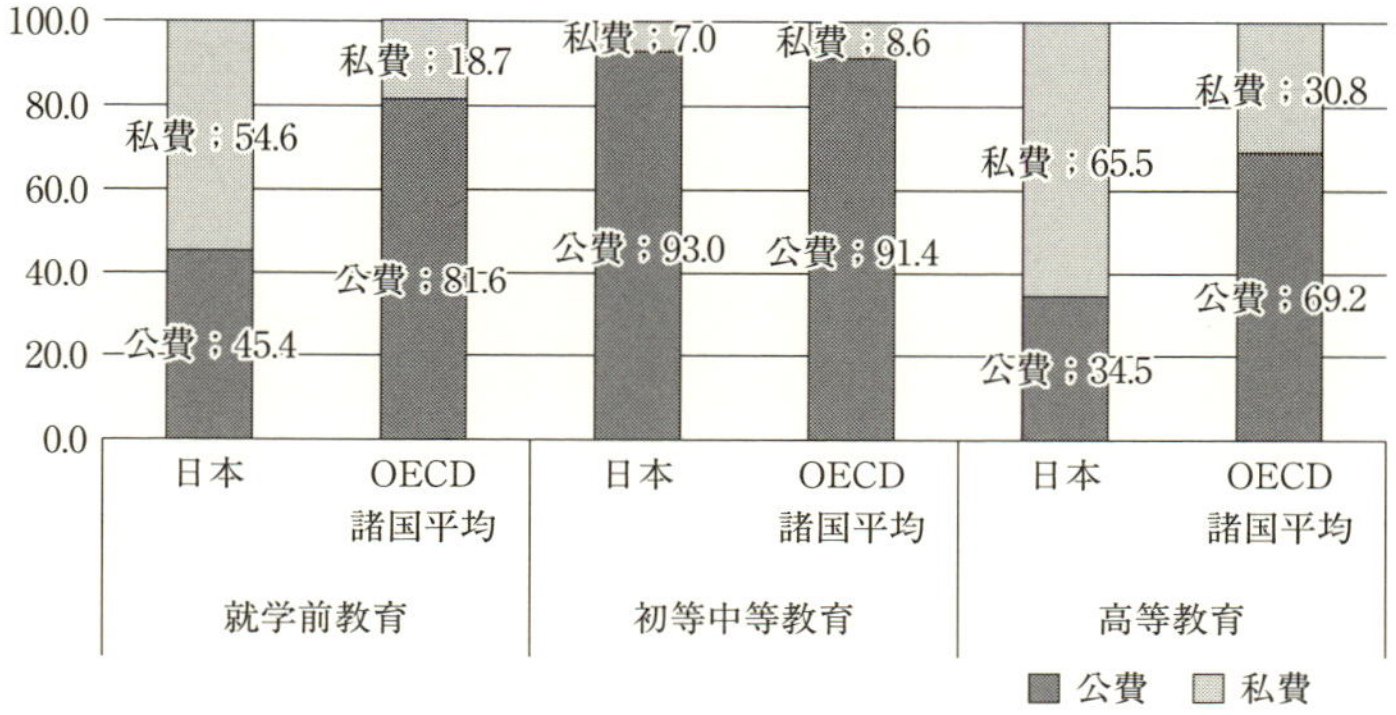

図2　教育機関に対する教育支出の公費および私費負担の割合（%）（2011）

出典：OECD, *Education at a Glance 2014.* を基に作成

注：一部，公費・私費の合計が100%になっていない個所がある。

る。しかし、就学前教育を見ると、ＯＥＣＤ諸国平均の年間教育支出が七四二八ドルであるのに対して、日本は五五九一ドルと約四分の三の支出水準にとどまる。すなわち、学校段階別に見ると、日本ではとりわけ就学前教育において、公費・私費合計の教育支出がＯＥＣＤ諸国平均を大きく下回っている。

次の図2は、同じく二〇一一年を対象として、教育機関に対する教育支出の公費・私費負担割合の比率（就学前教育、初等中等教育、高等教育）を表したグラフである。図1と同様に、各学校段階の二本の棒グラフの左側は日本、右側はＯＥＣＤ諸国の平均値を示している。図2からわかるのは、日本では就学前教育と高等教育の公費負担が少なく、私費負担の割合が高くなっていることである。初等中等教育は教育機関に対する教育支出の九割以上が公費で措置されており、ＯＥＣＤ諸国とほぼ同じ水準となっている。一方、高等教育は公費負担割合が三四・五パーセントとなっており、

ＯＥＣＤ諸国平均値の六九・二パーセントと比べて公費負担の割合が低い。そして就学前教育も、ＯＥＣＤ諸国の公費負担が平均で八一・六パーセントであるのに対して日本では公費負担が四五・四パーセントとなっており、高等教育と同様に、私費、すなわち家庭の費用負担が非常に重くなっていることがわかる。

日本とＯＥＣＤ諸国平均の学校段階別の一人当たり教育支出と公私負担割合を比較した図1・図2からは、次のような特徴が浮かび上がる。第一に、日本では初等中等教育と高等教育の一人当たり教育支出（公費・私費の合計）はＯＥＣＤ諸国平均並みであるが、就学前教育ではＯＥＣＤ諸国の平均を大きく下回っている。第二に、日本の就学前教育は公費負担の割合が小さく、私費負担が国際的に見て大きい。また高等教育も私費負担の割合が高い。以上から、日本では就学前教育段階での公費負担が著しく少ないうえに、私費負担を合わせてもＯＥＣＤ諸国の平均的な一人当たり教育支出には遠く及んでいないことがわかる。高等教育では公費負担の割合が低いことは就学前教育と同じであるが、私費負担を合わせると一人当たり支出はＯＥＣＤ諸国平均を上回る点で就学前段階とは異なっている。すなわち、日本の就学前教育は公費投入が極めて少なく私費負担が重いうえに、公費・私費を合わせた一人当たり教育支出も先進国の平均より少なく、財政面からいえば先進国の中で非常に厳しい状況にあるといえよう。

就学前教育の財政支出の少なさは保育の量・質を維持・向上するうえで大きな問題とされてきた。また現場にも直接・間接に様々な影響を及ぼしている。子ども・子育て支援新制度はそうした現状を打開しようとする試みであるし、筆者が述べるまでもなく、新制度に対しては様々な論点や課題が指摘されている。しかし、教育行政学や行政学の視点から見ると、それとは別に重要なパズル＝問いがあるようにも思われる。

そのパズルとは、「そもそも、なぜ日本の就学前教育では公財政支出が少ないのか」という問いである。従来までの保育・幼児教育研究では、公財政支出の少なさやそれが現場に及ぼす影響について論じられることはあっても、そもそもどうしてこれまで支出が少なかったのかはほとんど問われてこなかったのではないか。これまでの保育・幼児教育に関する制度・政策研究では、制度それ自体の問題や、それが現場に及ぼす影響に主に着目してきた。社会科学的にいえば、制度・政策の内容それ自体を分析するか、あるいは制度・政策は現場への影響を説明する変数（説明変数（独立変数ともいう））として扱われてきた。しかし一方で、支出水準の話に限らず、なぜそのような制度・政策が形成されたのか、という視点は弱かったように思われる。これまでの研究では制度・政策は主に現場に影響を与える説明変数として捉えられてきたが、なぜ現在の制度・政策がつくられたのかという問いは、いわば制度を被説明変数（従属変数）として捉える理論的関心である。従来の保育・幼児教育政策の研究は制度を「被」説明変数として見る視点が弱かったように思われる(1)。

「なぜ就学前教育は公財政支出が少ないのか」との問いに対して、筆者は、条件整備に関する基準法制が初等中等教育と就学前教育では大きく異なっていたことが、就学前教育への支出の少なさをもたらしたと考えている。初等中等教育は、一九五〇年代半ば以降は教職員定数や配置の基準が比較的定まっていたのに対して、[2] 保育・幼児教育は一定の基準は存在するものの、現在にいたるまで教職員定数・配置の基準に関して初等中等教育ほど標準化された法制度にはなっていない。また、基準の影響を相対的に受けづらい私立の比率が高かったことも特徴的である。すなわち、初等中等教育は教職員定数・配置の基準が明確に存在していたため、限りある教育予算のうち相対的に多くの部分が結果的に初等中等教育に振り分けられたと考えられる。初等中等教育は基準法制が存在するために比較的容易に財源を確保できるうえ、削減に対する世論の反対も得やすかった。[3] ただこれはあくまで仮説に過ぎず、今後検討すべき課題である。

また、「保育・幼児教育への支出が少なかったにもかかわらず、なぜ日本では一定の成果をあげることができたのか」という問いも、日本の保育・幼児教育政策の特質を考えるうえで重要なパズルと考えられるが、こうした視点からの分析はほとんど見られなかった。おそらく、これまでの研究は、その時々の保育制度・政策の課題や改善点を明らかにし、実践的な貢献を行うことに強い関心があったためではないかと思われる。

筆者が見る限り（これは保育・幼児教育に限らないが）、戦後の日本は公務員数が国際的に見ても少ないにもかかわらず、比較的小さな政府規模の中で効率的な行政サービスを提供してきた。これは政府以外のセクター（特殊法人、民間企業など）が行政サービスの一部を担っていたためであると考えられる。国公立の割合が低い幼稚園や保育所もこうした特質を強く帯びている。では、なぜ政府外部のセクターがそうした役割を担うことが可能であったのだろうか。この点については未だ明らかでない点が多い。

筆者は、幼稚園・保育所に関しては、高度成長期に終身雇用と年功序列という日本的雇用慣行によって専業主婦世帯が増加したことで保育ニーズが抑えられたことと、保育士や幼稚園教諭の勤続年数が短かったことでこれらの年齢構成が若手に偏り、保育士や幼稚園教諭の人数の割には人件費総額が抑制できたことが重要であったのではないかと考えている。いわば日本的雇用慣行とそれにともなう専業主婦世帯の増加が需要側（保育ニーズ）と供給側（保育士・幼稚園教諭の人件費）の両方に作用した結果、公的機関以外が少ない費用で保育サービスを一定程度提供できた重要な要因であったのではないだろうか。子ども・子育て支援新制度などの改革は、近年の日本的雇用慣行の変容によってこうした構造を持続させることが難しくなったため、必然的に改革が求められた面があったと考えられる。もちろん以上の点も先ほどと同様に仮説的な主張に過ぎず、その当否は実証的な検証が必要である。

以上は財政に着目した分析であったが、次に行政組織に注目してみたい。保育・幼児教育に関しては、国レベルでの所管省庁が異なっているために、自治体レベルでは幼稚園は教育委員会の所管、保育所は首長（知事・市町村長）の所管とされ、就学前段階については二元的な行政が行われてきた。しかし近年では、幼保一元化や子ども行政の一元化の動きにともない、幼稚園・保育所を同じ所管とする例が増えている(4)。

図3は、文科省が実施している「教育委員会の現状に関する調査」から、教育委員会が所管する事務の一部について、首長部局への事務委任や補助執行が行われている割合を示したものである。幼稚

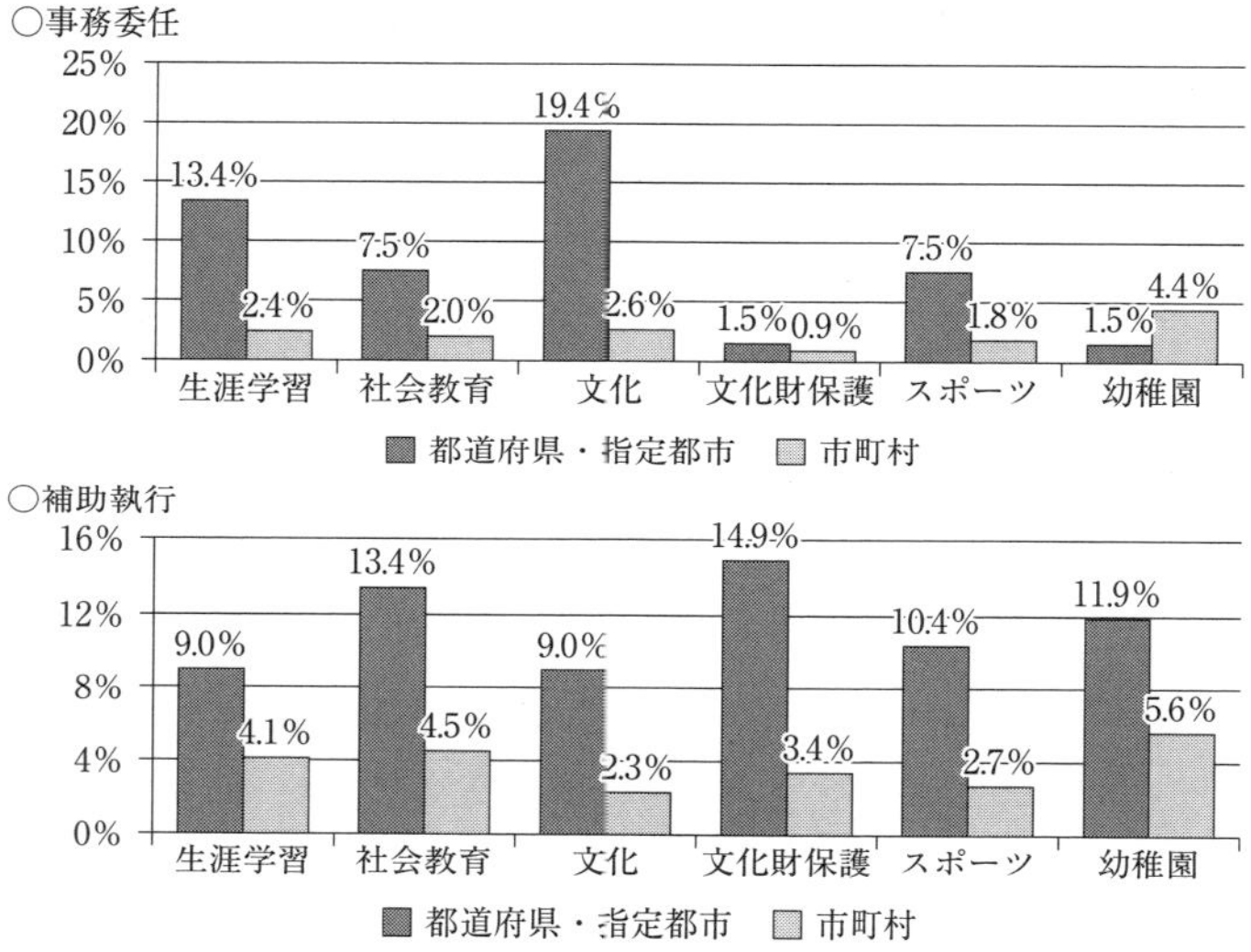

図3　教育委員会から首長部局への事務委任・補助執行の状況

出典：文部科学省「教育委員会の現状に関する調査（平成25年度間）」，22頁

園に関しては、都道府県の一割強、市町村の一割が首長部局への事務委任・補助執行を行っている。市町村ではその割合は生涯学習・社会教育や文化財保護よりも高く、幼稚園・保育所を首長部局で一元的に所管する自治体も決して少なくないことがわかる[5]。

こうした事務委任・補助執行は以前から行われてきたが、幼稚園・保育所の一元化が自治体や園にどのようなメリット・デメリットをもたらしているのかは未だ明らかになっていない点が多い[6]。筆者が二〇一三年に市区町村教育長に実施した質問紙調査では、幼稚園の首長部局への事務委任もしくは補助執行を行っている自治体のうち、事務委任・補助執行によって「大きな変化があった」「変化があった」との回答は約

	大きな変化があった	変化があった	あまり変化はなかった	まったく変化はなかった	わからない	無回答	該当者
(a) 社会教育	6 (4.5)	26 (19.4)	73 (54.5)	14 (10.4)	9 (6.7)	6 (4.5)	134 (100)
(b) 文化	7 (5.6)	26 (20.8)	67 (53.6)	9 (7.2)	10 (8)	6 (4.8)	125 (100)
(c) スポーツ	5 (4)	31 (25)	61 (49.2)	11 (8.9)	8 (6.5)	8 (6.5)	124 (100)
(d) 幼稚園	11 (8.2)	32 (23.9)	67 (50)	13 (9.7)	6 (4.5)	5 (3.7)	134 (100)
(e) 保育所	20 (21.1)	32 (33.7)	30 (31.6)	7 (7.4)	6 (6.3)	0 (0)	95 (100)

表1　事務委任・補助執行による施策の変化

出典：村上祐介「教育委員会制度の改革と運用実態に関する首長・教育長の評価とその変容——2013年全国市町村長・教育長アンケート調査報告」『東京大学大学院教育学研究科教育行政学論叢』第34号，2014年，92頁

三分の一であった一方、「あまり変化はなかった」「まったく変化はなかった」との回答は約六割を占めており、事務委任・補助執行による変化をそれほど感じていない自治体が相対的には多かった（表1）。ただし、社会教育や文化、スポーツなどと比べると変化を感じていると回答した割合は高かった。

また、幼稚園ではなく、保育所を教育委員会に事務委任または補助執行することで、教育委員会で幼稚園・保育所を一元的に所管する事例もある。筆者による前述の調査では約一五パーセントの市区町村が教育委員会で幼稚園・保育所の両方を所管している[7]。さらに、首長部局で幼稚園・保育所を一元的に所管する自治体に比べて、教育委員会に一元化した自治体では変化を感じている割合が半数を超えており、首長部局で一元化した自治体に比べてその割合が高い。特に幼保小連携におい

て、これら全ての機関を教育委員会で所管することの意味は小さくないようである。

「幼稚園・保育所の所管一元化がどのようなメリット・デメリットをもたらしているか」という関心は、制度を説明変数として考えていた。一方で、前述したように、制度は説明変数ではなく被説明変数として見ることも可能である。すなわち、「どのような自治体が幼稚園・保育所の事務委任や補助執行を行うのか（あるいは行わないのか）」という問いの立て方もありうるが、これについては現時点ではほとんどわかっていない。保育・幼児教育政策の研究は、現場への影響を重視するために施設や職員の配置、あるいは財政面に関心が強い。最近でいえば、たとえば子ども・子育て支援新制度は現場に直接的な影響が大きいため、その評価や課題に研究の関心が集中していることもその一例である。他方で、行政組織の編成など現場からやや距離があると思われる制度への関心は比較的弱いように思われる。しかし、実際には様々な制度が保育政策や現場に影響を与えており、筆者から見ると、保育や幼児教育の研究が対象とする制度・政策の範囲は、従来よりももう少し広げる必要があるのではないかと思うところもある。

もう一つ、日本の保育政策研究を分析するにあたって留意すべき点として、保育の質や成果の概念やイメージが、諸外国と必ずしも同じでない可能性があることを挙げておきたい。

諸外国では縦断研究を通じて「保育の質」が子どもに長期的影響を及ぼすことが指摘されており、保育の質の重要性は国際的に周知されているが、一方で、質の定義は文化に依存していることも指摘されている[(8)]。秋田喜代美らによれば、英米は階層分化が広がっていると同時に、就学準備の伝統が強く、リスク低減志向や将来に向けての社会的投資という保育観が強い。それに対して、日本では養護や福祉など基本的人権保障として保育を捉える保育観があり、費用対効果の面から成果を測定する見方とは歴史的に相容れない側面があるという(9)。

「保育の質」の定義が国や文化により異なることは、保育学や保育実践の立場から見れば当然のことであろう。しかし一方で政策研究、とりわけ実証的な分析においては、就学後の学業成績や将来の収入などの投資効果といったわかりやすく、かつ観察しやすい指標が保育の質として用いられ、結果的にそうした指標のみが保育の質や成果として独り歩きしてしまう危険がある。国際的な比較を含めた保育の質の実証分析は確かに重要であるが、同時に保育の質とは何かという定義自体が歴史的・文化的に規定される側面があり、政策研究がそうした点を見落として（あるいは意図的に避けて）、測りやすい指標のみで保育の質や成果を論じてしまうことには十分注意しなければならない。既に初等中等教育においては、学力テストの成績が成果として重視されるなど、（「エビデンス」が重要であるとして）測りやすい指標のみで学校教育の質を捉える傾向が強まっているが、認知能力が測定しづらいとされる保育・幼児教育においてもそうした危険が皆無であるとはいえないだろう。

2　保育・幼児教育における政策研究の課題

（1）公共政策学から見た保育政策研究の課題

保育・幼児教育政策は、それ自体が他の政策とは異なる論理や体系を有する固有の政策であると同時に、最近の総合行政化の動向に触れるまでもなく、公共政策全体の一部であるともいえる。公共政策の構造や過程を幅広く研究する公共政策学とよばれる領域では、政策に関する知識を、政策過程に投入される知識（「in の知識」）と政策過程に関する知識（「of の知識」）の二種類に区分している。この議論は後で述べるように保育・幼児教育政策研究の課題を明らかにするうえで有用であるので、ここで検討したい。筆者の主張は、保育・幼児教育政策研究は政策の内容、換言すれば「in の知識」に関する部分を主に分析してきたが、政策の過程、すなわち「of の知識」に関する研究は手薄であり、そのことがこの分野の課題になっているということである。

アメリカの政治学者ハロルド・ラスウェルは二〇世紀半ば頃に、公共政策学の原型となる政策科学を提唱した。そこでは、政策を構成する知識を、「過程における知識（knowledge in process）」と「過程に関する知識（knowledge of process）」の二つに区分した[(10)]。

日本における公共政策学の教科書として広く読まれている『公共政策学の基礎（新版）』（有斐閣、二〇一五年）によると、前者の「in の知識」とは、端的には公共政策に投入される知識のことである。

そこには政策分析等によって政策決定に投入される知識から、公共政策そのものに関する知識、また個別政策領域に関する専門知識まで幅広い知識が対象とされる。「in の知識」は政策分析論や政策デザイン論とも称されることがあるように、政策を形成するための知識の（政策過程への）提供が目的とされる(11)。この提供は当該政策の内容に詳しいことが必須である。したがって、個別政策領域に関する知識の多くは公共政策学から見ると「in の知識」であるといえる。

一方、後者の「of の知識」とは、端的には政策過程、換言すれば公共政策のプロセスに関する知識のことである。政策過程論とも称されるように、公共政策の決定から実施、評価にいたるプロセスの解明が目的とされる。たとえば、どのように政策課題が認識され、政策立案および決定が行われるのか、といった問いを解明する。また、政策のプロセスに参加する組織や個人（政治学や公共政策学では「アクター」とよぶことが多い）が、どのような利益や理念を有しており、いかなる制度から制約を受けているか、それらが政策にどのような影響を及ぼしているかを明らかにする(12)。「of の知識」は政策過程を主に扱うが、これらはどちらかというと政策領域を問わず共通する知識が多く、したがって教育学や保育学などの個別政策領域を扱う分野よりも、政治学や行政学など政策全般を扱う分野で知見が蓄積されている。

政策科学は政策決定の改善や公共政策の問題解決を志向する実践的な側面が強い分野であるが、ラスウェルは当初、「in の知識」を重視していた。政策分析を高度化することで、政治性を排除した問題解決や意思決定を図ろうとしていたのである。しかし、それは一九七〇年代半ばに早々に破綻したという[13]。

秋吉貴雄は、「in の知識」を問題解決の技術として高度化しても、「of の知識」によって政策プロセスの構造および動態を把握しておかなければ、どのように「in の知識」を投入すればいいかが明確にならず、知識があっても政治的要因に制約を受け、政策決定に反映されないと述べている[14]。さらに、「of の知識」は、政策過程に関する知識だけでなく、同時に「知識活用（knowledge utilization）」の観点を有していなければならないとも述べている。すなわち、「in の知識」がどのような経路で政策へと反映されるのか（反映されないのか）ということも分析の対象であり、「in の知識」がどのように活用されるのかにも留意して、政策決定改善のための知識が提供されることが求められるという[15]。

以上の点を保育・幼児教育の政策領域に即して考えると、「in の知識」は、保育政策や保育内容・方法それ自体の知識であり、政策領域に固有の政策知識であるといえる。政策知識は、理論的知識と経験的知識の二つの性格を有するとされる[16]。一方、「of の知識」は保育制度・政策が決定・実施される過程がどうなっているか、そこにはどのようなアクターがいかなる利益や理念で政策過程に参画しており、どの程度政策に影響を及ぼしているか、という点に関する知識であり、政策の中身それ自体の知識とは異なる。また、保育政策だけが国会を通さずに法律が決まるというわけではもちろんないので、「in の知識」と比べると、教育・保育以外の他の政策領域とも共通する点は多い。

筆者の見解では、これまでの保育・幼児教育政策の研究は、「in の知識」を増やすことが主眼にあり、研究のほとんどを占めていたように思われる。たとえば子ども・子育て支援新制度の問題点や、各自治体での具体的な運用課題を明らかにすることは、「of の知識」というよりはむしろ「in の知識」に属する研究である。他方で、保育・幼児教育政策研究において政策過程への関心、すなわち「of の知識」への着目がこれまで弱かったことは否めない。

政策の内容や政策分析など「in の知識」は当該政策領域に固有の知識であり、たとえば保育や幼児教育という個別領域の研究を行ううえでもちろん重要である。ただ、個別の政策領域において何が重要な問題であり、それをどう変えるべきなのかについては「in の知識」で明らかにできるが、一方で、なぜそうした制度・政策が形成されたのか、それをどのようにすれば変えられるのか、といった問題関心は、公共政策学の歴史的経緯から見ても「in の知識」だけでは難しく、「of の知識」を併せ持つことが求められる。

前節での議論と関連させて述べれば、「in の知識」は制度・政策それ自体の分析や、制度・政策を説明変数として現場にどのような影響が生じているのかを分析することには比較的強みがある。他方で、ある制度・政策がなぜ形成・決定されたのか、どのようなアクターが決定に影響を及ぼしたのか、という視点、すなわち制度・政策を被説明変数として捉え、その説明要因を探る分析は「in の知識」だけでなく「of の知識」もまた必要となる。

前節で、これまでの保育・幼児教育政策の研究は制度を被説明変数として見る視点が乏しかったことを指摘したが、公共政策学の視点から見ることで、この背景を理解することができよう。すなわち、従来の保育・幼児教育政策の研究は政策内容、すなわち「in の知識」に主要な関心があり、政策過程、つまり「of の知識」への関心が弱かった。そのことは、制度を被説明変数として見ることの重要性を見過ごすことにつながったと思われる。

もっとも、政策過程のうち、政策が決定された後の政策実施・政策評価については、「in の知識」でも分析は可能であるし、むしろ政策内容に関する深い理解が必要である。ただ、保育・幼児教育政策の実施や評価が他の政策領域のそれらと比べてどのような特徴があるか、また実施や評価での課題を政策改善にどう役立てていくか、といった問題は、政策領域に固有の知識だけでなく、政策領域横断的な「of の知識」がやはり必要である。

保育や幼児教育に限らず、学校教育や社会教育、さらにいえば福祉や医療などの個別政策領域を対象とした研究もそうであろうが、制度・政策の内容それ自体に関心が向くのは当然である。ただ、学術的のみならず実践的・政策的貢献においても、制度・政策の内容だけでなくその形成・実施過程を分析の対象に含めることが同時に重要であることをここでは指摘しておきたい。

(2) 保育・幼児教育政策研究の基盤の確立

ここまでは研究の枠組みや分析視角についてその課題を述べてきたが、ここでは実践的・社会的な文脈も含めて、保育・幼児教育政策における研究基盤を今後どのように整備していくことが求められるのかについて、筆者の視点から若干の論点提起をしたい。

保育・幼児教育政策に関して筆者が強く思うのは、この政策を専門分野とする研究者の層が薄いことである。いわば保育政策のプロパー研究者が少ない。この理由としては、これまで保育・幼児教育政策が研究対象として軽視されてきたことがある。ただ同時に、保育士や幼稚園教諭の養成において保育・幼児教育の内容・方法に関する科目を履修することが重視され、初等中等教育での教職教養に当たる部分には重きが置かれてこなかったという社会的な事情もあるように思われる。たとえば保育士養成では教育原理はあるが、制度・政策に関する科目それ自体は置かれていない。幼稚園教諭は教職課程で免許を取得するので小・中の教員免許と同様に「教育に関する社会的、制度的又は経営的事項」を履修するが、小学校と課程を併有している機関も多く、授業も幼児教育の制度・政策に特化していることは少ない。そのため、保育士や幼稚園教諭の養成課程では制度・政策を専門とする教員を配置する必要はなく、将来の大学教員候補である大学院生の研究対象も自ずと初等中等教育に偏りがちになっていた。筆者が専門とする教育行政学は「義務教育行政学」あるいは「(小学校以降を対象とする) 初等中等教育行政学」になりがちであるが、就学前教育や高等教育などの政策を研究している教育行政学者は確かに少なく、そうした点で教育行政学に責任の一端はあるかもしれない。

しかし、保育士や幼稚園教諭の養成段階で就学前教育・保育に関する制度・政策の知識は不要であると言い切っていいのであろうか。また、初等中等教育の教員養成では扱われることが多い歴史学・哲学や社会学などの教養は必要ないのだろうか。近年は教員養成も実践性が重視され、実践との関わりが強くない分野は軽視される傾向にある。他方で保育士や幼稚園教諭の養成課程は実践重視の側面が以前から強く、むしろこうした教養的な知識をどう身に着けるかについてより検討の余地があるようにも思われる。幼稚園教諭養成段階での教職教養の在り方も同様である。あるいは養成段階よりも実践を一通り経験した現職の研修などでこうした知識を身に着ける機会を設けることも考えられる。

なお付言すれば、現職の保育士・幼稚園教諭だけでなく、施設の管理職的な立場や経営者の研修の内容やその体系化も重要な課題である。その際には、保育内容・方法以上に、制度・政策や組織・施設の経営に関する知識を身に着けられるカリキュラムが必要である。そのうち実践知や現場知は日々の実務や管理職・経営者同士の情報交換を通じて身に着けることができるが、理論知やメタ的な知識についてはそうした形では難しい面がある。

教育学では学校経営論という研究分野があり、そこでは管理職（校長・教頭など）や中堅教員のリーダーシップの在り方、学校組織の特徴を探る研究、学校と地域・保護者との関係など、多様なテーマが研究されている。また、教職大学院ではこうした学術的知見と実践を結びつける形で管理職養成の研修が行われている。しかし、筆者が知る限り、保育所や幼稚園の経営に関しては学術的な研究の蓄積や、さらにいえば研究と実践との往還が少ないように思われる。保育・幼児教育についても、学校経営論から学べることは多々あるはずで、保育所・幼稚園等の経営者や管理職、あるいは指導的なスタッフの研修のためのプログラムを開発することは今後の課題として重要である。

保育・幼児教育政策を専門とする研究者が少ないことは、当然ではあるが研究成果の発信も限定されることを意味している。たとえば、会員約四〇〇〇人を擁する日本保育学会の機関誌『保育学研究』でも、保育政策に関連する論文が掲載されることは極めて少ない。また、学会大会では保育政策・行財政の部会はあるが、保育内容・方法や保育実践の部会に比べるとその数は圧倒的に少ない。筆者が知る限り、論文や学会発表のテーマは近年の政策動向に関する法制度的な分析か自治体・施設などの事例研究、あるいは外国の事例研究や歴史的研究がほとんどである。理論に基づいた実証分析や、経済学・政治学など他の学問分野での成果が紹介されることはあまりない[17]。

もっとも、ノーベル経済学賞を受賞したジェームズ・ヘックマンは就学前教育の効果を検証した研究でも世界的に知られているが[18]、彼自身の専門分野は労働経済学であり、保育・幼児教育政策が主たる研究テーマではない。保育・幼児教育政策を専門とする研究者を増やしていくことは大切であり、「あらゆる学問は保育につながる」がゆえに、ヘックマンのように保育・幼児教育政策のプロパーか否かを問わず、研究成果の量と質を増やしていくことが重要となる。

実際に、現在でも経済学・政治学・社会学など社会科学諸領域の研究者が保育・幼児教育政策の研究を行っている。しかし、教育学や保育学との交流は少なく、お互いに知見を共有し対話を深めているとはいえないのが現状である。プロパー研究者の養成と合わせて、学問分野を超えて保育政策研究者が情報交換や交流を行う場をつくっていくことが日本の保育・幼児教育政策研究の喫緊の課題となっている。さらにいえば、そこに保育内容・方法や子育ちのメカニズムを研究している発達科学や心理学などの研究者も交わっていくことができればなお有意義であろう。つまり、保育・幼児教育政策研究のプラットフォーム（土台）が必要だということである。

そうしたプラットフォームの構築は、これまでの経緯なども考えると、縦割りの専門分野ごとに乱立しがちな学会以外の形態を採るほうが望ましい。たとえば、本書の執筆陣を中心に二〇一五年に東大教育学研究科に設置された発達保育実践政策学センターを、総合的で学際的な保育研究の拠点として機能させることはできないか、現在模索を始めているところである。

おわりに

本章では、保育・幼児教育の制度・政策それ自体の検討というよりも、これまでの制度・政策研究の枠組みにどのような課題があり、それをどう克服するのか、さらに研究基盤をどのように今後築いていくべきなのかについて、筆者が専門とする教育行政学・行政学の視点から、いくつかの問題提起を行った。

改めて本章で筆者が主張したことをまとめておきたい。第一に、これまでの保育・幼児教育の制度・政策研究の枠組みを検討した。これまでの研究は政策の内容（=in の知識）にもっぱら関心があり、一方で政策がいかにして形成・決定されるかという政策の過程（=of の知識）への関心が薄かった。しかし、公共政策学の枠組みや歴史的経緯から、政策分析の知識を実際の政策形成に活かすためには政策過程の研究も同時に必要であることを述べるとともに、なぜそのような制度・政策がつくられたのかという、いわば制度を被説明変数とする研究が必要であることを指摘した。第二に、保育の質や成果とは何かを検討した。その定義は国や文化によって異なるが、諸外国の政策研究、とりわけ実証分析では学齢期の学業成績や成人後の収入などわかりやすい指標のみを保育の質や成果として取り上げがちであり、基本的人権保障などを重視する日本の保育観とは相容れない面もある。政策研究を行う際には、そうした個別の国・文化の文脈を考慮する必要があることを述べた。第三に、保育士・幼稚園教諭が制度・政策を学ぶ機会が少なく、養成段階や現職研修でそうした機会を設けること、さらに、管理職や経営者が制度・政策の知識や園のマネジメントについての理論知を獲得する機会を大学等で設けることが検討されるべきであることを主張した。第四に、保育・幼児教育政策を専門とする研究者が現状では非常に少なく、そうした研究者を意識的に養成していく必要があること、また学問分野を超えて保育研究者が制度・政策に関する情報交換や交流を行う場をつくっていくことが喫緊の課題であり、いわば保育・幼児教育政策研究のプラットフォーム（土台）を構築することが求められていることを主張した。

以上で論じたように、保育・幼児教育政策の研究には課題が多くあると思われるが、一方で多くの研究者・実践者は保育や幼児教育の重要性を認識・共有しており、保育研究を発展させていく必要があること、すなわち研究分野の意義は広く理解されていると思われる。したがって、保育・幼児教育に関心を持つ研究者・実践者の知をどのように集約し相乗効果を発揮させるかが関係者に課せられた今後の大きな課題といえよう。

注

（1）　近年、教育社会学や行政学の分野では、日本の公教育費はなぜ少ないのかといった研究（中澤渉『なぜ日本の公教育費は少ないのか』勁草書房、二〇一四年）や、日本の公務員数は国際的に見てなぜ少ないのかを説明する研究（前田健太郎『市民を雇わない国家――日本が公務員の少ない国へと至った道』東京大学出版会、二〇一四年）が行われている。保育・幼児教育政策についてもこうした視点からの検討が求められる。

（2）　具体的には「公立義務教育諸学校の学級編制及び教職員定数の標準に関する法律」（義務標準法）、「公立高等学校の設置、適正配置及び教職員定数の標準等に関する法律」（高校標準法）が該当する。

（3）　二〇一五年度予算編成において、財務省は現在三五人学級となっている小学校一年生の学級規模を四〇人に戻すべきとの提案を行ったが、これに対しては文科省をはじめとした教育関係者のみならず、世論からも批判を浴びた。

（4）　幼保連携型認定こども園は首長の所管となっている。

（5）　なお、文化・スポーツについては事務委任や補助執行という形式以外に、自治体の条例によって首長部局が所管することも認められており、都道府県では四〇パーセント、市町村では五パーセント程度が文化・スポーツのいずれかまたは両方を首長部局に移管している（文部科学省「教育委員会の現状に関する調査（平成二五年度間）」）。

（6）　この点に関連して、首長が所管することになった幼保連携型認定こども園の運用実態も検証する必要がある。

（7）　村上祐介「教育委員会制度の改革と運用実態に関する首長・教育長の評価とその変容――二〇一三年全国市町村長・教育長アンケート調査報告」『東京大学大学院教育学研究科教育行政学論叢』第三四号、二〇一四年、九二頁

（8）　秋田喜代美・佐川早季子「保育の質に関する縦断研究の展望」『東京大学大学院教育学研究科紀要』五一巻、

二〇一一年、二三一頁

(9) 秋田／佐川、前掲、二二八頁

(10) 秋吉貴雄／伊藤修一郎／北山俊哉『公共政策学の基礎（新版）』有斐閣、二〇一五年、iv頁

(11) 同書、八頁

(12) 同書、八頁

(13) 同書、一一頁

(14) 同書、二三頁

(15) 同書、二三頁

(16) 秋吉貴雄「政策過程と政策知識――『知識の政治』の分析枠組みの構築に向けて」『熊本大学社会文化研究』第六号、二〇〇八年、五頁

(17) たとえば、経済学では慶應義塾大学パネルデータ解析センターが行っている『日本子どもパネル調査』があるが、こうした調査研究の成果は保育学ではそれほど知られてはいないようである。また政治学では、政権の党派性やイデオロギーが子育て支援政策の拡大にいかなる影響を及ぼしているかを比較政治学の観点から明らかにした研究（稗田健志「政党競争空間の変容と福祉再編――先進工業一八カ国における子育て支援施策の比較分析」『比較政治学会年報』第一五号、二〇一三年、一〇七―一三三頁）などがある。

(18) James J. Heckman, *Giving Kids a Fair Chance*, MIT Press, 2013.（ジェームズ・J・ヘックマン『幼児教育の経済学』大竹文雄監訳、古草秀子訳、東洋経済新報社、二〇一五年）

第4章　座談会　保育・幼児教育実践の現在《いま》

井桁容子（東京家政大学ナースリールーム主任保育士）
佐々木美緒子（社会福祉法人厚生福祉会青戸福祉保育園園長）
田中雅道（京都市・光明幼稚園園長）
塚本秀一（社会福祉法人湘南学園保育の家しょうなん園長）
（五十音順）
聞き手：秋田喜代美／遠藤利彦

遠藤利彦：本日は、保育あるいは幼児教育の実態と課題について、保育現場の先生方のお話をうかがい、今年（二〇一五年）七月に発足しました発達保育実践政策学センターの活動に生かすことができればと考えています。最初に秋田喜代美先生から、このセンターの概要を含めてお話いただきたいと思います。よろしくお願いいたします。

発達保育実践政策学センター

秋田喜代美：みなさま、今日はお集まりいただきありがとうございます。今ご紹介がありましたように、平成二七年七月一日に東京大学大学院教育学研究科の附属機関として、発達保育実践政策学センターが立ち上がりました。

設立の経緯ですが、「学者の国会」と言われる日本学術会議で、これからの日本を担う学術のあり方を提案する大型研究計画のマスタープランの第二二期の募集が二〇一三年三月にありました。これまで子どものための学問の大型研究計画がありませんでしたから、私たちはその募集に申請しました。その結果、少子高齢化社会の状況もあり、申請した研究計画が、重点大型研究計画のマスタープランの一つとして認められました。人文・社会科学領域では二つの計画が採択されましたが、そのうちの一つとして承認されました。みなさんからは、「こういう学問があったんだね」とか、「子どものことを考えていく学術は大事だ」という意見をもらいました。

発達科学は急速に進展しています。そして、赤ちゃんや子どもの発達、親自身についての研究も進んでいます。しかし、その知見を保育現場で実践する保育者がいなかったり、親にまでうまく伝えることができてはいません。また、世界各国は、子どもの育ちについてさまざまな長期縦断研究を行い、エビデンス（学問的根拠）を出し、保育政策に何が必要かということをアピールしています。しかし、日本では同様の機能を持つ学術的なセンターがありませんでした。そこで、東京大学の教育学研究科のスタッフたちが連携して、このセンターをつくることになりました。

センターには四つの部門があります。まず「発達基礎研究部門」です。これは、乳児期からの基本的機能としての睡眠、食、遊びを科学的に解明していくことを目指す部門です。次に、今日の座談会にご参加の先生方が詳しいと思いますが、「子育て・保育研究部門」です。ここでは、乳幼児の心身発達の調査をします。例えば、現在の社会では早期から、長時間の保育が行われていますが、子どもの育ちにとって本当に望ましい家庭内外の生活環境を解明していきます。「政策研究部門」では、そうした研究を基にしながら、国内外の行政政策内容や政策形成過程の事例や調査分析をしていきます。そして、乳幼児の保育を社会システムに位置づけるための「人材育成部門」です。ここでは、保育士や幼稚園教諭ではなく、園と園をつなぎ、乳児や子どもの情報を保護者に伝えるコーディネーターの養成や、保育現場における指導主事（学校の教育課程や学習指導などに従事する職員）的役割の必要性やそこで要求される専門性について研究していきます。

以上がセンターの概要ですが、乳幼児の保育教育の実践とつながることが必要です。本日の座談会はその実践に向けてのものです。

遠藤：ちなみに秋田喜代美先生がセンター長です。私は、本日ファシリテーターをさせていただきます、遠藤利彦です。よろしくお願いいたします。私は「子育て・保育研究部門」で、保育園、幼稚園、認定こども園の調査、あるいは保育者や保護者も対象にした調査をしていきたいと思っています。

今日は実践の現場についてご参加の先生方にいろいろと教えていただき、本センターに対しての要望などもお話いただければと考えております。ご参加の先生方はさまざまな現場で保育を実践なさっています。それぞれの立場、視点からお話いただきたいと思います。

それぞれの立場から

遠藤：まずはご参加いただいている四人の先生方から簡単に自己紹介をお願いいたします。

では、塚本秀一先生からお願いいたします。

塚本秀一：滋賀県の大津市の「保育の家しょうなん」から来ました、塚本です。法人名は湘南学園という社会福祉法人です。私はそこの専務理事と、幼保連携型認定こども園の園長をしています。今日はこのような機会をいただき、ありがとうございます。

当法人は、四種類の施設を運営しています。児童養護施設、幼保連携型認定こども園、障害者のサービス事業所、母子生活支援施設の四施設です。異種の四施設を運営しているという、珍しい法人だと思います。

当法人の成り立ちは、日露戦争が勃発した一九〇四年（明治三七年）に戦災孤児を救済する目的で、大津市の仏教同和会が中心になって、三井寺というお寺の境内を借りて始まりました。ですから、もう一一二年になります。その後、運営実績を積み、平成に入ってから保育園と障害者施設を設立しました。そして、母子生活支援施設を大津市から委託を受けるかたちで運営するようになりました。児童養護施設では就学前の子どもたちも預かっています。そのような子どもたちは、「誰か」が「どこか」で少し支えることで、家庭崩壊による養護児童にならなくてもすんだのではないかというケースが多くあります。児童養護施設ではなく、保育園として「誰か」が「どこか」で支えることを実践するために、一九八九年（平成元年）に保育の家しょうなんを始めました。

当時、三六五日、二四時間開園する保育園の開設について県に相談すると、「それは保育園じゃないので一度厚生省に相談してください」と言われました。そこで、厚生省に相談に行きましたら、「それは困りましたね。今の法律には当てはまりません」ということでしたが、「何とかやってほしい実践ですので、夜間保育所で認可しましょう」ということになりました。午後二時から夜の一〇時までを開園時間にし、その他の時間は延長保育ということにして（笑）、結果的に二四時間子どもを預かることができるようになりました。また当時、休日保育という制度はなかったのですが、自主事業で実施するということで、夜間保育所としての認可を得て一九八九年（平成元年）にスタートしました。先ほど申し上げたように、養護児童が生じるのを未然に防ぎたいという思いで始めました。

開園当初から入園希望者が殺到しました。当時は男女雇用機会均等法（一九八五年制定、翌年施行）が施行されて少し経ったところでした。ところが、法律ができて、女性の午後一〇時以降の就労が認められても、働くお母さん方はお子さんを預けるところがないわけです。ですから、働くお母さんたちが当園に殺到しました。特に多かったのは、お医者さんや学校の先生というご夫婦でした。あとはサービス業の方です。当園の地元の大津市にある平和堂というスーパーにお勤めの方や、近くに石山寺という観光名所もありますので、土日・祝日が忙しい観光業に携わる方もいました。当初三〇人定員で始めたのですが、すぐに六〇人定員にして、次に九〇人定員に増員しました。今は一三四人の子どもを預かっていますが、定員は一一五人で運営しています。

その後、いつでもお子さんをお預かりできる体制のまま、夜間保育所から昼間保育所に移行しました。そして、開園時間を朝六時から夜一〇時とし、その他を延長保育としました。その後、延長保育の補助制度ができ、休日保育に補助金が出るようになりましたので、運営的には一旦は随分楽になりました。しかし、その後も、制度の有無にかかわらず次々と生まれるニーズに応えたいという思いがあるので、保育園の運営はなかなか楽になりませんでした。この六年間は常に赤字で保育園の運営をしてきました。いろいろな特別保育をしていることもあり、また職員の定着率が比較的高いので、職員給与の毎年のベースアップ分が赤字になっていくため、運営が大変でした。

そのときに子ども・子育て支援新制度が施行されたので（二〇一五年四月開始）、幼保連携型認定こども園に移行しました。本来はこのまま保育園でいたいと思っていたのですが、移行した理由としては、やはり運営が大変だということと、児童養護施設に入所している子どもは保育園に通えないということがありました。というのも児童福祉施設を二つ同時に利用できないと法律で定められているからです。そのため児童養護施設の子どもは、近所の公立幼稚園に通っていました。しかし、認定こども園になると、児童養護施設の子どもを預かることができる学校としても位置づけられます。虐待を受けた子どもたちをより手厚くケアする体制を整えたいとの当法人の理念による思いもありました。

さらに、三つ目の理由が大きいのですが、大津市は、一小学校区に一公立幼稚園がありますが、そこは二年保育しかしていません。ですから、一号認定子ども（専業家庭の子ども）の三歳児の受け皿を求めるニーズが非常に高い地域です。公立の幼稚園が一小学校区に一つずつありますから、私立幼稚園の数もそれほど多くありません。そのようなニーズに応えるためもあって、認定こども園に移行しました。

遠藤：ありがとうございます。それでは、田中雅道先生お願いいたします。

田中雅道：私が園長を務める光明幼稚園の設立は一九五〇年（昭和二五年）です。京都の中京区にあります。一九五〇年（昭和二五年）に、私の母が保育所を設立しました。これからの時代は女性の就労を支える必要があるということでつくったのですが、設立二年で京都市と「けんか」をしました。なぜなら、本当に困っている人が入ることができなかったからです。入れたのは市議会議員のコネを使った人ばかりでした（笑）。そういったことが昔は実際にあったわけです。その結果、保育所より幼稚園にしたほうが、授業料などについても園長の判断で設定できるということで、幼稚園になりました。また障害を持っている子どもを受け入れ始めたのは、一九六〇年（昭和三五年）ぐらいからです。私立幼稚園が「制度がないから」とダウン症の子どもは受け入れを断っていた時代です。しかし、私学というのは、制度の有無ではなく、意志さえあればできるわけです。幼稚園自体もやりたいという意志があるから運営しているわけです。運営においてやりたい内容を追求すると、どういった幼稚園のかたちになるのかというのが当園の原点です。そこは今も変わっていません。

ですから、当園は、究極の普通の幼稚園です。「どんな特徴があるのですか」と聞かれると、「普通の幼稚園です」と答えます。一般的には、これこれの特徴があると言うほうが楽ですよね。ですが当園は、普通であるとはどのようなことなのかを、常に運営の中心に置いています。

運営の幅をどこまで広げるかは園長の判断であり、当然定員との兼ね合いがあります。ですから、どれぐらいの幅のなかで、園児に最も良い経験を重ねさせることができるかが、私学としての存立意義なのです。それが基本的な理念です。

遠藤：どうもありがとうございます。では、佐々木美緒子先生お願いします。

佐々木美緒子：私は、葛飾区にある厚生福祉会という社会福祉法人で理事兼園長をやっています。厚生福祉会は、高齢者の在宅サービスセンターと居宅介護支援事業をしています。その他に、保育園を四園と、三つの小学校のなかにある五つの学童保育施設を運営しています。

一九五七年（昭和三二年）ごろに関西に一個所、東京では青戸に一個所、ほぼ同時に日本で初めての公団住宅が建設されました。当時、公団住宅には保育施設がまったくありませんでした。家賃も相当高い、あこがれの団地でしたから、働いているお母さんたちがたくさん入居しました。お母さんたちは、「働く母の会」を自分たちでつくり、持ち回りで自主保育を始めました。それがどんどん大きくなり、三、四年後には八〇名ぐらいの子どもを集めて団地の集会所を借りて、保育をしていました。自分たちでつくっていましたから、延長保育はもちろん、学童保育、病後児保育、産休明け保育を、その時代にすでに実施していました。その後、葛飾区と住宅公団に対して、子どもの施設をしっかりと責任を持ってつくってほしいと要望しました。その結果、学童保育もでき、公立保育園も一園できました。その後、当時の住宅公団が、団地居住者のための保育所を団地内に全国で八個所つくっています。実質的な経営は住宅公団の子会社である団地サービス株式会社が担ってきましたが、一九七七年（昭和五二年）に社会福祉法人になり現在に至っています。

一九九五年（平成七年）までは、一法人一保育園の社会福祉法人でした。しかし、一九九六年（平成八年）以降、お母さんたちが「働く母の会」を設立したときの思いにもう一度立ち返って、「地域のなかできちんと位置づいていく法人になり、保育園になろう」との法人理念を改めて定めてこれまでやってきました。先ほど申し上げたように、現在では複数の施設を職員ともども心を込めて運営しております。

今日にいたるまでに、組織疲労も起こしていますし、メンタル面で辞めざるを得なかった職員もいました。そうしたことを未然に防ぐために、本部組織を立ち上げて、その体制の下に組織全体を運営していくというところまできています。本当に自分たちの手探りで一からつくりながらやってきたという感じです。

保育園の建て直しをしたときに、地域の人たちも一緒に子育てに関わり、ともに生活することができる園の姿とはどういうものかを考えました。かたちだけではなくて、地域と結びつくための園の中身とはどのようなものかということです。そこで、園舎そのものを地域の人たちと共有できるように、在園児の保育と地域の子育て支援を視野に入れた園舎をつくりました。現在、年間に延べ一万四〇〇〇人ぐらいの地域の方が遊びにきます。また、一時保育は年間で三四〇〇人ぐらいの利用があります。去年は、登録者数が二九〇人ぐらいで、一日平均一五人のお子さんのご利用があります。多いときは一日二十数人というお子さんをできるかぎり断らずに受け入れていくために、職員が尽力しています。

在園児の保育、子育て支援、地域支援を多くの方と一緒にやりながら、いつもお互いの存在が見える関係をつくっていますので、地域の方がいろいろな相談をしにきます。何よりも、うちの園が地域の人たちにとって、ただイベント時に利用する場所だけではなくて、居場所にもなってほしいと思います。例えば、食事や遊びといった保育園の文化と言えるものや、職員と子どもの関わりについて、言葉だけで伝えるのではなくて、見ていただければ、お母さんたち自身も実感して理解できます。いつでも運営の透明性を保てるように、職員も努力してやっています。ですから、いつどなたがみえてもまったく問題はありません（笑）。これは地域のみなさんに鍛えられたおかげです。そんな実践を毎日やっています。

井桁容子：よろしくお願いいたします。私の勤務する東京家政大学ナースリールームは、日本で最初の幼児心理学者と言われ、また日本保育学会の二代目の会長を務めた山下俊郎先生が一九六七年に保育研究施設として大学内に開設しました。当時の文部省や厚生省、財務担当理事から贅沢だと言われても、開設理念として「安全で健康な生活のなかで、心理的、身体的の発達を順調に進めていくことが至上命令として課せられている。そのため、施設、職員の面でぜいたくな施設になることは子どものしあわせという立場からするとき止むを得ない」、「乳幼児は自ら人に強く訴えることができない。そのかわり、わたくしたち大人が子どもの代わりに強く、執拗に訴える」と山下先生は明言されました。そして、小児科医の跡見一子先生の「子どもを持ちながら、なおも研究したいという卒業生のために、そして学生のために」という考えの支えがあって、ナースリールームが立ち上がりました。ナースリールーム開設九年目の春に山下先生が退職され、私はそのときに学生として最終講義を受けまして、次の春からナースリールームに勤務して四〇年目になります。ナースリールームは今年で四八年目です。

そのような背景から、養成校が持つ実践と研究機関の使命としての、山下先生のおっしゃる「子どもにとっての最善の利益」やそれを保障する専門性の高い保育とはどのようなものかについて問いかけ続け、実践を重ねてきました。山下先生は当時、保育環境としての子どものままごと用のソファーまで本物を仕立ててつくっていました。ベッドも、当時ドイツ製のポータブルベッドを日本でつくらせていました。「子どもだましはいけない。きっちりと本物に出会わせることが大事」というのが、山下先生の考えだったようです。そして、「保育者は、片目で保育をして、片目で研究者のまなざしをもたなければいけない」とも言われました。

私は短大を卒業したばかりの保育者一年目から「学会で発表しなさい」と言われまして、主任に「保育そのものを何もわかってないので無理です。でも、実践を蓄積したらいつかきちんと表現しますから、待っていただきたい」と生意気な返答をしていました（笑）。結局二年目には保育学会で発表したのですが。そのような職場で、実習生も一年中入ってくるところで、しかも保育室の周辺は児童学科の先生方の研究室があるという環境で、どこから見られても説明責任を果たさなければならないことを強く感じてきました。おかげさまで、見られることによって育てられた面も大きかったと思います。また、当時、児童学科に観察室があり、学生と教授がマジックミラー越しに保育の様子を見ながら授業を進めることも一週間に一度あり、当時の私の保育も観察室に設置されたビデオカメラで撮られたものがたくさん残っています。未熟な自分を振り返る勇気が出たら見ようと思いますが、内緒で処分したい気持ちです（笑）。

このような環境で保育実践をおこなううちに、私は子どもの持つ力に気づき、子どもの代弁者として何ができるかを本気で考えてきました。これまでのナースリールームの保育実践で、一人ひとりのその子らしい育ちのすばらしさの他に、保護者の育ちがあります。卒園のころになると異口同音に「子ども以前に私たち夫婦が育った」と言う方が多いのです。親になって、育ちたがっている人たちがいるということに気づかされました。

保育者として恵まれた環境で育てられた私の立場から言える乳児保育において大切なことは、子どもの最善の利益を保障することの他に、子どもと一緒に保護者が育つことを保障することも専門性として求められているということ、さらに、保育者として実践と研究の両輪の保障が重要であるということです。

遠藤：それぞれ設立の経緯からして、バリエーション豊かなお話をうかがうことができました。さすがに先生方の保育・幼児教育の語りには熱いものがあり、それだけで聞き入ってしまいます。

子ども・子育て支援新制度

遠藤：自己紹介が終わりましたので、子どもの育ちをめぐる課題についてお話をうかがいたいと思います。

まず、タイムリーな話題として、子ども・子育て支援新制度の開始が挙げられます。新制度が始まって、ほぼ四カ月がたちます。保育・幼児教育、あるいは、新制度のなかで現実に子どもの発達がどう支えられていくかについて先生方はどのようにとらえているでしょうか。あるいは、新制度に関して今後改善する必要があるのはどこでしょうか。新制度についてのご意見をいただきたいと思います。いろいろな観点があると思います。もちろん経営のこともあるでしょう。ただ、最初の段階では、子どもの育ち、保育・幼児教育についてうかがいたいと思います。幼保一体を掲げていることが、この制度の一つの鍵になると思います。それを踏まえてお考えのことをお聞かせください。

塚本：全国私立保育園連盟の常務理事という立場ではなくて、一園の園長という立場でお話しします。今、遠藤先生が言われた幼保一体について、実は非常に期待していました。保育園を卒園した子どもが小学校に行くと、学校で「保育園の子」と言われます。幼稚園を卒園した子どもが一年生になったときは、「幼稚園の子」と言われます。小学校の現場で、同じ一年生なのに、「保育園の子」と「幼稚園の子」という言い方が、私の地域ではありまして、それがとても嫌でした。「保育園の子は落ち着きがない」とか、「幼稚園の子やからいい子や」という話が普通にされていたわけです。そのような会話を聞くことは非常に残念ですから、幼保一体化については期待していました。

今回、新制度になって、幼保連携型認定こども園で一本化するという話もあったのですが、最終的に一本化になりませんでした。それには、いろいろな理由があるでしょう。例えば、準備期間が短かったとか、現場も含めて保護者の理解をきちんと得られなかったとか、地方自治体の対応が間に合わなかったということもあって、残念なスタートではありましたが、目指す方向としては、いいのではないかと今も思っています。

保育団体を含めて現場ではいろいろな意見があって、新制度については連盟でも賛否両論があります。しかし、もうスタートしているわけですから、この制度を、子どものために、保護者のために、保育者のために、どう生かすかを考える必要があると思います。逆に、現場としては、この制度をどううまく利用するかという視点で考えていかなければいけないと思っています。

その結果、さきほどお話ししたように、保育の家しょうなんは四月から幼保連携型認定こども園に移行したということです。

遠藤：田中先生、幼稚園の立場からはいかがでしょうか。

田中：さまざまな問題がありますが、一番の問題は、幼児教育部門に国からお金が出ていないということです。新制度に七〇〇〇億円を準備したと言いながら、教育に充てられたのは、三歳児の処遇改善の部分だけです。しかも、それも国が半分も負担していません。

この制度の最大の欠陥は、ほとんどが市町村の負担になっていることです。特に一号認定子どもです。市町村は、二号認定子ども（共働き家庭で三歳以上の子ども）になってもらったほうが、運営が楽です。一号は市町村の超過負担が多いからです。この仕組みですと、保育施設に長時間預けられる子どものほうが国からの補助が多く市町村は運営しやすいわけですから、教育機能は弱まりますよね。それも結局は交付税の付け替えでしかなくて、補助金ではありません。特に一号に関してはですね。するると、どこまで質の改善ができるのかなと思います。

ただ想定していたよりも、こども園に移行する園の数が少なかったので、二〇一五年（平成二七年）四月一日付で、ある程度質の改善ができました。しかし、次年度以降、二〇一七年（平成二九年）に向けてこども園が増えたら、おそらく公定価格（教育・保育を受けるために定められた標準的な費用）を減らさないと無理です。国の財源が七〇〇〇億円です。今回、五〇〇〇億円と少し使ったので、残りは二〇〇〇億円ないわけです。財源を一兆円に増やすのも無理ですし、七〇〇〇億円の財源は消費増税分が想定されているので、二〇一七年（平成二九年）四月に消費税が一〇パーセントになって、安定的に予算を確保できる二〇一九年（平成三一年）ぐらいまではコンスタントな使用は無理です。ですから、「平成二九年を目途に」というのは実現できません。このように、本質的に制度を支える仕組み（財源）をつくらないで、表面的な仕組みだけをいじっただけというのが、混乱の元です。

ＯＥＣＤ（経済協力開発機構）が日本にとっては「保育・幼児教育への重点的な投資が社会全体にも

たらす経済的効果が最も大きい」と最初に指摘したときは、幼保の問題をどこかで議論しなければならないというのは誰もが思っていました。しかし、財源の確保を十分に議論しないまま政治決定で進んでしまったということだと思います。

また、個人的には、〇―六歳を一緒にするのは必ずしもいい面だけではないと思っています。京都市中京区では、各学校が統合する前は、多くの小学校が単学級（一クラス）でした。中学校も同様でした。すると、〇歳から同じ教育機関で育った子どもは、途中で新たに加わる子どもはいるにしても、そのまま一五歳まで一緒というペアが何組かは必ずいます。個人的には、こうしたことは子どもの育ちにとってプラスの面だけではないと思うのです。保育所制度がいいとか悪いとかではなく、保育所のなかでうまくクラス替えをする必要があると思います。〇歳の無意識のときから、だんだんと意識化される段階のどこかで一度は別の状況にすることで人間関係の幅が広がると思うのです。クラス替えの意味というのは、やはりあるような気がします。

ですから、そうした根本的な面も議論したうえで、望ましい制度を模索し、設計する必要があったのが、あまりにも急ぎすぎてしまいましたね。

遠藤：制度をつくったけれども、それを下支えするような仕組みや根本の考えが十分にできていないと。

田中：市町村に超過負担が押しつけられただけで、少なくとも政令指定都市か、中核都市か、県庁所在地規模の市でないと、この仕組みに耐えられません。いずれ国民健康保険と同じように市町村からもう一回県に移管しないと、小さい町は財政を負担できなくなります。

遠藤：先生方が参加している研究会には、保育所を運営している方や、あるいは保育所で働いている先生方もたくさんいることと思います。そのような先生方のなかには、非常に小さい市町村で頑張っていらっしゃる方もいると思います。今のお話を受けてどうでしょうか。

佐々木：今回の新制度に移行するにあたって、「今まで市区町村でつけていた補助を一切なくした、国基準でやってください」と宣言され、本当に大変な思いをしている保育所があります。補助が一切なくなってしまって、あとは自力でやりなさいということですから、どうやって予算を確保しようかと悩んでいる園長はいます。

葛飾区における移行についてお話しします。二〇一五年（平成二七年）三月三一日に、厚労省から、いろいろな仕組みについての正式な書類が送られてきました。そこから、市町村は制度移行するための準備をしました。実際にはもう少し前から準備していましたが。私たち現場は、とりあえず何も変わらないままで出発しました。ただ、みなし認定という手続をして、公定価格が短時間になるのか、標準時間になるのかもまったくわからないので、「全員、とりあえず短時間で三学期は組んでおいてください。後で年度末に清算します」とのことでした。ひどいところは、年度末まで補助金の支給がないというところもあるようでした。そんなことをしたら、保育所は運営していけませんよね。そのぐらい今年一年間はドタバタです。

保育短時間・保育標準時間というのがあります。とりあえず「今いる人は全員標準時間にしなさい」という感じですよね。保育時間がおおむね八時間ということは、児童福祉法で定められています。子どもの負担感なども考慮したうえで、本来の保育時間は八時間ですと法律が定めているにもかかわらず、「希望する人は何でもいいから、とにかく一一時間保育にしておいてください」という話でした。私は、「それはできないでしょう?」と思いました。そこで保護者と本当に必要な保育時間について話し合いました。これはとても有用でした。「児童福祉法に、おおむね八時間と書いてありますので、本来はこうですよ。就労のためにこれだけの幅がありますけれども、それは実質に合わせてですよ」と、もう一度根本的なことから保護者と話し、きちんと合意を得たうえで、了解のサインをもらうということを、保育園単独でやりました。

そのことを通じて、父母の就労状況の実情もかなりわかりました。例えば、職場によっては、就労時間の何分か前に出社して、業務をしなくてはいけないという例がありますよね。お母さんたちの朝超勤のような話です。それを聞いて、お母さんたちに「ごめんなさいね。今までそんな大変な思いをしているの、知らなかった」と謝ったりしました。私は、ただ「制度が変わりました。こうしてください」と一方的なかたちにはしたくありませんでした。ですから、制度が変わるタイミングで、保護者と一緒に協力しあって、相互の理解を深めようと保育時間の確認をしたわけです。

現実にはこれからまだいろいろなことがあると思います。四月に行政が「こうやってください」と言ったことが、すぐ変わることもよくあります。おそらく行政も混乱しているのでしょうが、六月ぐらいにやっと時間認定の書類が届きました。これで保護者ともう一回確認してくださいということです。おそらくどこの保育園も同じような状況でしょう。

いろいろ課題を積み残したままで出発しているにせよ、もう新制度は始まっているわけですから、そのなかで子どもたちが本当に安心して過ごせる場所として、保育園がどのような役割を果たしていくのかを考えなければいけません。お母さんたちが「労働条件を広げるためにある施設だ」と勘違いしないように、「子どもの育ちを一緒に見ていく場なんだ」「一緒に力を合わせて育ちを保障していく場なんだ」ということを、個々の園が親御さんに一生懸命に伝えるしかないと思います。「一緒にやりましょう」と。「私たちは、単なる利用施設ではありませんよ」ということを主張しながら日々運営しているところです。

遠藤：先ほど塚本先生から「新制度をどううまく利用するか」というお話がありました。

塚本：標準時間と短時間の認定区分ができた話は、私も保護者会で何回かしました。一一時間が標準時間となったことで、保護者のなかに誤解が生じています。国が、「平成二六年度まで利用している子どもは、全員標準時間認定をしなさい」という通知をしました。それで、保護者が「一一時間、保育園を利用できる」と勘違いしてしまいました。そうなると、現場も子どもも大変ですから、保護者会を開いて話をしました。

一一時間を標準時間とすることについて、内閣府主催の子ども・子育て会議では、最初「長時間」と言っていました。ところが、長時間、子どもを預けることについて、常勤で働いている保護者の方は、何か後ろめたい気持ちになったりしますので、「標準」という言い方になっただけです。

一一時間が標準時間になるのは東京の話です。つまり「保護者は通勤に一時間かかります。八時間勤務で、九時間拘束、一時間休憩という働き方をしていると、一時間通勤にかかると一一時間必要なんです」という話を保護者にしました。「一一時間保育は東京の話です。お母さんは、通勤に何分かかりますか」、「私、一〇分です」、「一〇分だったら、二〇分で行って帰られるわけですから、一一時間も必要ないんです。今までと一緒で行きましょう」という話をしました。そうした説明をしていないばかりに混乱しているところがあります。ですから、仕事が終わって、家に帰って、晩ご飯の支度をしてから園に迎えに来るということが起こっているところがあるようです。

遠藤：保育・幼児教育については、子どもの育ちが第一に考えられるべきだと思います。ですから、制度が子どもの育ちに対してかえって阻害的に働くというのは、最も趣旨に反することだと思います。井桁先生はいかがですか。

井桁：私も、〇、一、二歳の保育に長年たずさわってきまして、社会や人に対する基本的な信頼感は〇、一、二歳のときに育つものが大変大きいことを実感しています。ですから、預ける場所だけの保障ではなくて、保育の質が重要であることを日本中に伝えることが、私の使命だと思っています。その質の差は、子どもの育ちにとって大きな差となって現れます。

具体的なエピソードをお話しすると、専業主婦の方のお子さんで二歳まで家庭にいて、この春から入園してきました。一カ月経ったころに、その子のおばあちゃんから、「孫の使う言葉が明らかに違ってきた」と言われました。家庭で過ごしていたときは、「やだ」「嫌い」「あっち、行って」「駄目」

と子どもが否定的な言葉ばかりを発するので手を焼いていたが、ナースリールームに通うようになって、「大好き」「おいしい」「うれしい」「ありがとう」というポジティブな言葉を発するように変わったというのです。「この一カ月で、うちの孫に何が起こったのか、不思議に思って、送迎のたびに先生たちの対応を見ていますと、私がダメ、やめなさい、と言ってしまいそうなことを、先生たちはていねいに話して聞かせたり、認めてあげたりしていました。私が母親として娘や息子を育ててきたやり方は、間違いだったと気づかされたのです。先生、孫と同じように私も変われるでしょうか」と、六〇歳を超えた方が言うのです。どのようなことが間違いだったと感じたのかを尋ねると、大人の言うことを聞かせることがしつけであり、子育ての基本的な姿勢だと思っていて、早く良い子を育てることが良い親だと、周囲の評価を気にしながら、子どものふるまいを必死に否定ばかりして育ててきたということでした。

このエピソードが象徴するように、母親が仕事を持たずに家庭で過ごしていても、子どもがゆとりを持って育つとは限らず、また、わが子の子育てに悩んで困っていても、周囲にそのことを表現できない親世代が増えてきています。子どもの出来は、親としての出来だと思わされた専業主婦たちが感じている抑圧には大変なものがあります。その抑圧感が、子どもの育ちに明らかに影響していると思われる親子とたくさん出会ってきました。今の日本の社会では、「アロマザリング（母親以外による養育）」とか、「アロペアレンティング（保護者以外による養育）」といった言葉の本当の意味で、母親の心を支え、そして子どもの心身の成長を支えるサポートができなくなってきています。ですから、母親の就労には関係なく、三歳までの育ちをいい意味で国が保障し管理するというか、育ちの質をていねいにチェックする機能がないと、大変なことになると感じています。

子どもたちの心の壊れ具合と、保護者の精神的な疾患の多さには深刻なものがあります。子育て支援員という資格が新設された理由としては、無資格の人よりも少しでも勉強した人が保育するほうが良いからという解説もあるようですが、私は国家資格としての保育士資格の位置づけを脅かす面があると思います。また、新制度は「幼保連携型認定こども園教育・保育要領」によって定められるわけですが、この「教育・保育要領」が、「保育・教育」という順番にならなかった理由は、私はその議論の場にいなかったのでわからないのですが、乳児期の重要性に対する認識が不足しているのではないかと心配しています。改めて私が申すまでもなく〇歳から三歳までに根本的な感情が育つことは自明で基本的なところですが、「預かれる場所があればいい」とか、「子守程度でいい」といった程度の認識で新制度がつくられたのではないかと心配をしています。

さらに、全国的に疲弊している今の保育者の処遇の問題に関して、潜在保育士（資格を持っていても現場で働いていない人）があまり現場に復帰してこない理由を私なりに説明できます。それは保育者はお金のためだけに保育をしていたわけではないということです。潜在保育士と呼ばれる人たちの多くは、おそらく再度保育の場に復帰しないと思います。なぜならそういった潜在保育士の何割かは、保育の理想や夢を失ってしまっているからです。私のところの卒業生でも、精神のバランスを崩している人たちは、いい保育者であった人たちです。大人の都合を優先したことによる長時間化や保育環境の質的な悪化のなかで困っている子どもたちと関わり、子どもへの共感が強いと、自分自身も余裕をなくして、否定的に子どもに関わってしまう自分に罪悪感を感じ、現場に懲りてしまうのです。ですから、復帰してこないのです。それが残念でなりません。そのような現状のなかで、保育者としての私が今できることは、保育者の専門性は非常に重要だということを証明していくことだと思っています。そうすれば、子どもたちのためにプライドを持って頑張ってみたいという人はたくさん出てくると思うのです。それには、専門職として当然の処遇をもって支えていかなければなりません。食べさせて、寝かせて、無傷で帰せばOKということは、子守りであって保育ではありませんね。

田中：例えば、〇歳では、子ども三人につき保育者が一人でいいという保育所の今までの基準は変だと思っています。福祉という観点を重視するのであれば、〇歳は子ども一人に対し保育者一人とするべきだと思います。それを予算的制約の観点から三対一でいいとしているのは、本当の福祉ではないのではないでしょうか。言ってしまえば、福祉の名を借りて労働政策をしているとさえ思えます。最初に予算や国家の仕組みがありきの話をしていて、その子どもがどう育つのかというところから議論が始まっていません。

塚本：保育者の配置基準の根拠がないですよね。

井桁：せめて欧米のようにグループの人数規定があると良いと思います。何対何という比率だけが守られていればいいという問題ではありませんね。三歳までは六人以上束ねて保育をしてはいけないという規定が、他の国にはあるようですが、日本は、保育者と子どもの比率だけを規定し、〇歳でも一

○人以上で雑踏のような環境で過ごさせられている現場がたくさんあります。それがこの国の鈍感さだと感じます。その辺が何とかならないかと思います。担当の子どもが少人数になるほど、保育者の子どもを見つめる目が丁寧になり違ってきます。

佐々木：単に保育士の人数だけの問題ではないような気もします。保育園は集団の場であるとして、○歳児でも集団でまとめていく保育形態をとっている保育園が多いと思います。しかし一人ひとりの子どもたちの生活のテンポはみんな違います。朝七時に登園する子どもと九時に来る子では二時間もの差があるところを、園では食事や排せつのリズムを揃えることによって保育を成立させています。子ども一人ひとりの気持ちや体の感覚はどこかに置き去りにされるわけですから、本来であれば快であるはずの食べることさえも「食べたくない」と拒否したりします。

そういう毎日を送っていますと、自己充実、つまり自分で自分の特性を伸ばすような道筋にはつながらないわけです。保育の仕組みそのものを考え直す必要があるのだと思います。

塚本：日本の保育が間違っていると思ったことがあります。悩みを抱えて大学のカウンセリンググループに来る学生さんで、保育園を卒園した人にアンケートをとったことがあります。すると、保育園の嫌な思い出についてのアンケート回答は、給食とお昼寝でした。食べることと、寝ることというのは、生きていくうえで非常に大事なことです。それにもかかわらず、それが保育園の嫌な思い出のベスト2です。

おそらく、好き嫌いなく食べるということを優先して給食指導をしたり、眠たくないのにお昼寝をさせたりという現場があるからでしょう。お昼寝もゴロ寝状態なので、嫌いな子の横で布団が一緒になって寝たとか、嫌な思い出がトラウマになっている学生さんがたくさんいるようです。アンケート結果は、保育所として非常にショックでした。それは、田中先生がおっしゃったようなことで、三対一といった配置基準で保育をしているからです。保育士の目が一人ひとりの子どもに完全には行き届いていません。

田中：私は、給食を実施するのはいいと思います。しかし、全員が給食を食べなくてはならないという規定を設ける必要はまったくないと思います。給食にしたい人は給食にしたらいいし、お弁当を持ってきたい人はお弁当でいいと。

お弁当の良さは、親が子どもの嫌いなものをわざと入れることができることです。食べ物の好き嫌いがあると他の子に思われるのを恥ずかしいと自覚し出した年中から年長の子どもは、みんなの前では嫌いなものも食べられるわけです。例えば、年長の子どもとバーベキューをすると、ブロッコリーとかピーマンを初めて食べたという子がいます。「家でも食べなさい」と言うと、「家では食べない」と。ですから、他の子の前の自分というものを意識することが食べ物の好き嫌いの克服につながります。

そのためにも、ビュッフェスタイルのランチルームをつくりたいと思います。食に関しても、あくまでも自分でお皿に取ったものをどう食べるのかという責任は、本人にあるのだと。ここをあらゆるものの原点にしないと、待っていて、口を開けていれば、全部自動的に入ってくると思ってしまいます。今の子どもは全体的にそのような傾向があるのではないでしょうか。
井桁：家庭のなかにいるお母さんたちの子育てに関しても、食についての悩みが多いですね。親自身も無理矢理、食べさせられてきたので、わが子にも同じように接してしまうことがあります。

テレビの子育て番組で助言をしたときに、番組内で見せられたビデオでも、なかなか食事がすすまない子どもに、「早く食べなさい！食べなかったら、おもちゃを全部捨てるからね！」と母親が脅すわけです。そして、テロップで「ここで一時間」と出ました。子どもは一時間もご飯と格闘させられているのです。結果的に、子どもは食べずに母親が根負けしたのですが、その状況は、子どものわがままをどこまで受け止めるのか、という視点になるのです。

今の親のなかには、子ども時代にみんなと同じことができるように頑張らされた世代であり、自分がされたことがしつけだと思っている人がいます。それが、引き継がれてしまって自分の子どもに同じようにしようとしているところがあります。親は、自分が育てられたようにしか育てることができません。しかし、保育者はプロですから、食事や睡眠に科学的な根拠で、子ども一人ひとりに健やかな育ちを保障していく必要がありますし、保護者に対しても、実践する保育について根拠をもって説明責任を果たすことが求められます。そのために保育者は根拠がある専門性を身につけつつ、同時に柔軟さも持つ必要があると思います。

ところが、これは養成校の問題なのかもしれませんが、学生は実習先で見たものが正しい指導だと思ってしまう傾向があります。私が授業で話す保育の原理や基礎知識を、理想論として否定的に聞いている学生が少なくないのです。先ほどの嫌いな食べ物の例で言えば、実際には、学生自身も家庭や保育所、幼稚園、小学校で、「一口だけでも食べなさい」と言われて育ってきた人も多くいて、そのことがトラウマになっているという学生のカミングアウトもあります。ですから、授業で学んだことは「理想だけれど、実習先で見たものが現実で、そのようなやり方に馴染まないと私は保育現場に立てないんだ」という思いを持ち、現実の状況にただただ屈してしまう、あるいは積極的に流されるというのが、今の学生の現場での処世術になってしまっているようです。学生の立場では理想を掲げられないわけです。それはとても残念であり危ないことでもあると感じます。

遠藤：当センターの研究課題というのは、まさに食べること、眠ること、遊ぶことに関わる科学的な知見と、それを現実的に保育実践にどう還元していけるかだと思います。

未就園児の保護者支援

秋田：お知恵をお借りできるといいのですが、未就園児の保護者で、「家にいるとうちの子だけ育ちが遅れるんじゃないか」とか、「早くから専門家にみてもらったほうがいいんじゃないか」といった不安を抱く人が増えてきたとすると、そういった状況はどうなんでしょうか。働かないで子育てを選ぶ人も数多くいるわけですから、そのような保護者の不安を解消するためにどのような機会やアドバイスを提供していくことが望ましいとお考えでしょうか。

今日の座談会にご参加いただいているのは幼稚園、保育所、認定こども園の先生方ということで、未就園乳児とその保護者を直接支える立ち位置の方をお呼びできていません。家庭での育児をどうするのかという問題が残りますので、その方々へのアドバイスや、保護者をどう支えていくのかについてうかがいたいと思います。

田中：現代社会は保育についての情報があふれていますから、保護者は自分に都合のいい情報に飛びつきます。やはり人間ですから、自分を肯定的に評価してもらえる情報のほうに心地よさを感じるわけです。ですから、その人が標準から右にずれているのか、左にずれているのかということを、個別に相談に乗ってあげる体制をつくらなければいけません。一般的な情報を流しただけでは解決につながらないと思います。

「あなたの場合は、どちらかというともうちょっと子どもと距離を置いたほうがいいよ」と言うか、「あなたは、もうちょっと子どもと向き合う時間をつくったほうがいいよ」と言うのかは、個別に話さないとわかりません。メディアの情報を聞いたり、講演会で話を聞いたりしているだけだと、親は、「ほったらかしにして、自由に育てる方法のほうが、子どもが伸びるんだよ」というところだけ受け取ってしまうわけです。

子育てにしても、幼児教育にしても、突き詰めれば、すべての子どもはそれぞれに応じた特別な支援を必要とするものだと私は思っています。ハンディキャップのある・なしではなくて、度合いの大・小があるだけであって、どの親も子も特別な支援を必要としていると考えていく必要があります。

そして、極端な場合は別ですが、「あなたの子育ては、基本的には大丈夫」というサインを送ってあげなければなりません。「いいんだけれども、ここをちょっと考えて」という、肯定から入らないと非常に難しいと思います。

塚本：私は、「保護者対応の研修会で話をしてください」と言われることがよくあります。「保護者対応の研修会であったら、私は行きません。保護者支援にしてください」と私は言います。「保護者支援ということでは、お話しできることがあります」と。

田中先生がおっしゃったように、親は、正しいことを言われても、自分のフィルターがありますから、受け入れたり、受け入れなかったりします。ですから、いきなり正しい話をしてもあまり意味がありません。まずは、保育者が親との関係をきちんとつくっていくことが大事です。うちの園では、未就園の親子が来園したら、まずこちらから「こうしたらいいんじゃないですか」というアドバイスはしません。関係づくりから始めるのが肝要です。関係をつくったうえで、親が「この先生やったら、こういうことを聞いてみたら、どう言わはるかな?」と考える段階になって初めて保育者から言われたことは、受け入れられるわけです。まずはなにをおいても関係づくりからです。

佐々木：私は、お母さんにも、いろいろな場面を体験してもらうことがポイントではないかと思います。いくらお話をしていても、具体的なイメージにつながらないと駄目です。例えば、保育参加や体験保育で子どもと一緒に食事をする機会をつくったりします。保育園で出すおやつをお母さんと子どもでつくり、食べることで、お母さんも五感を使い、お母さんの胃袋も満たされるという体験を子どもと一緒にしていきます。そういった場で、お母さんの手が空いているときに、保育士がお子さんに家庭とは違うアプローチをする姿を何気なく見せます。子育てに悩んでいるお母さんはそれを凝視しています。例えば、保育士が子ども同士のトラブルを仲裁して、「どうしたの？」とやっていますと、お母さんはジーッと見ています。そういった具体的な場面に接することが一番気づきを得ることができるのではないかと思います。

ですから、保育現場をいつでも見られるようにオープンにしていくことが重要です。先ほど井桁先生が、自身の保育の様子を撮影した映像記録があるとおっしゃっていましたが、園をいつでも公開することは、保育士の意識を高めることでもあります。未就園児の保護者支援のための一つの鍵かもしれません。

井桁：もうひとつ重要なのが、子どもの行為への意味づけです。私が効果的だと思うのは、保護者会でのスライドショーです。各クラスの保育者が、保育中に撮った写真を見てもらいながら、保護者にそのときのエピソードを具体的に伝えて意味づけをします。すると、保護者は子どもの対応に対する応用力がつきます。例えば、子ども同士のトラブルで「けんかをして仲直りした」ということだけを見るのではなく、双方の子どものどのような思いがぶつかり、二人にとってどのような意味があったのかを解説し、私たち保育者はそのやりとりをどのように見て、どのようなところが強く印象に残ったのかをていねいに保護者に伝えていくようにしています。

そうすることで、わが子以外の子どもの育ちにも興味を持ち相互の理解が深まっていきます。子どもの思いや状況を解説・翻訳するという保育者の役割が、保護者の子どもを見る目を育てていくような気がします。保護者に対して具体的に、「ああしなさい、こうすればいい」というようなマニュアルを渡すよりも、他の子どものエピソードを通して、冷静に子どもの立場に立ってもらうことが、わが子への共感につながります。そして「おもしろいと思いませんか？」と尋ねて、「すごいですね」と保護者が受け止めてくれるようになると、わが子が他の子どもと交わることで育つ意味について実感を持って理解することができます。このように、保護者が他の子とわが子への理解が深まると、やがて私たち保育者の子どもを見る目と差がなくなっていきます。人に接するときは、テクニックではなくて、心から興味を持って関わることが大事だという根本を、具体的な場面を通して伝えていくと、保護者は明らかに変わります。

保護者自身が持つ学ぶ力や育つ力や、独自の感性も大切にしながら子どもに関わるようになっていくと、私たち保育者が感動するようなエピソードが、保護者からたくさん集まってきます。そのときに、保護者も親としての自分自身に「育った感」を持つのではないかと思います。反対にそこから、私たちも学んでいる面もあります。

遠藤：保護者の方を支えていくためのヒントについてお話いただきました。

眠り

遠藤：先ほど食に関わるお話がありました。もう一つ、お聞きしたいのは、睡眠のあり方についてです。それをトラウマととらえている大学生がいるというお話がありましたが、いかがでしょうか。

塚本：うちの保育室は、普通の家庭と同じように寝室があって、そこでお昼寝をします。ダイニングルームもあって、そこで食事をします。リビングルームがあって、そこで遊びます。そのような部屋の使い分けをすることによって、例えば、お昼寝も、眠たくなった子から順番に寝室に行けばいいわけです。そして、起きた子からリビングに遊びに行けばいいわけです。一斉に食事やお昼寝の準備をさせたり、大人の都合で子どもの遊びを中断させることで、子どもそれぞれの生活ペースを乱すことがないような環境を保育士とつくっています。

秋田：塚本先生の園は夜間保育もやっておられますよね。お母さんが遅く迎えに来たら、子どもは先に寝ていますか。

塚本：ええ、保育士とお風呂に入って、寝ています。例えば、子どもが寝ている、もう日付が変わるぐらいの時間にお母さんが迎えに来たりすることもありました。その場合は、お母さんもそのまま一緒に寝てもらえるような部屋も用意しています。そして、子どもが自然に起きたときに帰ってもらうという試みをしていました。しかし、最近残業が減ったのでしょうか。夜の遅い勤務は段々なくなってきました。それは子どもにとってはいいことだと思っています。

遠藤：他に何か工夫していることはありますか。

佐々木：午睡については、職員に常に問題提起してきました。問題になったのは、午睡をなくすことによって、職員たちの労働の条件が変わってしまうということでした。職員たちは、休憩もとらずに必死で業務をおこなっているような状態ですから、お昼寝タイムが自分の事務処理の時間になります。でも子ども自身の行動を信頼しようということで、「子どもたちは、場さえ用意しておけば、そこでそのときにふさわしいふるまいがわかるから、やってみよう」ということで、お昼寝をする・しないの判断も子どもにまかせてみました。すると、見事にうまくいきました。

今は、お昼寝をする子のために、寝る場所を用意しています。「食後の三〇分間は、体を休めようね」とは言いますが、その後は、眠たくない子は、本を読んだり、折り紙をしたり、そのときに応じた遊びをすることができています。

塚本：一斉に寝ることはやめられたのですね。

佐々木：そうです。食事時間もずれていますから、午睡もずれます。ただ、「おやつだけはみんなで一緒に食べようね」ということにしています。一緒に暮らして、一緒に何かをすることの楽しさは、おやつと、その後の集まりぐらいにして、それ以外は、食事も、排泄はもちろん、午睡も、それぞれの子どもの生活リズムに合わせています。それで、とりたてて何の問題もありません。眠っている子がいるときは他の子たちは声をひそめて話していますし、大きな声で騒ぐ子はいません。つまり、状況の目的と意味がわかると、子どもはその場にふさわしいふるまいができるということを、職員が実感することができて、今はそれがすっかり定着しています。

ただ、そうした状況への切り替えはなかなか難しいです。当園は組合がありますから、当初は「労働条件はどうなるか」とか、「その分、誰が代わりにやってくれるの？」とか、いろいろな意見が出ました。私は、「じゃあ、子どもにとってはどうなの？　真っ暗ななかで二時間じっとさせるというのは虐待でしょう？」と言いました。「虐待しているの？　毎日、私たち」と。職員はそんなつもりはないですから、その言葉でハッとしたところがあると思います。

大人にとって都合のいいリズムではなく、子どもたち自身の生活リズムを大事にするということ、そして、子どもが自分の体に正直に過ごせる生活をみんなで守っていこうということが最終的な決め手になって、踏み切ることができました。

佐々木：現場で見ていると、生活にゆとりがある家庭の子どもは、体の育ちが早いです。

田中：夜は六時か七時ぐらいには寝ていますからね。

佐々木：そうです。それが許される家庭は、朝も起きるのが早いです。そうすると、日中は思い切り活動して、夜ストンと寝るという生活リズムができます。

田中：今年初めて、二歳の親子登園で、八組の親子を二人の先生が担当するというのを、週一回やることにしました。親子登園をしたお母さん方は、「親子登園日の夜は本当によく寝ます」と言います。そういう支援も必要だろうなと思っています。

眠りに関しては、当園の附属施設の山の家で、担任と私も含めて、二、三カ月に一回、一泊二日でお誕生日会をします。その朝の子どもの様子はとても興味深いものがあります。一晩寝た後というのは、緊張感はなく、家の様子そのままです。なんにも着替えない子は、ボケッとただ座っています（笑）。お誕生日会を経験すると、友だち関係の壁を一つ越える感じがします。ですから、「同じ釜の飯を食う」という昔からの言葉には、それなりの意味があると思います。「釜の飯」というか、同じ睡眠時間をとって、目が覚めたその瞬間に誰がいるかということは、結構大きな意味があるのではないかと思います。

井桁：ナースリールームの対象は〇、一、二歳児ですが、保護者会主催で一泊旅行があります。もう何十年も続いていますが、一晩寝た朝、そばに私たち保育者や友だちがいるという体験は、子どもたちにとって重要な意味があると思える様子がうかがえます。

子どもの睡眠については、もう一つ思うところがあります。ナースリールームの室長は、創設者の山下先生以降、四代にわたって長年小児科医であったこともあり、午睡を真っ暗ななかで寝かすことについて否定的な考えを持ってきました。保育室を真っ暗にして午睡をさせることは、自律神経の混乱につながるからですね。

私がある地方の保育園に行ったときのことです。真っ暗な部屋のなかでクラシック音楽が流れていて、子どもたちが横になって寝ていました。子どもがゴソゴソと動くと、保育者の手がパッと動いて、「まだ音楽かかっているから動かないの」と子どもをおさえました。それが例えばショパンの曲だったら、ショパンは「私の曲をそんな風に使わないで欲しい」と天国で嘆いているのではと思うのです(笑)。そのメロディーを聞いたら、「動いてはいけない」と、トラウマになってしまうかもしれません。またある保育者から、自分の園では、乳児が眠くなる時間ではないのに、園の方針で一〇時に寝かせると決めたら、泣かせてでも無理やり寝かしているという相談を実際に受けたことがあります。乳児期にそのような関わりをされたら子どもの心は壊れてしまいます。その辺の啓蒙が必要だと思います。

園が決めた生活時間を、規則正しい生活リズムととらえてしまっている保育者がたくさんいるように思いますが、それは間違っています。子どもが眠くもないのに寝かせたり、お腹がすいていないときに食べることを強要することは、保育者の専門性が疑われますし、無理強いであれば虐待になってしまいます。睡眠は、乳児期の短いサイクルが成長とともに、段々伸びてきますが、それは、本人の体力や脳の機能の発達によって自然に育ってくるものです。保育現場の最終的な目標は、「自分の体は眠いんだ」ということを自覚して、「横になりたい」と自分で言える子の育ちを支援することです。合図があったら寝るという子ではありません。ですから、自分の体の声を聞ける子どもに育てる必要があります。定刻に寝ることが規則正しいのだという考え方は、保育現場から追い払わなければいけないと思います。

乳児期から、子どもの眠いときに寝かせて、起きたいときに起こしても、幼児期には一般的な生活リズムにまとまってくるものです。長い間そのような実践を行ってきましたが、めちゃくちゃな生活リズムになった例はありません。例えば、園に来たばかりなのに、「ベッドに入りたい」という仕草をする子どもがいたりします。不思議に思いながらも、ベッドに入れてあげるとすぐに寝てしまいました。すると、その子は午後から熱が出てきて、体がだるいことのサインを出していたかもしれないとわかるのです。〇歳児の段階でも「自分はベッドで休みたいんだ」という、自分から発信や表現したことが的確に受け止めてもらえることで、自分の体と感情に敏感で正直な子どもに育っていきます。

そのあたりが、「アタッチメント」の重要性になってくるのではないでしょうか。換言すれば、それが「乳幼児の意見表明権」の保障ですね。生理学的な根拠を持って子どもたちにていねいに関わることが大切だということです。

遊び

遠藤：次に、「遊ぶ」ことについてですが、これは保育内容にも関わってきますし、園庭も含めた環境にも関わってくると思います。園庭が極端に狭かったり、場合によってはなかったりする環境の園もあります。そのようななかで、子どもの遊びをどう支えていくことができるかに関して、お考えをお聞かせください。

佐々木：うちが去年つくったかつしか風の子保育園は、園庭が狭いです。多人数で一斉にワーッと活動的に遊ぶことはできませんが、体の育ちへの保障を意識して、保育室のつくりを工夫することで狭さを補おうとしています。

例えば、保育室に、高い場所、低い場所、もぐる場所、くぐり抜ける場所をつくっています。階段もただの階段ではなくて、日常的な遊びの場所として使えるようにしています。生活の部分の支援は明確にする必要がありますが、建物そのものに、子どもたちがさまざまに使える「仕掛け」を考えました。今、私が園長をしている青戸福祉保育園は、非常に広い園庭があるのですが、逆に考えが不足している面があることに気づきました。ですから、今、子どものいろいろな感覚の育ちをどうやって保障しようかと職員が考え始めています。

塚本：今先生がおっしゃったように、園庭のないところや、狭いところのほうが、保育を工夫する動機や余地があります。「ないので、どうしようか」という知恵をみんなで出し合えるわけです。うちも園庭が非常に広いですが、環境については、むしろ不足している面を抱えている園のほうが工夫してやっていますね。

井桁：ナースリールームの新しい園舎をつくるときに参考にしたのが、東京工業大学に勤めておられた中山豊先生の研究です。横浜の子どもたちの一〇年前と一〇年後の遊びの違いを比較したものです。「子どもたちが路地裏で遊んでいたときに、遊びがとても豊かだった。高層集合住宅と公園になってから、遊びの質が全く変わった」ということで、その研究では遊び場としての路地裏が持つ条件が挙げられていました。

そこで、私は、その路地裏の条件を保育室に導入しようと考えました。それは、高い・低い・明るい・暗い・広い・狭いというような五感で感じる場所的特質と行き止まりのない回遊性を取り入れることでした。安全第一の現代社会では最初は不安がられると思うのですが、一、二歳の子どもたちでも保育室の段差があるところで誰も落ちたことがありません。

ある日、室内を走っている子どもを見学者が見て、「走っちゃ駄目でしょ」と言いたいのを我慢しているかのような表情で、「走っていいんですか？」と私に尋ねました。私が「その質問はどういう意味ですか？」と言うと、「うちでは絶対駄目だと言っています」とのことでした。私は「気をつけて走ってねとか、ここは、今、人がいるから走らないでねとか、反対周りはぶつかるから危ないよ、などと禁止ではなく、助言をしてあげることで状況判断ができる感性を育てたほうがいいのではないでしょうか」と伝えました。

静かにしたい子どもたちはくぼんだ場所にいることで、動きまわりたい子どもの回遊性が保障されると、そのくぼんだ場所が「静」になります。どちらかのために、どちらかが押さえ込まれるということがなく、お互いに共存できる空間となります。子どもが落ち着きたいと思ったら、狭くて暗い場所に行くといったように、子どもが自分の気持ちに応じて、自身で空間を選択できるようになります。そして子どもたちの遊びのなかに「動と静」が共存していくのです。

保育者の指示がなくても、「自分の感性で場所を選ぶ力」「自分の心身の状態を自分で聞く力」を身につけることができる環境を工夫してつくるということです。遊びについても、子どもの感覚を尊重し、抑制されることのない環境づくりを心がけています。このような心がけを保育室に盛り込むには、設計の専門家だけでは無理ですので、新園舎の保育室の設計には私の意見を大幅に盛り込ませてもらいました。

遠藤：田中先生はいかがでしょうか。

田中：私の場合は、国の仕事をする前に、「三年保育のあり方」についての文部科学省からの委託研究を受けました。三歳児のごっこ遊びの見立てが子どもの社会性の獲得にどう作用しているか、その社会性の獲得にどれぐらいの時間がかかるのかといったことについての研究が私の出発点でした。ごっこ遊びというのは、方程式の基礎ではないかと思います。「ないことにするよね」とか、「これ、あることにするね」とかの話は、数学の方程式にも通じる気がします。

具体的にごっこ遊びとは、例えば、壁にかかっているほうきを下に引くと、その場が夜になることにします。電気を消したと。

一歳ぐらいまでは、見立てがそもそもどういうことかを理解するのは難しいので、逆に非常に多様な見立てができます。幼児期の四歳ぐらいでは、見立てを理解したうえで応用するということが大事だと思います。そして、ごっこ遊びにともなう豊かな見立てを可能にするには自由な空間と多様な関係が必要です。そのために重要な役割を果たすのが園庭の砂場です。なぜなら、砂は何にでも見立てられるという可塑性のために、砂場はごっこ遊びの格好の場所なのです。私は砂場がキーワードだと思っています。

園庭は、ただ空間があればいいのではなくて、子どもが本当に自由に使え、工夫が許され、そのための時間も確保されている必要があります。そういった環境は子どもの将来にとって大きな意味を持つと思います。

子ども同士の関係性

遠藤：集団での遊びや仲間との相互作用などは、子どもの自主性を促すにしても、周りの保育者がそれをどのように支えていくかが、一番の腕の見せどころのような気がします。そのあたりはいかがでしょうか。

井桁：私は、乳児期であっても子ども同士の良い関係づくりはあると考えています。そのためには、まずは一人ひとりていねいに対応することが必要です。きめ細やかな対応をしていると、子どもは安心し、安定が保障されていると感じるので、周囲の環境を肯定的に受け止め、自然と他の子どもたちとつながりたがるようになります。例えば、五カ月の子が手を伸ばして、二、三カ月の子の頭をなでようとしたりします。そういうときに、他の人と関わろうという気持ちが見えますし、しかも自分の年齢に近い子どもに対するコミュニケーションを求めていると感じます。

多くの保育者が〇歳、一歳でも、「集団保育だから」と集団をあらかじめ意識した、仲良くしなければいけないとか、我慢することなどを先に身につけさせることを優先して考えがちです。でも、そうした無理をしなくても、一人ひとりが安定していれば、おのずとつながりたがるようになります。そしてそのことを、ていねいに支援することが大切だと思うのです。乳児期に心地良い範囲での関わり方を経験させ、周囲の人への肯定的な感覚を育てていくことが、とても重要であると思っています。
　親同士の関係も、肯定的な関係の積み重ねがあるかどうかが大きく影響します。例えば児童館や支援センターを利用するお母さん同士の関係は園のそれとは違いますよね。一時的な関係をうまく紡ぐことの難しさに悩むお母さんたちの声をよく聞きます。関係性の積み重ねの経験がない親子同士が関わりを持つので、トラブルになることを恐れて、「どうしたら、他の子どもに触りにいかなくなるでしょうか」と相談されたり、まだ一〇カ月なのに、「他の子と同じことができなくて心配です」と深刻に悩んでおられたりします。母親自身のコミュニケーション力の低下が、「トラブルを起こしたら大変」という気持ちを強めてしまうようです。そのような意味からも、相手を理解したり許したりわかりあえるといった、周囲との肯定的な関わり合いを保障されることが、いま、子どもだけでなく親にとってもとても必要な経験なのだと思います。
塚本：私は児童養護施設で長く働いていました。養護施設で生活する子どもも同じです。集団で生活はしますが、まずは個の保障をきちんとしないと、集団も成立しません。
佐々木：生活リズムでも、遊びでも、そういう意味ではまったく同じですね。
井桁：親に限らず保育者も、子ども同士のトラブルを良くないことととらえ、早く解決させようとしがちです。そうすると、保育者は警察官のようになり、どちらが悪くてどちらが正しいかだけを問題にした関わりになってしまいます。このような対応では、子どもは自分の思いを表現することや相手の気持ちを理解する機会を逃し、けんかという経験を通して育つことができません。

また、けんかが起こったときに初めて、子どもに目が行くような保育の状態にも、問題があるのではないかと思います。トラブルが起こる前から、子ども同士の自然なやりとりに目を向けるような保育になっていれば、ただ「やめなさい」ではなく、「それは残念だったね」とか、「本当はどうしたかったの?」という子どもの思いに寄り添った言葉をかけることができます。しかし、前後の成り行きを見ていないで結果だけで判断する場合は、警察官にならざるを得ません。「どっちがやったの?」と。そして、「ごめんなさいを言いなさい」と、表面的な解決となってしまいます。

保育者の子ども同士へのトラブルの対応で、もう一つ気になることがあります。それは、「ごめんね」「入れて」「貸して」と言われたら、言われた子どもは「いいよ」と必ず言わなければならないことについてです。私は保育者の研修会等で全国に出向きますが、どの地域でも、「ごめんね」「入れて」「貸して」と「いいよ」がセットで使われていることを指摘したときに否定はされませんでした。いつからセットで使うようになり、全国に広がったのでしょうか。「貸して」と言われたら、いいよと言って貸してあげなさい」と保育者が子どもに無理にさせたら強要になります。そして子どもは、「貸してと言ったら、貸してあげなければ駄目なんだ」と理解しますから、自分の思いを表現することを止めてしまいます。

これは、保育者に子どものトラブルを早く収めなければいけないという気持ちがあるからセットで使いたくなってしまうのではないでしょうか。あるいは、子どもは何もわかっていないから決まりきったパターンで教えることが必要と考えているのでしょうか。しかし、それではトラブルが起こったら、決まったパターンで解決するしかなくなってしまい、本当の意味では役に立ちません。私は、子どもたちは自分の思いを持っていて、他者の思いにも共感できる力を持っていると考えます。保育者は、子ども一人ひとりにていねいに目を向け、子どもが本来持っている力を信頼し、トラブルの経験を、自分の気持ちを表現するためのきっかけや、他者の思いに気づく経験にしていくことが保育者の専門性だと思います。

求められる保育者の質

遠藤：今、保育者の専門性というお話が出てきました。子どもに関わる際の保育者の保育の力あるいは保育の質をどう向上させるかという点で、研修のあり方が問われてくると思います。それに関しての工夫の仕方や、特にスキルアップしたほうがいいことなどがあれば、お聞かせください。

田中：先ほどの「入れて」「いいよ」という言葉のセットについては、私は悪くないと思います。それが絶対的なルールになってしまうのが悪いので、「手順としてそういうものがあるよ」ということは示す必要があると思います。

ただし、子どもを育てるのが難しいのは、原則を示したあとに、その例外もあることをうまく教える必要があることです。まったく原則がないというのでは、子どもは育たないと思います。子どものその場の状況に応じて、原則が妥当なときなら、保育者が適切にその方向に促すこともあります。しかし、いつでも原則が通用するわけではないので、子どもが状況に応じて自分で判断できるようになる必要があります。原則的なルールの応用と例外をどの範囲にするかは、先生たちみんなである程度共有しなければなりません。ただし、同じ場面であっても、「まあいいか」と思う先生と、「絶対許さない」という先生がいて一〇〇パーセントの共有は難しいと思いますし、先生たち誰もが同じ価値観である必要はないとも思っています。逆に、子どものほうは状況に応じて原則を柔軟に使い分けるようになってきますから。

原則に対して柔軟にふるまう力はどうしたら育てられるのでしょうか。幼稚園や保育所の先生というのは、従来はある程度育ちが安定していた人だったと思います。ですから、スキルや手順をきちんと示せばうまく伝えることができました。しかし、保育者志望の人たちが必ずしも安定した育ちを経ていない場合は、研修でうまく学ぶことができるのか難しい面もあると思います。

井桁：私は、五、六年前から年に一、二回、中学・高校の先生方にお話しする機会があり、そのときに、驚くようなことを耳にしました。それは、進路指導の際に、不登校やコミュニケーションがうまくとれない生徒に「福祉や子どもに関わる仕事に進みなさい」という指導をしているというのです。毎年そういった指導の例があるのかを先生方に尋ねると、否定されないのです。その理由は、コミュニケーション力が低い生徒は、一般社会ではうまく適応できなくても、子どもや老人、発達障害のある人が相手ならばできるのではないか、という発想のようです。

そのような理由で養成校に入った学生は、学んでいくうちに保育は、特にコミュニケーション能力が求められますから、自分が一番苦手な分野だと気づき、学校に来られなくなってしまうこともあります。現に、卒園児が、そのような進路指導で傷ついて、一時的に引きこもってしまったことを、相談されたことがありました。こうしたことから、乳幼児の保育や福祉関係の職種の専門性に対する社会的な認識にも問題があることが見えてきます。

遠藤：本来、若い保育士にこそ研修は重要なものだと思いますが、研修が単純に講義を聞かせるだけということでは、適切な力がなかなか身についていかないという気がします。現実的にはどのようなかたちで研修が行われれば、そのような力が今の若い保育士にも身についていくと考えられるでしょうか。実践していることなどがあれば、教えていただきたいと思います。

秋田：保育士さんと共に幼稚園や認定こども園の教員もですね。

遠藤：そうですね。

佐々木：今は本音で話をする若者たちが少ないということが前提にあります。自分と違う意見が出されると、否定されたと感じてしまいます。白か黒か、正解か不正解かという考え方をしている若者が多くはないでしょうか。

井桁：多いですね。私も短大と大学で授業をしますが、笑い話のようなエピソードがあります。「今日、大学に来るまでに感動したことがあったら、思い出して言ってください」と学生に言うと、なかなか手が挙がりません。人は、感動したことを思い出そうとするときには、上のほうを向いて考えるのが普通じゃないかと思うのですが、ほとんどの学生が、私の質問に対して下を向いて考え始めるのです。自分が感じたことを思い出そうというよりも、まるで私の質問への正解は何かと考えているようなのです。

そして、かろうじて一人の学生が手を挙げ「アジサイがきれいだった」と言いました。「ああ、そう。アジサイね。確かに今、きれいね」と共感しつつも、この答えは頭で考えても出ることだなあと、内心少し残念に思いながら「他にはないですか？」と尋ねると、別の手が挙がり、「アジサイがきれいだった」と二人目も言ったのです。「ええっ？前の人が言いましたよね？」と確認すると、答えた二人がお互いの方を見て目を合わせながら「同じだもんね」と言いました。質問の意味を理解できないような学力が低い学生ではないのですが。仕方なく「同じなのね」と受け止め、「他にないですか」と言いますと、手を挙げた学生が、「今日は私の誕生日です」と言いました。「誕生日は感動？　うれしいことじゃない？」と聞くと、わからないというような表情です。自分で感動とうれしいことの区別がついていないのです。これは、幼いころから大人の顔色を見ながら、自分の感じていることを抑えてきた結果、自分の内面で起こっている感情の区別がつかなくなってしまっているのではないかと。感性が鈍いのではなく、感じていることを封じ込めた結果なのではと思いました。

そこで、私は授業が一〇コマくらいまで進んだころに、試験をすることにしました。はじめにペーパーテストの用意があるように紙の束を持っていき、「みなさんは、二種類の試験からどちらかを選ぶことができます。一つは、このペーパーテストをやる、もう一つは、これまで生きてきて自分の感動した経験を皆で三分、間隔をあけずに話すことができたら、『優』をあげます、どちらの試験を選びますか？」と言いました。当然学生は、話すほうが楽だと判断し、手を挙げはじめます。当てられた学生が、自分の感動した話を、ゆっくりと時には涙声になって話してくれます。弟に初めて彼女ができたこと、高校時代の部活のこと、家族の死を巡っての話とか、本当に感動した話が次々出てくるわけです。どの学生もすごい話ばかりで、教室中の学生が目を泣き腫らしています。

そのなかで、気になる話もありました。「自分が病気になったら、お父さんとお母さんが心配して泣いてくれて感動した」とか「受験に失敗したのに叱られずに、はげまされて感動した」という話です。子どもが病気になって泣かない親はいないし、失敗した子どもを責める親は少ないと思うのですが、面倒をかけるような子どもや失敗の経験は、親に受け入れられないと思っている学生が意外にも多いということです。

この後、学生全員に感想を書かせます。話をした学生のほとんどが、「生まれて初めて人に自分のことを話したが、先生を含め、クラスのみんながうなずきながら真剣に聞いてくれて感動した」という感想を書いています。話さなかった学生たちの多くは、「友だちがそんな思いをしていたことを話してくれて感動した。私たちを信頼してくれたということだと思う。私もこれからは自分の思いを表現しようと思う」と書いていました。

共感する力を持った保育者になるには、まず自分の感動や思いを大切にし、それを自分の言葉で表現できることが重要だと思います。そうでなければ、自分の思いを表現できない、ひいては自分の思いを表現しようとしている子どもへの共感ができないからです。

佐々木先生がおっしゃったように、自分の思いを隠した表面的な関わりは、想定外のことが起これば対応できないですし、自分の思いを表現しないまま、ストレスだけをため込んでしまいます。

佐々木：学校時代に友だち等と深い関係性を構築した経験がないと、職場の緊張関係に対応できません。それを緩和するのは、保育現場で、今日見た子どもの姿を率直に語り合えるかどうかということです。それができると、いろいろなことが開けてきます。しかし、そこにいたるまでにはとても時間がかかります。

アドバイスのつもりで「ここはこうしてもらったほうが良かったかな」と若い保育者に言ったことが、大きな叱責として受け止められてしまうという経験を、私は何回かしました。そのほうがこの保育者はきっと伸びるなと思うから伝えるだけの話ですが、極端なとらえ方をする若者が増えている気がします。保育現場で日々の仕事をしながら、組織として保育者たちの状況もほぐしていくのは本当に大変です。

政策に対して現場からの切なる願いがあります。命を預かる医師にはインターン制度があります。保育士は心を預かります。心を預かるのに何の準備もなく、保育施設に就職したときから一人前の保育者として位置づけられることは、やはり制度の根本に不備があるのではないかと思います。一年間ぐらいのインターン制度のようなものがあれば、保育者は学ぶ時間を得られますし、私たちもていねいに仕事内容を伝える時間ができます。何よりも子どものことがよく見えるようになってから本格的に仕事に就くことができます。現場の職員ともディスカッションしましたが、誰もが、インターン制度が必要だという意見でした。
塚本：新任でいきなり五歳児の子をみるわけですからね。
佐々木：そうです。現状ではそうせざるを得ません。
秋田：その辺は、全国私立保育園連盟も、全日本私立幼稚園連合会も、ホットなトピックとして、園内の研修でどう対応するかをそれぞれ模索しておられますよね。
田中：先ほど言われたように、短大や大学を出てすぐ戦力になる業界のほうが少ないですよね。ですから一年間のインターン期間を、園内の仕組みとして導入すればいいと思います。最初のインターン期間は担任を持たせないといったように。なぜそれができないのでしょうか。
井桁：今の保育園の状況では、専任の保育者が三、四割ぐらいしかおらず人手が足りないところも多いので、すぐにインターン制度を導入することは難しいと思います。
塚本：あと、常勤換算（非常勤職員の労働時間を合算して常勤職員一人分とみなすこと）という制度のなかではやはり難しいですね。
田中：その仕組みが問題なわけですよね。その仕組みが前提としてあるので、うわべの議論をしても仕方がありません。その仕組み自体を根本から問い直し、望ましいかたちを議論し、新たな制度設計をつくるところから始める必要があります。「仕組みはそうだから、仕方がない」であれば、話は進みません。

保育者の労働環境

遠藤：今のお話を聞いていますと、一つには、保育者の労働環境や待遇が深く絡んでくると思います。課題は多くあると思いますが、保育者を取り巻く事情についてお聞きしたいと思います。

佐々木：まず、お給料の問題です。そこを組合から散々責められます（笑）。今回、公定価格に給与改善費の分が上乗せされました。それでも上乗せ分がつく人、つかない人がいます。子育て支援や学童の職員には上乗せされません。ですから、うちの園は全体として四%のアップにしかなりません。地方もそうだと思いますが、東京の給与水準からすれば、一般企業に勤めている同年齢の人と比べて一〇万円近く低いです。そのうえ、保育者に求められる専門性は高く、いろいろな要求がありますから、職員は疲弊しています。

現場としては、インターン制度のようなものができると、保育者のレベルアップがもう少しスムーズになるのではないかと感じます。

また、それぞれの園は一生懸命にやっているのですが、保育園全体として、ここの保育園はこういう役割を担っている、あそこの保育園はこうなっているという情報を、誰かがしっかりと把握する必要があると思います。つまり、保育コーディネーターの確立です。個々の園の利益優先ではなくて、お互いが助け合いながら、その地域全体のなかで求められていることをどう役割分担して果たしていくかという、調整機能的な制度や人材が必要です。そうすれば、どこの保育園も同じようなことで疲弊してしまうことがなくなり、もう少しそれぞれの課題に応じた役割に専念できるのではないかと感じます。

うちの園は役割を多く抱えてしまって、職員を相当疲弊させてしまったという現実があります。職員を疲弊させないためには、日々の保育そのものに喜びを持てるようにすることが重要です。

塚本：お金と時間の兼ね合いですね。ほとんどの保育園は、八時間勤務で八時間保育をしているわけです。さっき話に出たように、保育記録はお昼寝の時間に書いています。保育記録は個人情報ですから、家に持ち帰って書くことはできません。

佐々木：そうです。全部園に置いておかなければなりません。

秋田：そういった現実の状況があるわけですが、保育所も、幼稚園も、認定こども園も、園内研修をそれぞれ工夫しようとされていますし、それぞれの施設がコーディネーターのような役割づくりを模索しているのではないでしょうか。園内研修のあり方について、何かご提案をいただけますか。

塚本：保育士というのは、子どもがなりたい仕事の二番目ぐらいに入っていると思います。「大きくなったら、保育所でみてもらった、ああいうお姉さんになりたいな」と思い、養成校に進学します。そして、実習で嫌になるわけです（笑）。

そうは言っても、保育を「やろう」と思って、就職してくれる人ですから、意欲を引き出すことが肝要です。やる気にさせる研修です。確かにお金も時間もありませんが、「保育ってこんなに楽しい」

ということが実感でき、やる気にさせる研修をするしかないと思います。今の仕組みのなかではそれしかないので、現場はいろいろ工夫しています。

遠藤：園内だけで工夫できる園もあると思います。しかし、園内にそれだけのリソースがなくて、対応できていない園もたくさんあると思います。それをどうしていくかというのが大きな課題だと思いますが、いかがでしょうか。

田中：閉じている園があったら、「外からの目」を入れ、開くことだと思います。外からの意見を出させないようにすることはいけません。義務教育の現場でも、何か問題が起こったときに、オープンに議論できる学校は、問題も大体解決します。

井桁：ナースリールームでは、新卒の人でも、他の先輩保育者と大きな差が目立たずにそれなりの保育ができていると思うのですが、それは、もしかすると子どもに尊厳を持って接することを徹底しているからかもしれません。「子どもはすごい」ということを、東京家政大学では授業や学内実習できちんとベースになるよう教育していることが作用していると思います。子どもへの基本的な信頼感があることで、子どものふるまいや思いには何か理由があり、それをよく知ろうとすることにつながり、対応が大きく外れなくなるのでしょう。

また、ナースリールームは大学のなかにあるので、学生や児童学科の先生方はどこからでも見ることができます。旧園舎のときは、一階がナースリールームでその上階も隣も児童学科の先生の研究室でしたので、私たち保育者が子どもにかける言葉や、子どもの表情、歌声までもオープンになっていたと思います。そして、実習生も一年中います。現在は、年間計二〇〇人ぐらいの実習生が、常時三人ずつ実習しています。そのような環境のなかでは、保育者は説明責任を果たさざるを得ません。質問されて答えられなかったら勉強するしかありません。

さらに、長時間保育は、開設当初から保護者にいく度となく求められましたが、その都度、保育の意図を話し、理解してもらって、八時間保育を譲らないできました。今では、それを保育の質と評価してくださっているようで、「このままで存続してほしい」と保護者に応援されるほどになりました。この八時間保育でも、保育者は常にオーバーワークになっています。しかし、子どもも親も、保育者も、ギリギリですけれども、八時間の保育であることの意味を守ってやってきて、ここまできました。その代わり、いつどこから見られても、子どもへの尊厳を持った関わりと説明責任を果たすことには、スタッフは自信を持っていると思います。ですから、保護者もおじいちゃんもおばあちゃんも、いつ来ても、一日中いても大丈夫です。どういう状況でも、保育者のふるまいや保育内容に変更がないことで、保育の質を上げることができたと感じます。

保育に有用な研修の姿

遠藤：保育施設をオープンにするには、そのための動機づけを持つことが一番重要だと思います。しかし、なかなかオープンにできないところも多々あると思います。

大規模園から小規模園まで多様な保育形態や幼児教育の形態がいろいろあります。小規模なところの子育て・保育、幼児教育の実態が見えてこない現状があります。どちらかというと労働政策の面でオープン化が重視されてしまい、子どもの育ちは二の次、三の次になってしまっているところもあると認識しています。子どもの育ちの場こそオープンにしていくために、個々の園だけではなく、保育業界や幼稚園業界全体としても研修のあり方を考えていかなければいけないと思いますが、いかがでしょうか。

田中：保育士や幼稚園教諭の免許更新については、私たちは組織の立場で反対していましたし、文部科学省の中央教育審議会でも意味がない制度だと言いました。しかし、現場経験が一〇年程度ある、三五歳ぐらいの保育者を対象に実施することは意味があると思っています。現場の先生は、大学や短大では保育の勉強をしますが、そこに実感はありません。それが、現場経験を一〇年ぐらいしてくると、自分自身の課題として受け止めることができるので、研修に意味があると思っています。現場としても、一〇年ぐらいのところできちんとした振り返りの場があるというのは重要ではないでしょうか。四五歳や五五歳のときには必要ないと思っていますが。免許更新は一回でいいのではないかと思っています。

塚本：まず園長が問題意識を持たないことには、現場のオープン化にはつながりません。私は連盟として、そこにどう働きかけるかをやっていますが、うまくいったり、いかなかったりしています。

佐々木：園長は、一国一城の主でいる人が多いですからね。ほとんどが最初は自分の私財を出してつくったという経緯がありますからね。

井桁：例えば、中国やカナダでは、園長や施設長の基準があると聞いたことがあります。日本の場合は、そのような意味での、施設長になるにあたっての資格や基準は必要とされていません。資格があればいいということではありませんが、園としての力を育てていくということが大事ですから、子ども、親、保育者、地域などの将来を見通した視点を持つ人であるほうがいいですね。

塚本：資格というより、資質ということですね。

井桁：そうです。

遠藤：リーダーシップということも含めてのことですよね。

佐々木：あとは、園長個人の思いだけではなく、その園や法人が共有化できる理念を持つことが大事です。どのような子どもたちを、どう育てたいかという、根本の理念をしっかりと共有しながら、みんなで工夫してそれを達成していくような考え方ができると、園長個人ではなく、そこに関わる人すべての組織体としての意識が出てきます。どうしてもオーナー園長ですと、園長個人の思いが強くなりますが、これから若者たちを育てていくためには、その辺も切り替えて、みんなでつくり／つくってきた組織として理念を確認する作業も必要かもしれません。

井桁：少し違う話になりますが、最近、保育者の研修会等に参加している人でも、津守真先生の『保育者の地平』（ミネルヴァ書房、一九九七年）について読んでいない方が多い気がします。園長先生クラスの人が少し知っているだけだったりします。私は、今回、改めて津守先生の『保育者の地平』を読み直して、気づくことがたくさんありました。今は、保育者のあるべき姿にとっての原理的なこと、大げさに言えば、保育の哲学的なことを発信する人が見当たらなくなってきています。保育が大人の都合で語られ、幼稚園でも保育園でも、子どもを守る大人の理念が見えてこない寂しさがあります。

塚本：保育は制度もお金もない時代に始まっていますからね。

佐々木：話がずれるかもしれませんが、うちの法人には高齢者を対象とした施設もあります。年に一回、スタッフが苦情処理を持ち寄って、どのような苦情が出たかを報告しあいます。高齢者施設では、大変な量の苦情記録が出てきます。「あれが気に入らない」「この職員のこの動作が気に入らない」と高齢者の方が言うわけです。その苦情を全部分析して、「ここはどう改善しようか」「この気持ちはどう受け止めて、どう返そうか」と検討します。そうすることによって、在宅サービスセンターのほうは、年々質的に改善されてきて、満足度も確実に上がっていきます。

私たち保育園業界は、自己評価をもちろんやっていますし、第三者評価も入るし、利用者アンケートもとっています。しかし、利用者といっても、そこで意見を出しているのは、子どもではありません。保護者の声です。ですから、利便性や、どれだけ保護者の就労支援に力を貸しているかということや利便性が意見の中心になります。そこに生活している子どもたちの思いや、子どもたちがどこまで充実しているかについては、子どもたち自身では発信できません。

私はそうした子どもの思いを受けとめて測る仕組みがあるといいと思います。環境スケールもありますが、あれとは少し違います。子どもたちがそこでどのような思いで暮らし、学んでいるのか、何を喜びとしているのかといったことを、測っていく方法や指標を考えていただきたいです。保育士も一生懸命やっていますが、よほど上手に子どもの声をくみ取っていない限りは、自分たちの動きやすさなど、保育士からの視点が混ざった自己評価になってしまいます。もう少し科学的に分析したり、検証したりできることを望みます。例えば、唾液で不快指数がわかるといった具合にです。

育ちの主体は子どもですから、そのような研究をしてもらえると、具体的なデータをもとに客観性を持って保育を考えることができ、前に進めるのではないかと思います。

田中：福祉行政は、すべての事業がサービスと定義されています。ですから、保護者の意見も、サービスに対する評価にすぎません。サービスに対する評価に対して、こちらは意見を言えないのです。その辺を改善するには、保護者が保育施設を選ぶという制度にしなければ私は駄目だと思います。自動的に措置されている限り不満しか出ません。けんかがあったとしても、「けんかには教育的意味がありますから、ここまでは止めません」とか、「けがには意味がありますから、骨折までは想定した遊具をつくっています」といった、それぞれの園の方針に共感した人が来ていることが私立幼稚園の良さや楽しさです。最初に園独自の方針を理解したうえで入ってもらうことになります。

遠藤：今のお話は、当センターの政策研究部門で検討していかなければいけない、非常に重要な課題だと思います。

佐々木先生からご提示いただいた点は、当センターのなかで、まさに子どもたちの発達にかなう環境や、大人の関わり方、あるいは現に子どもたち自身がどのように感じているかとか、それを実際にどのような指標をもって測定していくかというところに関わるところです。ですから、当センターの基礎研究部門や私たち調査部門等で少しずつでも明らかにしていかなければいけないところだと思います。

センターへの要望と期待

遠藤：センターに対して、他にこんなことが明らかになればいいなというご要望がありましたら、最後にお聞きしたいと思います。

塚本：保育の質というところに戻ってしまうのですが、国は「量の拡充と質の向上」と言っていますが、質の向上とは何だろうと。国の言う「質の向上」は、配置基準の改善や給与の三パーセント、五パーセントのアップ等です。しかし、現場は「それって保育の質じゃないよな」と思っているわけです。

保育の質の向上が何かについて、誰もまったくわかっていないわけです。「じゃあ、何?」と。私は人的環境と物的環境ではないかと思いますが、「質の向上とはこうである」という定義をセンターでできれば、みんなで質の向上を目指すための一つの行き先が見えるのではないかと思います。

遠藤：ありがとうございます。

井桁：国立教育政策研究所は「二一世紀型スキル」を提唱していますが、批判的思考や好奇心は、やがて育つというよりも、乳児のうちからもともと持っている芽がうまく伸びるか、伸びないかという問題だと思います。「それっていつごろ、どうやって育つの？」ということですが、脳科学、心理学、生物学、医学的な視点によって明らかにできるのではないかと私は思います。その可能性を知らずに、もともと子どもが持っているものが、〇、一、二歳の間に壊されてしまう、あるいは育ち損ねさせてしまうことに、私は危機感を持っています。〇歳でも、学ぶ力があることを、私はずっと証明し続けてきているつもりですが、「大人によって育てられるものというよりも、子どもがもともと持っているものなんだ」というところを、意味づけてもらいたいと思います。保育の質が低下していると言われる環境のなかで過ごしている今の赤ちゃんたちに、人間や社会に対する不信感が育ってしまっているとしたら、急がなければならないと思います。

今のお母さんやお父さんたちは、自分自身が、他者と比べられて頑張らされてきた世代ですから、生きにくかったと感じていても、子どもたちが今置かれている環境についての正しい疑問を持てません。そして、うすうす変だと思いながらも子どもを追い詰めてしまっています。すると、親の自信のなさがわが子に対しての厳しさになり、子どもの自己肯定感は育たず、親の自己嫌悪が強まり、育児に対する自信もなくなってしまうという、悪循環が起こります。それを早く止めてあげたいと思います。

「これまでの日本の社会は間違えていたので、今改めているところですから、焦らないでちょっと待ってくださいね」「保育者も今勉強していますから、少しお待ちください」「お母さんたちがうまくいかなくても、私たちが何とか手伝いますから、お母さんお父さんだけが責任を感じすぎる必要はありません」と、子どもの出来栄えの良さを性急に求める大人たちに、ていねいに伝えていかなければならないと思います。それには、きちんとした根拠が必要ではないかと思います。

遠藤：エビデンスですよね。そのようなことを、私たちがしっかりと押さえていくという使命を担っていかなければいけないと思います。いろいろな宿題をいただいたところで、予定していた時間になりましたので、最後に秋田先生から一言お願いします。

秋田：発達保育実践政策学センターが、保育士、幼稚園教諭、保育教諭の皆様方と保護者やそれを取り巻く社会の人々全体が、どうあったらよいかを一緒に学びあって育ちあう場になるといいと願っています。

何十年か前、私が学生であったときには、園にうかがっても、長期で子どもの育ちに寄り添うのではなくて、研究のためのデータ収集に園には協力いただくだけでした。それは学術の発展においては重要ですが、それだけではなく、保育・幼児教育の場のために協働し、より良い保育実践のために生きる研究をしたり、現場の課題をいろいろな基礎科学研究とつないでいくことが大事ではないかと思っていますので、ぜひ今後ともご協力をよろしくお願いいたします。

遠藤：今日は、長時間にわたりありがとうございました。

一同：どうもありがとうございました。

（二〇一五（平成二七）年七月二二日、於：東京大学 教育学部 第一会議室）

コラム1　歴史の中の保育と発達

日本の保育の特徴の一つは、保育者と研究者による協働的な研究の蓄積を有しているところにあります。なかでも戦前・戦後の保育問題研究会の探究は、発達研究と保育実践をつなぐ試みとして重要です。戦前の保育問題研究会は一九三六年に心理学者の城戸幡太郎を会長として発足し、戦後の（東京）保育問題研究会は城戸の弟子である乾孝を中心に再建されました。子どもの発達を、価値的かつ歴史的文化的に捉える見方は、城戸から乾へと引き継がれ、保育者と研究者の実践的探究を特徴付けています。

戦後の東京保育問題研究会の保育は、「伝えあい保育」と呼ばれ、子どもたちの対話的な探究と表現を特徴としています。畑谷光代の『つたえあい保育の誕生』（文化書房博文社、一九六八年）によると、一九四九年に畑谷の職場の保育園が共同研究の場となり、週に一度の研究会に乾と学生が来て議論を行っていたといいます。その際の確認事項には、少し不思議な内容が含まれています。「専門家と、実践者の共同研究の成果から、子どもたちの今後の発達過程がつくられていく。そのために、実践者は、教育的働きかけを、意図的に記録にとどめること」（三〇頁）。子どもたちの発達の過程を解明して保育を構想するのでも、単に保育を通して発達を方向付けるのでもない。保育を記録し検討することを通して発達過程がつくられるとは、どういうことでしょうか。そういった問いを通して歴史の中の保育を記述することが、保育の複雑な古層を理解し、異なる可能性を描くことにつながればいいと願っています。

（浅井幸子／東京大学大学院教育学研究科准教授）

コラム2　比較教育学における保育研究

保育のあり方や考え方は、社会によって、また時代によって、様々に異なります。もちろん、保育のあり方に唯一の正解があるわけではなく、社会や文化の様相を反映して、様々な考え方があることは、むしろ自然なことでしょう。しかし、近年、保育に関する研究が各国で活発に行われるようになってきて、より科学的な知見にもとづく保育のあり方が検証されています。とはいえ、社会文化的な文脈と簡単に切り離せるものではなく、科学的な知見と社会文化的な視点の間でバランスをとりながら、それぞれの子どもにより適した保育のあり方を考えていくことが大切です。

このような観点から、最近の比較教育学では保育に関する研究が徐々に増えてきています。例えば国際的な学力調査の結果が保育のあり方に影響を及ぼし、様々な国で保育においても就学準備への意識が求められ、そのための研究が活発化しています。また、これまで保育に関する研究がほとんど行われてこなかった多くの開発途上国でも、保育の重要性が検討されています。さらには、従来の比較教育学における保育研究の多くが政策や制度といったよりマクロなレベルに重点を置いていたのに対して、今日では保育の現場に焦点をあてたよりミクロなレベルへと関心が拡がっています。このような比較教育学的な関心に基づく保育研究が今後ますます活発化していくことで、自分たちの社会における保育のあり方をより客観的かつ相対的に捉えることができるようになります。そうした比較保育研究の成果が、それぞれの社会における保育のあり方を考えていく上で積極的に参照されていくことを期待しています。

（北村友人／東京大学大学院教育学研究科准教授）

コラム3　「発達保育実践政策学」への期待――「子ども・子育て支援新制度」の運用方策の視点

平成二七年四月から「子ども・子育て支援新制度」（以下、「新制度」）がスタートしました。筆者が地方自治体の担当者へ行ったインタビュー調査の中では、「新制度」への移行に伴う苦悩や不安を感じながらも、子どもたちの未来のために身を粉にして奮闘する担当者の姿が垣間見られました。

そもそも「新制度」は、民主党政権が「幼保一体化」という理念を掲げ、幼稚園と保育所を廃止して「総合こども園」に一本化することが目指されていましたが、民主党・自民党・公明党による「三党合意」を経て、既存の幼稚園と保育所を維持するとともに「幼保連携型認定こども園」を拡充する方向で落ち着きました。

「質の高い幼児期の学校教育・保育を総合的に提供」することを理念として掲げ、児童福祉法上での「保育に欠ける」という文言を見直した点や、公立幼稚園と私立幼稚園の保育料を統一して応能負担を採用するなど、長らく続いてきた「幼保二元行政システム」に「揺らぎ」を生じさせた点では「戦後最大の保育制度改革」と言えるでしょう。他方で、施設形態や負担金等の観点からは、当初の「幼保一体化」というよりはむしろ「幼保多元化」がさらに拡大したとも捉えられると思います。

現在、学習指導要領改訂の方向性として「アクティブ・ラーニング」や「学校段階間の接続」等が議論されています。小学校以降の「学び」をより良いものとし、生涯学習社会を具現化するためには、乳幼児期の「育ち」から「学び」へとつなぐシステムの構築が必要であり、「発達保育実践政策学」の理論を政策に生かす方策が重要だと考えています。

（島田桂吾／静岡大学教職大学院講師）

コラム4　ワーク・ライフ・バランスと健康――TWIN studyの紹介

働く人びとの健康については、これまでどのような職場環境がどの程度健康に有害な影響を及ぼすのかがひろく検討されていましたが、職場以外の要因についてはあまり検討されていませんでした。しかし、私たちの健康は職場要因だけによって決まるわけではありません。家庭のこと、私生活のこと、仕事と家庭の接点などさまざまな要因によって影響を受けます。つまり、働く人たちの健康を総合的に考える場合には、働く人たちの生活をさまざまな視点から理解する必要があります。

そこで、東京大学精神保健学分野のチームでは、「ワーク・ライフ・バランスと健康」プロジェクト、通称TWIN study（Tokyo Work-life）を立ち上げ、保育園にお子様をあずけながら仕事に従事している共働き夫婦を対象に、仕事と家庭生活との接点が健康に及ぼす影響を継続的に検討しています。

TWIN studyは、二〇〇八年から二年間にわたって行われたTWIN study I、二〇一〇年から五年間にわたって行われたTWIN study II、そして二〇一五年から実施しているTIWN study IIIがあります。

TWIN study Iでは、二〇〇八年秋時点でお子様を保育所にあずけていた世田谷区内の共働き夫婦約三〇〇〇世帯が調査に参加されました。夫と妻それぞれの働き方、ワーク・ライフ・バランスのあり方が健康にどのような影響を及ぼすのかを検討した大規模な研究でした。TWIN study IIでは、二〇一〇年および二〇一一年秋時点でお子様を保育所にあずけていた世田谷区および目黒区内の共働きの約六六〇世帯に参加登録いただき、父親―母親―子どもの三者関係をワーク・ライフ・

バランスに注目しながら三年間追跡調査しました。二〇一五年から始まったTWIN study IIIでは、ワーク・ライフ・バランスと健康の向上を図るためのプログラムを新たに作成し、その効果を無作為化比較試験によって検討することを目的としています。現在、筆者は主任研究者としてプログラムの作成と参加者の募集に奔走しています。

（島津明人／東京大学大学院医学系研究科准教授）

第2部　発達と保育

第5章　発達と保育のシステム論

多賀厳太郎

はじめに

ヒトの発達の仕組みについての理解は、日々更新されている。生命科学は、地球環境のもとで生物がいかに命をつないできたかという進化の歴史性や、個体が命を繰り返し再生するための発生機構を明らかにしてきた。そして、人文科学から自然科学までのあらゆる学問領域において、身体・心・言語の成立に関する知見が積み上げられている。こうした基礎研究が現実の保育にどのような意味を持ちうるのだろうか、がここで議論したいことである。そこで、物質の世界と生命とをつなぐ原理、ヒトの発達の機構を述べた上で、保育について議論したい。

1　生命システムの動作原理

(1) 物質の秩序と生命の秩序

新しい命の誕生に出会ったとき、誰もが生命の神秘に強く打たれ、その命の未来に思いを馳せるであろう。そして、自分がその後の人生をどのように生きていけばいいのか、何ができるのかを考えさせられるに違いない。私たちが生命をどのように捉えるかは、保育に向き合う上での出発点ではないだろうか。生命観は、基本的には個人それぞれが育った文化や宗教に強い影響を受けるであろう。しかし、急激な科学の進歩によって、伝統的な生命観を科学的な知見とどのように折り合いをつけたらいいのかが、わかりにくくなっているのが現代の状況である。そこで、科学研究が、生きていることをどのように捉えてきたのかについて議論したい。

身体の機構に関する研究は、個体から組織、細胞、分子へと要素還元論的に進んできた。そして、あらゆる生体機能が分子レベルで説明されるようになった。その一方、ミクロなレベルに行けば行くほど、生きていることと物であることの境界がわかりにくくなっている。個体には、不可逆な生と死がある。ところが、組織や細胞の一部を個体から切り出してきても、長期間「生きている」状態を維持することができる。さらに、分子のレベルになれば、それはあくまでも物質であり、物理学や化学の法則に従っていることは、疑いない。それならば、巨大な分子機械である生物において、生きている状態と死んだ状態との違いを分けるのは、一体どのような機構であろうか（清水、一九七八）[1]。

当初、科学者を悩ませたのは、生物の生きている状態が、エントロピー増大則という物理法則に抵触するのではないかという問題であった（シュレーディンガー、一九五二）。例えば、コーヒーにミルクを入れてかき混ぜるという操作を一度行うと、もとのコーヒーとミルクに自然に分かれることはない。つまり、二つの液体が分かれた秩序の高い状態（エントロピーの小さな状態）から、二つの液体が混ざった乱雑さの大きな状態（エントロピーの大きな状態）へという変化は起こる。その逆、すなわち乱雑な状態から秩序の高い状態へという変化は自然には起こらない。では、生きている生物は、どのようにして秩序の高い状態を作り維持できるのだろうか。

これを説明するには、システム（系）という考え方を導入する必要がある。システムとは簡単に言えば、ある境界の中に存在する多くの要素が相互作用して、全体としてまとまった性質を示す集合体を指す。特に、各要素の状態が時間的に変動する場合には、動的システムと呼ばれる。システムは、どのような境界を設けるかによって、様々なスケールのものを対象にすることができる。例えば、一つの細胞をシステムと見なすこともできる。また、一人の人間をシステムと見なせるし、社会システムのような定義も可能である。そこで、秩序がなぜ形成されるかという問題に戻ろう。コップに入ったコーヒーとミルクの例のように、あるシステムが外界から閉じた孤立した状況にある場合、エントロピーは増大する。それに対して、システムが境界において外部に開放され、熱エネルギーや物質の流れがあることは、秩序が形成されるための必要条件であることが明らかにされている。これは専門的な用語では、非平衡開放システムにおける自己組織と呼ばれている(2)（プリゴジン、一九八四、ハーケン、一九八五）。そこで、生物の個体を一つのシステムと考えると、生物は食べ物やエネルギーを摂取しつつ、生命を維持しているわけであるから、その境界で物質やエネルギーの流れがあるという条件を満たしている。したがって、生物が生きて秩序を形成することは、物理法則と矛盾しないと言える。

（2）生命システムの動的複雑性

外部に対して開かれていることが、生命システムが「生きている」ことを支える条件であると述べた。さらに、秩序の高い状態が作られる機構を理解するためには、生命システムを構成する要素がどのような性質を持つか、そして、要素どうしがどのような相互作用を行うかが重要となる。ここでは、東南アジアに生息しているホタルの集団に見られる発光の引き込み現象を紹介しよう（ストロガッツ、二〇一四）。それぞれのホタルは個体に固有の振動数で明滅を繰り返す。ところが、二匹の周波数の異なるホタルが同じ空間にいると、お互いの周波数を変化させて、同じタイミングで発光するように変化する。そして、多数のホタルがいると、あたかも、クリスマスツリーの電灯が一斉に明滅を繰り返すように、集団が全体として同期して発光するようになる。これはリズムの引き込み現象と呼ばれている。ホタルの集団を一つのシステムとして捉えたとき、その構成要素であるホタルの個体は、自発的に周期的な光を生成すると同時に、他個体の光を感知することで、自己の発光のタイミングを変化させる機構を備えている。こうした機構があると、ホタルどうしが強く相互作用することで、ホタルの集団レベルで、時間的な秩序の極めて高い振る舞いが自己組織的に生成されるのである。個々の要素の足し算で全体のシステムの振る舞いが決まらないという意味で、非線形の動的システムとして捉えられる。

このように、システムを構成する要素が自発的にリズムを生成し、システム全体との間に循環的な情報のやり取りを通じて、秩序のある振る舞いが生成される現象は、生命システムで極めて普遍的に見られる。例えば、神経系に見られる数十ミリ秒単位の周期的な活動、心臓の拍動や歩行運動のような秒単位のリズム、さらには、睡眠覚醒の概日リズム（体内時計）のように多様な時間スケールで生じる現象である。また、分子細胞レベルから、組織や個体、さらには、個体の集団レベルに至るまで、あらゆる空間スケールでも生じる。ここで重要なのは、異なる現象であっても、非線形動的システムとしては、共通の数学的な枠組みでその振る舞いを理解することが可能であることだ。その意味では、特定の物の種類に依存しない、動的状態の形成の普遍的な原理を示しているものと言える（蔵本、二〇一四）。

リズムの生成と同期現象は、膨大な構成要素からなる生命システムが、完全な無秩序に陥らず、外界の変動があっても、一定の機能を維持する恒常性（ホメオスタシス）の機構を表している。しかし、これらは、生命が不確定な環境に適応するために、さらなる柔軟性や複雑さを作り出すための基本的な仕組みの一つに過ぎない（多賀、二〇〇二）[3]。例えば、神経系を構成する無数の神経細胞の活動が神経細胞間のネットワークを介して、どのような時間空間パターンを生成し、それがどのように機能発現につながっているのか。細胞の内部で生じている代謝反応の複雑なネットワークがどのように細胞の生存を維持しているのか。細胞核の内部にあるＤＮＡの遺伝子のネットワークがどのように調節され発現されているのか。こうした様々な問いに対して、普遍的な原理が十分に明らかになっているとは言い難い。現在もカオス等を生成する動的システムを基盤とする理論的研究から、多細胞システムの維持、発生、進化の機構の原理が追究されている（金子、二〇〇九）[4]。

近年、生きている状態での個体の運動、神経系の活動、細胞内部の分子の振る舞い等、多様な時間・空間スケールでのライブイメージングの技術が急速に発展している。そして、ヒトを含む様々な生物種において生きている状態を可視化することが可能になってきた。そこから、いかにして複雑なダイナミクスの実相を取り出すことができるのか。そして、どのような原理で、システムの構成要素の振る舞いがシステム全体での機能を作り出しているのか。このようなアプローチで、生きている状態の原理の理解にどこまで迫れるのか、多くの挑戦すべき研究課題が残されている。そして、生命を動的システムとしてより深く理解することは、「動的生命観」の形成に寄与すると期待される。このことは、物質としての存在と生物としての生存との間の連続性と不連続性とを理解するための橋渡しにつながると考えられる。これはヒトの発達の根源的な理解には不可欠であろう。

（3）形態形成の神秘

生きている状態の実態に、現代の科学があらゆる角度から迫りつつあることを述べてきた。そこで、さらなる問いとして、生きている状態を生成する生命システム自体はどのようにして形成されるのか、について考えてみたい。ダーウィンによる進化論とDNAによる遺伝情報の仕組みを知っている現代の私たちは、自分の身体の形態が、進化と遺伝の機構に起因していることを暗黙の了解としていると思われる。それは次のような機構である。ヒトという種としての形態は、生物の形態進化によって獲得された。そして、自分が少なくとも親と似た形態を持つのは、親から遺伝子を受け継いだことによる。さらに、発生過程において、身体の形態は、DNAにコード化された遺伝子の青写真にしたがって形成される。これらにしたがえば、発生・発達の現象は、生物進化の過程で膨大な時間をかけて試行錯誤を繰り返してきた結果を反映したものであり、決まったスケジュールに沿って進行するものであるということになる。生物の進化に関しては、長い論争の歴史があったが、試行錯誤と自然選択という機構だけですべてが説明できるかどうかが焦点とされてきた（今西、一九七六、木村、一九八八）[5]。また、発生には生体の自己組織性の仕組みこそが重要な役割を果たしているという説も提案されている（カウフマン、二〇〇八）[6]。

発生生物学の分野では、分子レベル、細胞レベル、組織レベル、個体レベルで、発生が進行する機構についての解明が進んでいる（ウォルパート、二〇一三）。例えば、発生過程で分化した細胞を、もとの未分化な状態に戻す操作が可能であることが、発見されたこと（iPS細胞等）は記憶に新しい出来事であろう（黒木、二〇一五）。また、発生の仕組みに関しては、理論的な研究が大きな役割を果たしてきた（Morelli et al., 2012）。特に、体軸に沿ってどちらが頭でどちらが尾であるかという位置の情報をどのように生成するのかが、形態形成の中心的問題とされた。そこで、モルフォゲンと呼ばれる分子の濃度勾配によって位置を決めるという説が提案され、実際に特定の分子の濃度勾配によって遺伝子の発現が制御されていることが明らかにされている。また、皮膚の縞模様や、四肢の指の繰り返し構造が、チューリングパターンと呼ばれる空間パターンの形成によって説明できることも示されている（Raspopovic et al., 2014）。これらはすでに述べた動的システムのモデルの一種であり、非線形非平衡開放システムの研究が体系化される前に、チューリングによって先駆的に提案されたものである。また、細胞の機械的な力が自己組織的に形を作り出すことに寄与していることも研究されている（本多、二〇一〇）。

受精卵から細胞分裂を繰り返す過程で、複雑な形が作られていく発生現象は、理由なしに驚異的で神秘的でさえある（三木、一九八三）。ヒトの場合、受精から出生までは平均三八週間であるが、主要な器官原基の多くは、受精後三―八週に形成される。八週までの個体を胚子、それ以降出生までの個体を胎児と呼んで区別する。形態的分化の特徴によって胚子の発生段階は、二三の段階に分類される（塩田編、二〇一二）[7]。特に興味深いのは、咽頭胚と呼ばれる段階が、爬虫類から鳥類、哺乳類に至るまで他の動物の胚と比較すると、極めて類似性が高いことである。一九世紀に、ヘッケルは「個体発生は系統発生を繰り返す」という説を唱えた（グールド、一九八七）[8]。それぞれの動物が、固有の遺伝情報にしたがって発生するため、そのままの形ではこの説に妥当性はないが、個体発生と進化の関係性についての深い問題を提起している。現在では、器官形成期の形態は、頭部や分節化された体幹部等の異なる動物間に共通した基本構造、すなわちボディープランを反映していると考えられている（倉谷、二〇一五）。一方、咽頭胚の後の時期になると、それぞれの動物に特有な形態形成が進行する。例えば、ヒトの神経系の発生機構では、胚子期において、終脳・間脳・中脳・後脳・髄脳・脊髄といった他の動物にも共通の基本的な形態が形成される。さらに、胎児期には、ヒトに特有の神経系の構造が発達する。例えば、大脳皮質は深い折り畳み構造を作りながら巨大化していき、出生までにはおおむね成人のものと類似したプロポーションを持つようになる（Hill et al., 2010）。こうしたヒトの形態形成の詳しい機構については、動物と異なり研究手法に限界があるため、多くの謎が残されている。そして、発生には進化の機構のみには帰着できない重要な仕組みがあることを強く想像させる。

こうした背景のもと、発生・発達が、進化の結果を反映しているというよりは、発生・発達の持つ創発的な機構が、むしろ進化の駆動力となっているという考え方がでてきている。これは、進化発生生物学（エボデボ：Evolution & Development）と呼ばれている（ギルバート／イーペル、二〇一二）。従来、遺伝子配列の突然変異が進化の主な要因とされてきた。しかし、エボデボによれば、発生システムが内在する秩序形成の機構に、進化の鍵があると考えられている。また、遺伝の仕組みに関しては、遺伝子配列の変更を伴わず、環境との相互作用に依存して生じた、ＤＮＡのメチル化のような現象が、発生過程における機能発現に影響を及ぼし、それが世代を通じて遺伝することも報告されている。例えば、妊娠初期における極端な栄養状態の不良が、胎児の代謝系の発達に影響を及ぼし、それらが成人期の生活習慣病の発症を引き起こすとされている。こうした現象は、エピジェネティクスと呼ばれ、生体と環境との相互作用が、発生や遺伝に影響を及ぼす機構として注目されている。

(4) 新しい生命観

動的システム論は、ニュートンによる物理システムの力学を起源としており、世界を機械論的に理解できるという科学観の基盤となっている。その延長としての生命機械論に対しては、依然として抵抗があるかもしれない。しかし、私たちの身体は、それを取り巻く山川草木と同様に、有限の種類の分子から構成されており、非平衡開放システムとして特徴づけられるように、自然界の物質の循環の中で私たちは生まれ死ぬ。このことは、人間は自然の中の一部として生かされ死ねば土に還る、という伝統的な考え方になじんでいる日本人にとっては、それほど抵抗のないことかもしれない。非平衡開放システムにおける自己組織現象として生物を捉えることは、むしろ日本人の伝統的な生命観に近いものだと考えられるのだ。現代の科学は、宇宙の誕生から生命の営みに至るまで、素朴な機械論を超えて、生き生きとした変化を理解するための枠組みを提供しているのである。

2　ヒトの発達の原理

(1) 脳の発生における自発性

生命システムの普遍的な性質について論じてきたが、ここからは、ヒトに固有の問題に焦点を当てていきたい。ヒトの脳が胚子および胎児期にどのように形成されるかは、心や言語の発達の機構を知る上で欠かせない。脳は極めて複雑なネットワークを含むシステムであり、神経活動が担っているとされる様々な行動や機能の発現の機構は、生涯を通じて変化し続けるネットワークの変化に依存していると考えられる。哲学者ジョン・ロックは、ヒトは白紙のような状態（タブララサ）で生まれ、出生後の環境の経験を通じて、ヒトとしての機能を獲得していくと述べた。こうした経験主義は出生前の大脳皮質が、あたかも白紙のような状態で、経験が神経回路網に刻印されていくという考え方につながっている。しかし、大脳皮質の胎児期の発達機構について考えると、生後、まっさらな状態から出発するという説明には、それほど根拠がないと言える。

新生児の脳の重量は、成人の脳の三分の一程度であるが、神経細胞が配置されている灰白質、神経細胞どうしをつなぐ線維の束である白質等、脳のマクロな構造については、ほぼ成人のパターンに近いものができあがっている（Huang et al., 2009）。成人の脳は、視覚や触覚、運動や言語などといった機能ごとに活動する領域が異なる。それらは機能領域と呼ばれ、機能領域どうしは神経細胞の軸索が多数束になった白質線維のネットワークの影響を受けながら活動する。したがって、脳の機能をおおまかに規定するネットワークの構造は胎児期にすでに形成されている。このことは、脳というシステムが、発生過程で自発的に基本的な構造と機能とを形成する能力を持っていることを示唆している。

特に興味深いのは、脳の発生の初期の段階では、大脳皮質ニューロンの前駆体であるサブプレートニューロンは、視床からの感覚入力が大脳皮質に到達する前から、自発的な活動を生成していることである（Hoerder-Suabedissen & Molnár, 2015）。さらに、サブプレートニューロンどうしは、ギャップジャンクションと呼ばれるシナプスとは異なる電気的な結合を介したネットワークを形成し、システム全体として特定の時空間パターンの活動を生じていると考えられる。この自発的活動を介して、白質線維のネットワークの基本的構造が自己組織的に生成される可能性がある。その後、視床皮質経路が形成されることで、外部からの感覚入力に応じて処理を行う神経回路網が発達するとすれば、外部からの入力を受け入れて処理する準備をした上で新生児は生まれてくる、という説明の方が確からしいのではないか。行動研究が示す新生児の高い能力に関する研究は、このことを支持している。

（２）胎児は動き眠る

脳の構造がある程度胎児期にできあがっているとすれば、ヒトらしい行動は、すでに胎児期から見られるのではないか。実際、超音波を用いた観察によれば、胚子から胎児へと発達が進む受精後八週頃、最初の身体運動が認められる（Einspieler et al., 2012）。こうした運動は外部環境からの刺激によって誘発される反射ではなく、その時点で形成されている神経系の自発的な活動によって引き起こされていると考えられる。体性感覚などの入力が形成される前から運動が生成されることから、胎動は自発運動から始まる。さらに、出生するまでの間、胎児は様々なバリエーションの運動を生成する。首を左右に振ったり、指しゃぶりをしたり、足を交互に動かして歩いたり、生後約一年間にわたって徐々に獲得される運動を先取りしているかのようだ。脳の発達が進むと、感覚入力への応答も見られるようになる。神経系の基本的な構造形成が進む過程で、胎児は様々な行動様式を自発的に生成し、環境へ適応するためのシミュレーションを行っているのかもしれない。

胎児の行動は、睡眠とも関連づけられる。生まれたばかりの新生児は、一日のうちの一六時間以上、睡眠に費やしている（ホブソン、二〇〇三）。ただし、睡眠は二つの状態に分類される。「動睡眠」では、眼を閉じて眠ってはいるものの、四肢や眼球など身体のあちこちが活動している。「静睡眠」では、身体運動がほとんどなく、深くぐっすりと眠った状態にある。新生児では、動睡眠の状態が長く、もじもじしながら眠っている時間がほとんどである。胎児の場合も、一日のほとんどの時間が、動睡眠の状態にある。つまり、胎児は動きながら眠っており、胎児期の三二週頃から新生児期にかけて、次第に静かに動かずに眠る睡眠の割合が増えていく。運動も睡眠も、脳が自発的に活動することによって初めて可能になる行動である。したがって、胎児においては、運動と睡眠が未分化な状態にあり、新生児や乳児の発達過程で、行動や意識を作り出す脳の状態が分化してくると考えられる。

（３）乳児の脳活動

乳児の能力に対する見方が大きく変化したのは、刺激に対する注意や慣れ（馴化）に関して、注視行動等を定量化して調べる手法が爆発的に広まった一九七〇年代である。それまでは、生まれて間もない新生児は、知覚や運動の基本的な機能を獲得しておらず、外界の様子がわかっていない未熟な存在だと考えられていた。しかし、様々な刺激に対する応答を定量的に調べてみると、乳児が高い弁別能力を持っていることが明らかになった（カミロフ－スミス、一九九七）。特に、言語音の差異に対して、生後間もない段階から弁別が可能であることが示された（メレール／デュプー、一九九七）。これらの研究は、乳児は従来考えられていたよりもずっと賢い存在であるという見方を提供することになった。こうした研究がもたらす解釈が乳児の能力を過大評価しているという批判もあるが、極めて早い段階から様々な能力を乳児が持っていることは、多くの研究によって確認されている。

二〇〇〇年頃から、乳児研究に脳科学の手法が導入され、乳児研究は新たな段階を迎えた（ジョンソン／デ・ハーン、二〇一四）。実際に物を見たり音声を聞いたりしている乳児の大脳皮質の活動を、多チャンネルの近赤外分光法という手法で安全に計測することができるようになった（多賀、二〇一五）。そして、大脳皮質は機能領域に分化した活動をいつから生成しているのか、大脳皮質の機能的ネットワークはいつからどのように発達するのかといったことが調べられた。そして、特に生後二カ月から三カ月にかけて、機能的な活動とネットワークが劇的に発達する証拠が蓄積されてきた。したがって、新生児で脳のマクロな構造はおおむね確立しているものの、生後の環境との密な相互作用のもとで生じる急激なシナプスの形成に依存して、機能的ネットワークが形成されるという機構が考えられる。行動研究からも脳科学研究からも、生後二カ月頃が、多くの機能が確立する極めて特徴的な時期であると言える。

（4）意識の発生

自分はなぜここに存在するのか。自分という意識や心は何に由来するのか。誰もがこうした疑問を抱いたことがあるに違いない。近代科学の哲学的基盤を作ったデカルトは、心と物を限りなく分離することによって意識を定義した。しかし、ヒトを対象とした科学研究は、ヒトの活動が意識を必要としない機構によって説明できる領域を増やしてきた（下條、一九九六）。フロイトは、物質の法則に従う広大な無意識の世界が意識の世界を支配しているという主張をし、合理的な自我を前提としていた人間観に風穴を開けた。特定の薬物が私たちの心的状態を容易に変えてしまうことを考えれば、物質の世界が心に影響することは誰も否定しないであろう。外界の知覚等の心的活動の多くは、意識を伴わない活動から成り立っていることも明らかにされてきた。さらに、人間が行うような思考や行動の一部が、高速度のコンピューターを用いた人工知能により、人間よりも高いパフォーマンスで実現される例も示されるようになってきた。哲学では、意識だけを持たない人間を仮定し、「ゾンビ」と呼んで議論の対象としてきた。乳児はゾンビのような存在なのだろうか。それとも、発達が進んで、様々な機能を獲得することによって、むしろゾンビのような特徴を帯びた存在になるのだろうか。

ヒトの心と意識を理解するためには、意識のない状態である睡眠やその脳内機構に手がかりがあるかもしれない。ジュリオ・トノーニらは、睡眠状態や、麻酔によって意識を失った状態の脳を覚醒時の脳と比べることを通じて、意識の問題に迫ろうとしている（マッスィミーニ／トノーニ、二〇一五）。そして、脳はどの領域においても神経細胞から構成されているという点では同じであるが、意識の生成に関わる領域とそうでない領域とがあることが示された。そして、その違いは、脳のネットワークにおいて外部入力に対する情報処理能力の高さと、異なる情報を統合する仕組みを同時に備えた場所と相関しており、そのことが意識の生成と関連しているとトノーニらは主張している。

意識の発達という問題は、まだ十分に解明が進んでいない領域である。そもそも、意識は胎児に生じるのだろうか。それとも、生後時間をかけて徐々に形成されるのだろうか。乳児と成人とでは、全く異なる意識の状態にあるのだろうか。例えば、早産で生まれてきた児は、脳が発達の途中の段階にあるが、病院で注射針を刺されたとき、痛いという意識を主観的に持つのだろうか。

睡眠の発達の研究も、意識の発達の理解につながると考えられる。私たちは、単に活動を休止した状態を睡眠として捉えがちであるが、発達の観点から見れば、睡眠状態がまず基本にあり、その状態の一部から覚醒状態が分化してくる。したがって、覚醒状態よりはむしろ睡眠状態に、意識の生成を理解するための鍵があるかもしれない。意識という現象は、自分が自分の状態を参照する自己言及的な性質を持っている。静睡眠時には、外界からの刺激を脳に伝える視床が、入力の少ない状況で自発活動を引き起こし、脳の自発活動の生成に寄与するといった自己言及的な状態にあると考えられる。

したがって、オフラインで自己の内部で脳活動を生成する静睡眠の発達が、意識の発達と関連しているという可能性も考えられる。

（5）寝る子は育つ

学校のテストで測られるような能力、職業人として社会に貢献するために身につけるべきスキル、現代のグローバルな世界での競争や協調に必要な社会性やリーダーシップ、こうした知的能力をどのように獲得するかという観点から、早期の保育や教育の役割は議論されることが多い。心理学や脳科学は、こうした問題に対して、明確なエビデンスを提供するものとして期待されている。例えば、論理的な思考、社会的な相互作用、言語の獲得や学習等に関わる能力が、乳児期の早い時期から認められることを示す研究も多数行われている。それらの事実は、生まれてからたくさんの刺激を与えられ、スパルタ教育を施された結果もたらされたものではなく、そういった能力を発揮するための基本的な機構が早くから備わっていることを示している。そして、極端に刺激の乏しい環境で育てられた場合には、能力を発揮することができずに、長期的には負の影響につながると考えられる。むしろ、重要なことは、食べる、眠る、動く、のような生活の中で自然に身につく身体的な活動が十分に育まれることが、認知発達の基盤になっているということだ。

「寝る子は育つ」という言葉は、そうした考え方を端的に表している。このことは、乳児にとって昼に起きて活動し、夜に眠るという生活リズムの確立が大切であることを意味している。そもそも、太陽から降り注ぐエネルギーは、地球上での水や物質の循環を促し、そこに生存する生物が生命を維持するために、太陽光の変動に合わせて活動を変化させることは、理にかなっている。脳の視交叉上核とよばれる神経核は、二四時間周期で活動を変動させており、この活動が太陽からの光刺激のリズムに引き込まれることで、睡眠覚醒リズムが形成される（太田、二〇一四）。さらに、驚くべきことに、身体の様々な臓器の細胞の代謝活動も、二四時間周期で変動しており、それは、「時計遺伝子」の発現が二四時間周期で変動していることに起因している。これらのことは、生命システムを非線形非平衡開放システムとして捉えることの妥当性をはっきりと示している。近年、睡眠が学習機能に重要な役割を果たしていることを示す事実も多数報告されている。睡眠が、エネルギーの流れを取り入れて生命を維持するだけでなく、情報を作ることの基盤になっていることを示唆している。

日本では、太陽をお天道様として信仰の対象とし、生活の規範として大切にしてきた。また、仏教における大日如来信仰や、エジプトや他の多くの文明でも、太陽を信仰する伝統があった。一方、西洋近代文明に影響を与えたギリシャやユダヤの文明では、それほど太陽を重視してこなかった（梅原、二〇一三）。太陽の運行にあわせた生活習慣の確立が、発達にとって極めて重要であるという現代科学の知見をふまえながら、伝統的な宗教や哲学を分析しつつ、新たな生命観を創造することが必要である。

3　社会システムとしての保育

（1）実践を含むシステム論の構築は可能か

個体の生命システムとしての成り立ちや発達の理解について述べてきたが、観察対象のスケールを変えて、家庭における母子や保育園での児と保育者のように、人間どうしの相互作用をシステムとして捉えることもできよう。さらに、育児や保育を社会システムの一部として分析することも必要であろう。

現代の経済学は、消費者・生産者・市場の間の関係についての数理モデルに基づいた分析を可能にしている。そこで、素粒子を扱う物理学、分子を扱う化学、細胞や個体を扱う生物学、ヒトを対象とする科学や医学、そしてその延長上に、ヒトの集団としての社会を扱う学問として経済学を位置づけることができる。特に、個人の行動の詳細に立ち入らずに、あたかも経済活動全体が「見えざる手」によって導かれているという考え方は、ダーウィンが、進化の過程をランダムな変異と自然淘汰によって理論化したのと同様な構造を持っている。さらには、自己組織現象と秩序の創発のような枠組みによる経済活動の説明もされている（クルーグマン、二〇〇九）。そして、自然科学的な研究と同様に、経済学は将来の予測を定量的に提示している。幼児への投資が、経済へのポジティブな効果をもたらすという予測を根拠として、保育や教育への投資が重要だという主張もなされている（ヘックマン、二〇一五）。

自然科学は、観察者と対象とを厳密に区別することで、モデルの厳密性や予測可能性を保障してきた。しかし、社会における人間の行為を含む世界を扱うためには、これまでの自然科学の延長では対処できない問題を含んでいる。特に注意すべきことは、私たちの行為を含む現実の世界の振る舞いを理論的に解明しようとするとき、理論モデルに影響されて現実の世界も変わってしまうことである。タイムマシンに乗って未来の自分の姿を見た後で、もとの世界に戻って未来の自分の運命をより良いものに変えようとすることは、原理的に困難である。また、近年の経済学は、善悪の問題等の倫理を扱えていないという批判もある（セドラチェク、二〇一五）。自然科学で明らかにされてきた普遍性と、歴史・宗教・哲学等の多様性との間にどのような折り合いをつけるのかが重要である。

似たような状況は、工学の世界にもある。近代科学の発展に基づき、工学は人間にとってより便利なものを次々に発明し、世の中にもたらしてきた。ところがその結果、人間への影響もわからないまま、多数の人工物に囲まれるという事態が急速に進行している。私たちは、急激な変化のまっただ中にいる乳幼児やこれから生まれる世代の健やかな発達に責任を持たなければならない。そのためには、人間というシステムについての深い洞察を持ちつつ、世界をどのように変えていきたいかという明確なビジョンを技術の生産者と共有する必要がある。

（2）変化する世界の中での保育

今後、ヒトの発達研究が実践的な知をもたらすとすれば、それは刻々と変化し続ける環境の中で、児らが将来どのように変わりうるのかという未来への展望である。特に、人工的環境や社会環境が急激に変化する中で、ヒトはどのように変わるのか、あるいは変わらないのか。ヒトの発達においては、統制群のようなものを設定することが難しい。そこで、長期縦断研究を行えば、環境の違いがもたらす影響を数十年後に知ることが可能かもしれない。特に、ライフログのような生理指標と新しい方法論を用いた環境の計測は有効であるはずだ。しかし、ヒトの発達のスピードより社会の変化のスピードが早いような状況で、脳がどのように変わるのかをどのように追究したらよいだろうか。

ウルフは、哲学者ソクラテスが若者に書物を安易に与えることに懸念を示したという逸話から、脳の仕組みと教育のあり方に興味深い考えを述べている（ウルフ、二〇〇八）。口承による声の文化から文字を読む文化へと、文明が大きく転換したソクラテスの時代と同様な急激な変化が、大量の文字情報を処理するインターネット社会へ変わりつつある現代にも起きている。そして、人類の歴史において脳の仕組みはそれほど大きく変わっていないにもかかわらず、大量の情報を脳が受け入れることに適応するあまり、時間をかけて熟成させる思考能力や批判精神に狂いが生じるのではないかというのである。急激に進むデジタル環境で育つ脳が、五年程度で文字を処理する能力を発達させるときに、大切なものが失われないかどうか、注意深く研究する必要がある。脳科学の研究は、ヒトの発達の仕組みを深く理解するために不可欠なものであると同時に、ネガティブな意味での早期教育の片棒をかつぐ危険性を抱えている（小西、二〇〇三）(9)。あらかじめ予測できないような急激な変化に対して、人間はどのように対処できるのかについて、私たち自身の知恵が問われている。

おわりに

発達は、生物としての発生現象だけでなく、子育てや保育の環境、社会制度や文化、さらには歴史に至るまで、およそ人間を理解するために必要なあらゆる事象と関係する。その意味では、あらゆる学問は、発達や保育の問題と、どこかでつながっているはずである。あらゆる学問の総力戦によって、発達の理解が深まったとしよう。果たして、それで十分であろうか。ヒトの発達が育児と不可分であり、養育者の意図や行為がそれぞれの子どもの発達の軌跡に関わっているとすれば、発達という現象が、人間の主観的な価値や自由意志の問題を含むことになる。従来の科学では、観察対象と観察者とを注意深く分離して、主観性や価値を排除したものを普遍的な原理としてきた。したがって、実践のための知は、科学的な原理から演繹的に得られるものではない。新しい意味や価値を主体的に作り出すことが必要である。

あなたは子どもたちのためにどうしたいのですか、あなたは未来の社会の維持に関してどのように貢献できるのですか、という問いにリアルタイムの判断を迫るのが、育児という実践的な行為である。私たちはヒトという存在に対する洞察を深めると同時に、こうした実践的な問いに向き合い行動しなければならない。そのためには、多様な時間スケールで物事を理解し、選択の多義性や多様性を大切にすることが重要である。科学は、「生きていること」に関して、より深い理解をもたらし、新しい「生命観」を作り続けている。しかし、「生きていくこと」(清水、二〇一三)[10]については、従来の自然科学の枠組みを越えたものを作らなければ、決して乗り越えられないのである。

注

(1) この問いを発し、生物物理学から生命論に至る構想を先駆的に示している。
(2) ヨーロッパの二つの学派が、自己組織現象を理論的に体系化し、多様な分野の研究に影響を与えた。
(3) ヒトの歩行制御に初めて自己組織の概念を導入し、発達論へと展開している。
(4) 複雑系生命理論の先駆的な研究が述べられている。
(5) 日本の科学者による進化論への挑戦で大きな影響力をもたらした。
(6) 複雑系研究の先駆者による幅広い考察が展開されている。
(7) 貴重なヒトの胚の標本に関する包括的な紹介をしている。
(8) 個体発生と系統発生の問題をめぐる歴史的な論争が詳しい。
(9) 日本赤ちゃん学会の活動をはじめ、乳児を中心に据えて保育を見直すことの重要性についての先駆的な取り組みが書かれている。
(10) 「生きていること」と「生きていくこと」の違いを明確に示し、生きていくことを可能にする「場」の重要性が書かれている。

引用・参照文献

Einspieler, C., Prayer, D., & Heinz, R. F. P. (2012). *Fetal behaviour: A neurodevelopmental approach*. Mac Keith.

ギルバート、Ｓ、Ｆ／イーペル、Ｄ、正木進三ほか（訳）（二〇一二）生態進化発生学――エコ‐エボ‐デボの夜明け、東海大学出版会

グールド、Ｓ、Ｊ、仁木帝都／渡辺政隆（訳）（一九八七）個体発生と系統発生――進化の観念史と発生学の最前線、工作舎

ヘルマン・ハーケン、Ｈ、高木隆司（訳）『自然の造形と社会の秩序』東海大学出版会、一九八五年

Hill, J. et al. (2010). Similar patterns of cortical expansion during human development and evolution. *Proceedings of the National Academy of Sciences, 107*, 13135–13140.

ヘックマン、Ｊ、Ｊ、古草秀子（訳）（二〇一五）幼児教育の経済学、東洋経済新報社

ホブソン、Ａ、冬樹純子（訳）（二〇〇三）夢の科学――そのとき脳は何をしているのか?、講談社ブルーバックス

Hoerder-Suabedissen, A., & Molnár, Z. (2015). Development, evolution and pathology of neocortical subplate neurons. *Nature Reviews Neuroscience*, 16(3), 133–146.

本多久夫（二〇一〇）形の生物学、ＮＨＫブックス

Huang, H. et al. (2009). Anatomical characterization of human fetal brain development with diffusion tensor magnetic resonance imaging. *The Journal of Neuroscience, 29*, 4263–4273.

今西錦司（一九七六）進化とはなにか、講談社学術文庫

マーク・Ｈ・ジョンソン、Ｍ、Ｈ／デ・ハーン、Ｍ、鹿取廣人／鳥居修晃（監訳）（二〇一四）発達認知神経科学　原著第3版、東京大学出版会

金子邦彦（二〇〇九）生命とは何か　第2版――複雑系生命科学へ、東京大学出版会
カミロフ－スミス、A、小島康次／小林好和（訳）（一九九七）人間発達の認知科学――精神のモジュール構造を超えて、ミネルヴァ書房
カウフマン、S、米沢富美子（監訳）（二〇〇八）自己組織化と進化の論理――宇宙を貫く複雑系の法則、ちくま学芸文庫
木村資生（一九八八）生物進化を考える、岩波新書
小西行郎（二〇〇三）赤ちゃんと脳科学、集英社新書
倉谷滋（二〇一五）形態学――形づくりにみる動物進化のシナリオ、丸善出版
蔵本由紀（二〇一四）非線形科学 同期する世界、集英社新書
黒木登志夫（二〇一五）iPS細胞――不可能を可能にした細胞、中公新書
クルーグマン、P、北村行伸／妹尾美起（訳）（二〇〇九）自己組織化の経済学――経済秩序はいかに創発するか、ちくま学芸文庫
マッスィミーニ、M／ジュリオ・トノーニ、J、花本知子（訳）（二〇一五）意識はいつ生まれるのか――脳の謎に挑む統合情報理論、亜紀書房
メレール、J／デュプー、E、加藤晴久／増茂和男（訳）（一九九七）赤ちゃんは知っている――認知科学のフロンティア、藤原書店、一九九七
三木成夫（一九三八）胎児の世界――人類の生命記憶、中公新書、一九八三年
Morelli, L. G. et al. (2014). Computational approaches to developmental patterning. *Science*, 336 (6078), 187–191.
太田英伸（二〇一四）おなかの赤ちゃんは光を感じるか――生物時計とメラノプシン、岩波書店
プリゴジン、I、小出昭一郎／安孫子誠也（訳）（一九八四）存在から発展へ――物理科学における時間と多様性、

みすず書房
Raspopovic, J., et al. (2014). Digit patterning is controlled by a Bmp-Sox9-Wnt Turing network modulated by morphogen gradients. *Science*, 345. 6196, 566-570.
シュレーディンガー、E、岡小天／鎮目恭夫（訳）『生命とは何か――物理的にみた生細胞』岩波新書、一九五一年
セドラチェク、T（二〇一五）『善と悪の経済学』、東洋経済新報社、二〇一五年
清水博（一九七八）生命を捉えなおす――生きている状態とは何か、中公新書
清水博（二〇一三）いのちの普遍学、春秋社、二〇一三年
下條信輔（一九九六）サブリミナル・マインド――潜在的人間観のゆくえ、中公新書
塩田浩平（編）（二〇一一）ヒト発生の３次元アトラス、日本医事新報社
ストロガッツ、S、蔵本由紀（監修）、長尾力（訳）（二〇一四）ＳＹＮＣ――なぜ自然はシンクロしたがるのか、ハヤカワ文庫
多賀厳太郎（二〇〇二）脳と身体の動的デザイン――運動・知覚の非線形力学と発達、金子書房
多賀厳太郎（二〇一五）乳児における脳の機能的活動とネットワークの発達、苧阪直行（編）成長し衰退する脳――神経発達学と神経加齢学、新曜社、四九―六七頁
梅原猛（二〇一三）人類哲学序説、岩波新書
ウォルパート、L、大内淑代／野地澄晴（訳）（二〇一三）発生生物学――生物はどのように形づくられるか、丸善出版
ウルフ、M、小松淳子（訳）（二〇〇八）プルーストとイカ――読書は脳をどのように変えるのか？　インターシフト

第6章　ヒトの初期発達と環境

渡辺はま

はじめに

日常生活の中で、私たちは、人間のことを「あちらの人は」、「この地域の人たちは……」といったように、「人」と表現することが多い。この「人間」、あるいは「人」を、生物学上の種として指す場合には、「ヒト」という表現を用いることが多い。この章では、生物学的な存在としての「ヒト」が生後の短い期間に示す発達的変化から、子どもの発達や保育について考える。ヒトの発達初期の行動の解明には、たいへん古くから多くの研究者が魅せられており、また脳の発達を調べる研究も、最近の技術的な進歩と相まって急速に進んでいる(1)。ここではそれらの研究を要約したり、網羅的に記載したりすることはせず、いくつかの身近な取り組みから、発達や保育について思いを巡らせる。

1　脳の機能発達

ヒトの生命は、脳を含む身体が担っている。ヒトの脳はどのような発達をするのだろうか。図1は、生後三カ月、七カ月、一四カ月の児の頭部サイズを比較したものである。脳はたくさんの神経細胞から構成されており、乳児期の脳は、サイズが大きくなるだけではなく、神経細胞のネットワークの網目が張り巡らされ、神経細胞間の情報伝達を担うシナプスが急速に増大する。私が乳児を対象とした研究を始めたのは十数年前であるが、そのとき、「私たちが目にする赤ちゃんの行動は、この脳が作り出しているのだから、脳の発達がわかれば、赤ちゃんの様々な行動について知ることができるに違いない」とワクワクした。

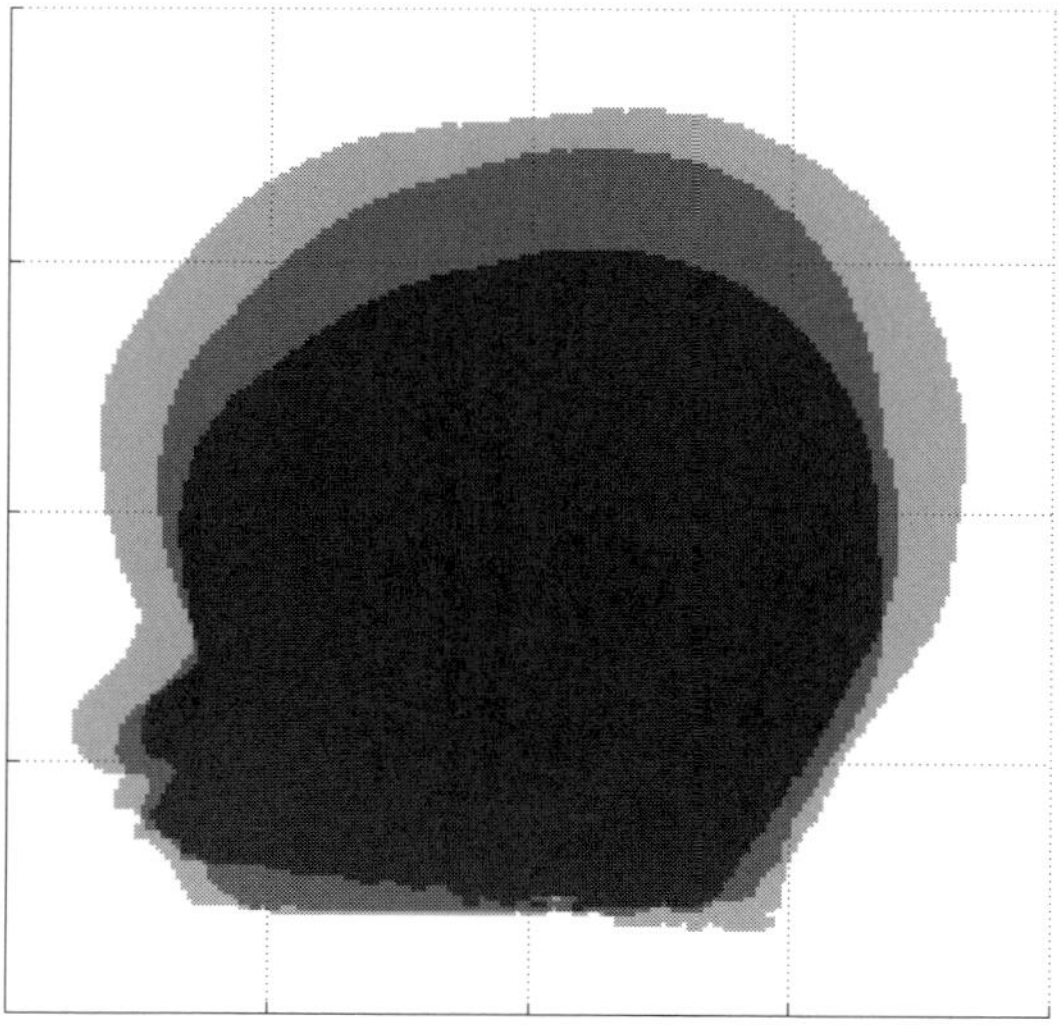

図１　生後３カ月，７カ月，14カ月の児の頭部サイズ②

そうはいっても、生きているヒトの脳の構

造を見ることは難しい（病院などで磁気共鳴画像法（magnetic resonance imaging：MRI）を使って計測することはできるが，病気でないのに気軽に使用することは，やはり難しい）。一方，脳がどのように働いているか，という機能の側面を調べる方法はいくつかある。健康な乳児にも（相対的に）容易に使えるのは，脳波（electroencephalogram：EEG）や近赤外分光法（near-infrared spectroscopy：NIRS）を用いた計測である（Taga et al., 2003; Saji et al., 2015）。ここでは，東京大学大学院教育学研究科の発達脳科学研究室でおこなってきた研究を中心に，ヒトの初期発達における脳の機能を見てみる。

（1）脳の機能を調べる方法

ヒトの身体には，血管が張り巡らされている。呼吸によって身体の中に取り込まれた酸素は，血液中に含まれるヘモグロビンに受け渡され，身体中の各器官に供給される。そして供給された酸素は脳の活動に使われたり，運動のエネルギーとして消費されたりする。したがって，脳の血管を流れている血液中のヘモグロビンの状態を調べることで，脳の働きがわかる。これに着目したのが，近赤外分光法を用いた脳計測システムである。脳が活動すると，ヘモグロビンによって運ばれてきた酸素が消費される。そうすると，酸素を持っていたヘモグロビン（酸素化ヘモグロビン：oxy-Hb）は，酸素を持っていない状態のヘモグロビン（脱酸素化ヘモグロビン：deoxy-Hb）に変わることになる。oxy-Hb と deoxy-Hb の相対的な濃度が時間の経過とともにどのように変化するかを調べることで，脳の働きを調べることができるのである。このような脳の血流動態を計測するセンサーを，脳のあらゆる場所に

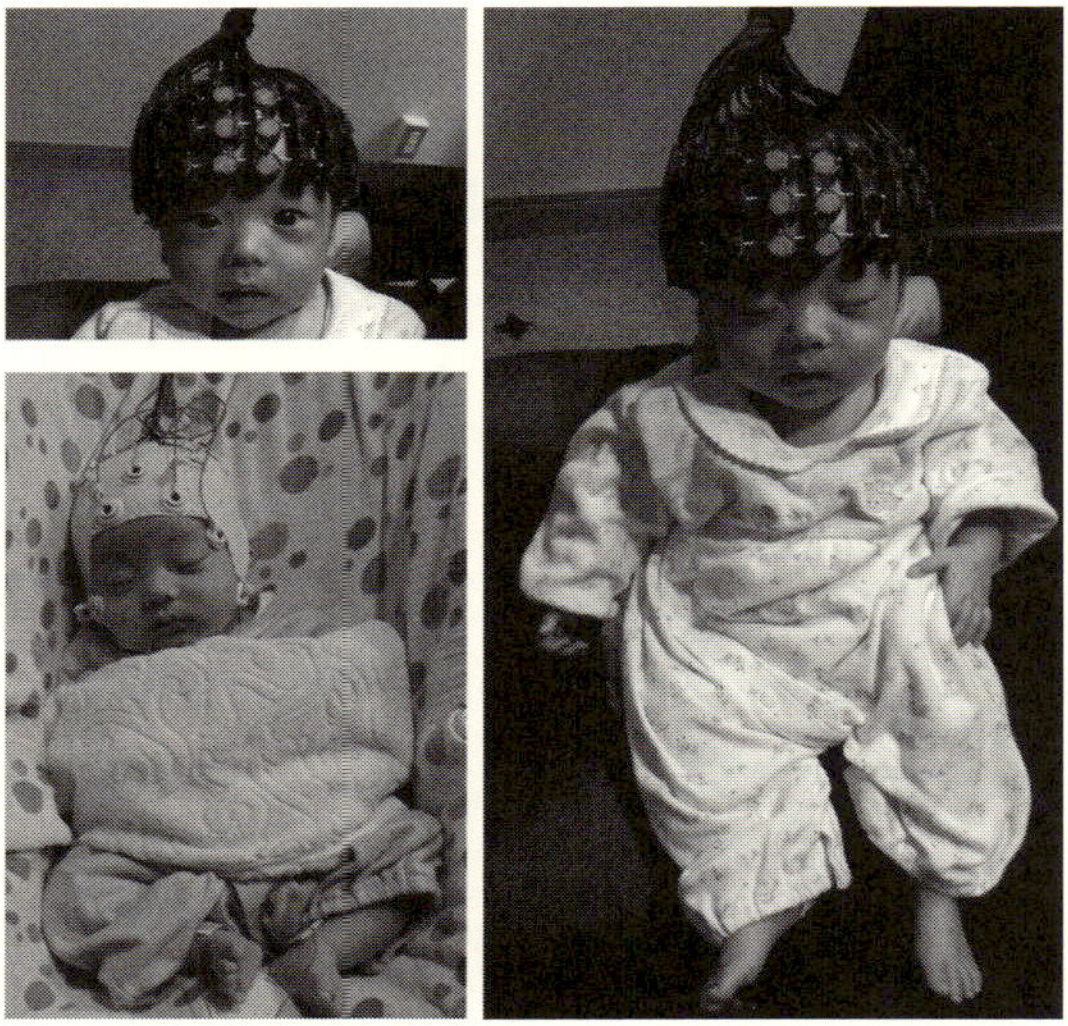

図２　NIRS 装置による計測（右，左上）および脳波装置による計測（左下）の様子

置いてみれば、脳のどの部分が特に活動していたか、などということもわかってくる。私たちは、この装置を中心に、脳波計測装置による睡眠状態のモニターなども取り入れながら、乳児の脳の機能を調べてきた（図２）。

（２）脳の自発活動

「脳の機能」と聞くと、難しい計算をしているとき、本を読んでいるとき、外国語を聞き取ろうとしているときなど、いわゆる認知的活動をしているときの脳の働きを思い浮かべるかもしれない。ところが、脳はそういったときだけではなく、静かな場所で目を閉じているときも、あるいは眠っているときも活動している（安静時の脳の活動は、レスティングステート・ネットワークと呼ばれ、成人でも多くの研究がある）（Sasai et al., 2012）。特に眠りの時間が格段に長い新生児期の脳の機能は、眠っているときの脳の自発活動の状態を調べることで明らかになることがある。生まれて間もない新生児の脳の活動を調べるために、東京大学の教育学研究科から医学部附属病院へと数百回にわたり足を運んだ。病室の明かりが暗くなり、深夜モードになった頃に訪問し、研究協力に対してあらかじめ保護者の同意が得られた児が眠っているところを見計らって、児の頭にセンサーを装着し、ＮＩＲＳで脳の血流動態を調べた。睡眠中の脳の近接している場所では、oxy-Hb と deoxy-Hb の濃度が同じタイミングで変化するが、遠く離れた場所（脳の前の方と後ろの方）では、変化のタイミングが同じではないこと、また、通常は oxy-Hb が増えると deody-Hb が減るというパターンが見られるが、生後の日数が浅い場合や、疾患やリスクがある児の場合には、それらのパターンが見えにくいこと、などがわかってきた（Imai et al., 2014; 渡辺ほか、二〇一五）。

新生児期を過ぎた乳児期初期の児の研究は、教育学研究科にある研究室でおこなっている。ここには、年間数百人の乳児が来訪する。脳は、右と左に分かれており、前後にも径があるので、脳全体の活動を調べるためには、たくさんのセンサーが必要である。私たちは、約一〇〇カ所の脳の場所を調べることができるＮＩＲＳ装置を使い、乳児が眠ったタイミングを見計らって脳の活動を計測している。新生児期には脳の近接している場所が同じタイミングで活動していたのに対して、三カ月齢になると、左右の脳の同じ場所が同じタイミングで活動し始めることがわかり、さらに六カ月齢になると、脳の前と後ろに位置するかなり離れた場所が、同じタイミングで活動することがわかってきた（Homae et al., 2010）。また、ひとくちに「睡眠中の」といっても、眠りには浅い眠りや深い眠りがあり、それぞれの状態で脳の活動が異なることもわかってきている（Taga & Watanabe, 2014）。これは、発達にともなって、あるいは、「状態」によって、脳の活動のリズムや秩序の変化が生じていることを示している。

(3) 脳の事象関連応答

眠っているとき、あるいは安静にしているときの脳の自発活動のリズムや秩序は、モノを見たり、聴いたり、考えたり、といったような認知的な活動のベースになるものと考えられる。淀みなく流れる脳のリズムや秩序に、環境からの情報が加えられたら、脳の機能的活動にどのような変化が生じるのだろうか。そこで、乳児が眠っているときに、スピーカーから音声（女性が話している声や、ピアノの音階のような音など）を呈してみた（保前／多賀、二〇〇八）。すると、静かな中で音が提示されるとすぐに、oxy-Hb濃度の増加とdeoxy-Hb濃度の減少が現れ始め、さらにしばらくすると、もとのベースの状態に戻るというパターンが見られた。しかも、このパターンが顕著に見られる脳の場所は、音声の種類によって異なり、それらは、成人の研究で「ある特徴を持った音声を処理する」ということがわかっている場所と類似していた（詳細は後述）。このように、脳の特定の場所での酸素消費や血流の増加が示されたことは、その部位における脳の機能的活動の高まりを示唆している。

また、眠っている乳児に、/ba/（もしくは/pa/）というごく短い音声を提示すると、最初は聴覚野や前頭葉を含む脳の広い範囲で強い応答が見られるが、音声を何度も繰り返して提示し続けると、聴覚野の応答は継続して見られたのに対して、前頭葉の応答は見られなくなった（Nakano et al., 2009）。

ところが、別の音声（/ba/を聴いていた乳児には/pa/、/pa/を聴いていた乳児には/ba/）を提示すると、前頭葉の強い応答が回復したのである。乳児には、繰り返される刺激（モノや音）に対する反応が徐々に小さくなり（馴化）、別の刺激が提示されると反応が回復する（脱馴化）という反応特性があり、これは慣れたものや脅威でないものに対する注意の配分を少なくし、目新しいものや新奇なものに反応しやすくするという機能的な意義がある。脳の計測の結果は、馴化しているときでも聴覚野では外からの情報の処理が安定的に続き、その情報が新しいものであったときに前頭葉が検出するというものであり、それは眠っている生後三カ月の乳児の脳において、音声情報の処理と学習や記憶に関わる処理の機能分化が生じていることを示している。また、眠っている乳児に数分間音声を提示し続けると、音声を止めた後も、脳は音声が提示されているときと類似したパターンで活動し続けていることなどがわかってきている（Homae et al. 2011）。これは、音声によって引き起こされた脳の活動が、記憶として処理・定着する仕組みを示している可能性がある。

では、起きているとき、乳児の脳はどのような活動をしているのだろうか。生後、二、三カ月齢になると、起きている時間も長くなり、モノを見つめたり、視線を移動させて追ったりすることが上手になってくる。そこで、その時期の乳児が目の前に出てくる動画を見ているときの脳の活動を調べてみた（Watanabe et al. 2010）。すると、二カ月齢の乳児では、映像が出てくると、映像の種類にかかわらず、脳の広い範囲が活動することが明らかになった。一方、三カ月齢の乳児では、脳の広い範囲ではなく、特定の場所の活動が見られた。すなわち、白と黒の格子模様が反転する単純な映像に対しては、後頭葉に位置する視覚野で強い活動が見られたのに対して、様々な形のカラフルなおもちゃが動く映像に対しては、視覚野だけではなく、後頭葉と側頭葉の間に位置する連合野と呼ばれる領域（成人の研究では、形や色などの特性を持つモノを見たときに活動すると言われている場所）が強く応答していた。また、おもちゃの動画から、おもちゃの動く音の情報（聴覚情報）を除いて、空間的なおもちゃの動きの情報（視覚情報）だけにすると、聴覚野の反応は抑制されることがわかった（Watanabe et al., 2013）。このように、発達の早い段階から、外界の情報に対する敏感な脳の応答が可能であり、かつその応答は、発達にともない脳の様々な領域で機能分化され、それらが必要に応じて統合されるという様式で実現されていることが明らかになってきた。

2　乳児期の身体運動

ここまでは、ヒトの発達初期の脳の自発活動をベースに展開される脳の振る舞いを見てきた。身体の自発運動は、脳の自発活動と同じように、ヒトの発達初期に見られる「自発的な活動」として、主に医療や発達支援の領域で注目されてきた。ヒトの胎児は胎齢八週頃から、いわゆる胎動を始め、子宮内で身体運動を展開している。その運動は、外界からの刺激とは無関係に生じるので、自発運動と呼ばれている。その運動特性は、発達過程により変化し、脳神経機能の成熟と強くリンクするものと考えられている（木原、二〇一五）。また、眼球運動や発声器官の運動も、「行動」として目に見える広義の身体運動と言えよう。ここでは、乳児期の身体運動を捉えることを目的に進めてきた研究を眺めながら、乳児の発達の行動的側面を見ていくことにする。

（1）身体運動を調べる方法

ヒトが何を感じ、何を考え、何のために行動しているかを知るために、最初に思いつく方法は、直接質問してみることであろう。成人を対象とした研究の場合、言語を用いた質問紙法や面接法は、豊富な情報を得るための最も効果的な方法のひとつとなる。ところが、言語を巧みに操る時期以前の子どもを対象とした場合、それらに頼ることなく、彼らの状態を説明するための手法を用いる必要がある。乳児が何を感じているのか、乳児は何かを考えているのか、乳児の行動には何か目的があるのだろうか、といった問題を明らかにするために、一体どのような方法や指標を使ったらよいのだろうか。このことについては、十数年前に乳児研究を始めた当初、毎日のように研究室で議論し、試行錯誤してきた。そして、その議論や試行錯誤は現在でも続いている。乳児から得られる生体信号はそれほど多くない。先に議論してきた脳活動の他に、非侵襲的な装置を使用することにより、心拍や呼吸等、自律神経活動を反映する指標を得ることができ、また唾液や毛髪の生化学的解析が可能になれば、ホルモンや酵素から得られる情報を指標にすることができるかもしれない。しかし、これらは、乳児の知覚・認知行動を説明できるレベルのデータ取得および解析の方法の開発から始める必要があること、また非侵襲的とはいえ、何らかの計測装置の装着、接触があり、乳児への負担があることなどから、

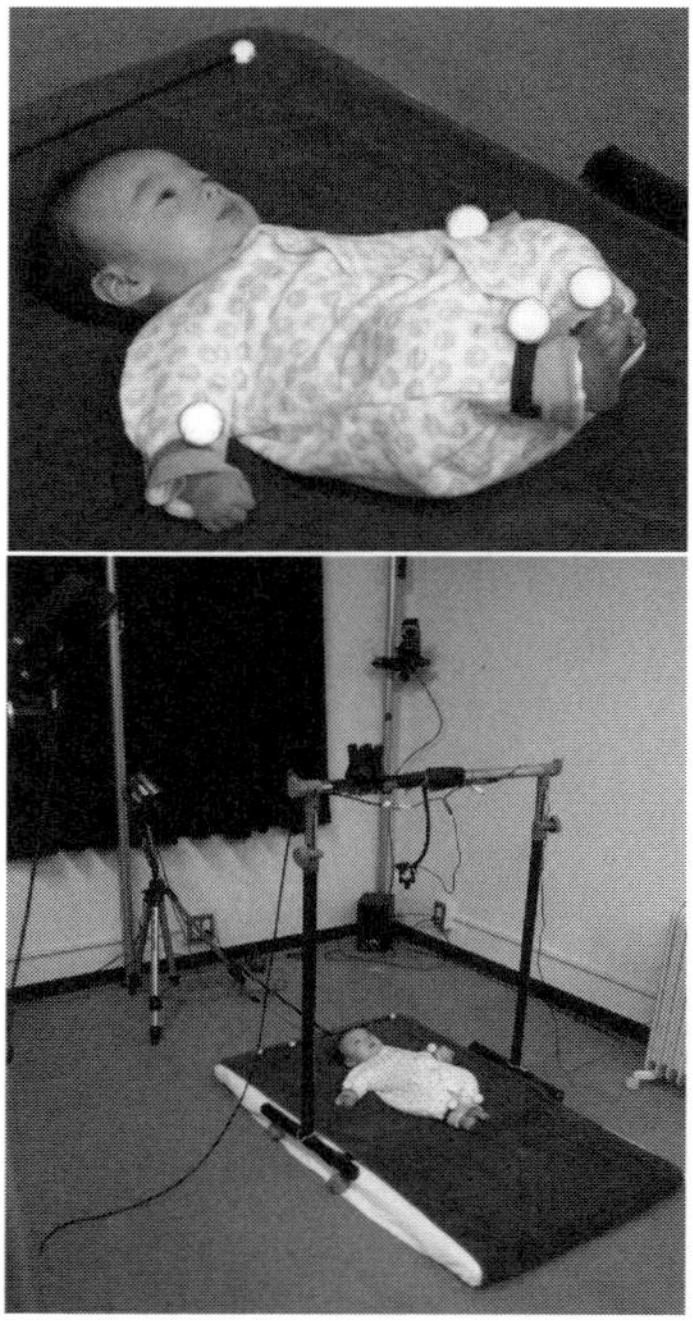

図３　三次元動作解析装置による運動計測の様子

そうそう気軽にはおこなえない。そうなると、四肢・体幹・頭部を含む身体運動、眼球運動、発声器官の運動（とそれにともなう発声・泣き）といった、広義の身体運動が、乳児から得られる残された有用な情報となる。そこで、私たちは、脳機能計測とともに、身体運動の定量的計測に取り組んできた（図３）。眼球運動と発声器官の運動については、後ほど触れることにし、ここでは特に、家庭用のビデオで撮影された動画から、両手首、足首の二次元の位置情報を取り出し、時系列に並べて変化を見る方法、三次元動作解析装置を用いる方法、姿勢センサー（三軸の加速度センサー、ジャイロセンサー、三軸地磁気センサーを内蔵）を用いる方法で明らかになったことを見ていく。

（２）自発運動

胎内環境から生後環境に出て来た新生児は、胎児期からおこなっていた自発運動を継続的に見せ、この運動は生後四カ月頃まで続く。私たちは、周産期医療をおこなっている病院で十数年にわたり早産児の自発運動をビデオで記録し続けたデータを解析する機会に恵まれた。目を覚ました状態で病院の新生児用ベッドの上に仰向けになっている胎齢四〇週あたりの新生児の四肢運動を解析したところ、三歳時点で典型的な発達を示した児に比べて、発達に遅れが見られる児では運動量が少ないこと(Kanemaru et al., 2013)や、脳性麻痺の児では運動量はあまり変わらないか、むしろ多いくらいであるが、ギクシャクとした運動が多いこと(Kanemaru et al., 2014)が明らかになった。このことは、新生児期の自発運動は、その後の発達を予測するための有意義な指標になりうる可能性を示している。

また、私たちの研究室で、三次元動作解析装置を用いて生後二カ月から四カ月の児の自発運動を縦断的に観察したところ、四肢の運動の関係性が発達にともない変化し、両脚の運動は月齢にともなって運動の方向性が揃う(両脚を同時に伸ばしたり、曲げたりする)ようになるが、両腕の運動は、同時に起きるものの、運動方向は左右で必ずしも同じではなくバリエーションに富むことがわかった(Kanemaru et al., 2012)。

また、新生児期と乳児期初期に見られる自発運動は、その特徴が異なり、上下肢を含む全身的な「もがくような」運動から、身体の各部分があらゆる方向に小さな円を描くような「こそこそした」運動になることが知られている。そこで、観察によって定性的に後者のような運動が見られたと判定された児の運動特性を定量的に解析してみると、後者のような運動がまだ見られない児に比べて、四肢それぞれの運動の曲率(曲がり具合)が高いことが明らかになりつつある(儀間ほか、二〇一五)。さらに、膝と足首の三次元の軌跡を記録できる姿勢センサーを用いて、同一下肢における関節間の協調を調べたところ、生後二カ月齢の児に比べて、生後三カ月齢の児において、膝と足首の独立した運動が多く観察され、また膝を伸ばした姿勢が多くなることなどが明らかにされた（Ohmura et al., submitted）。

（3）身体運動における引き込み

脳の自発活動と同様に、身体の自発運動に関しても、外界から情報が入ってきたときに、その特性がどのように変化するかを見ていく。私たちが、普段一人で道を歩くときには、自分のペースで自由に歩いているだろう。そこに、脇道から別の人が現れて、自分の後ろを歩き始めた場合、特に意識していないにもかかわらず、ふと気づくと、自分の足音と他人の足音が同じタイミングで聞こえることはないだろうか。このように、リズムが揃うことは、引き込み現象と呼ばれる。外からの刺激がない状況で、三カ月の乳児が機嫌よく身体を動かしているときに、突然、スピーカーから音楽を流してみた。それも子ども向けの音楽ではなく、ビートの利いたジャズ調の音楽である。生後三カ月の乳児の何人かは、それらの音楽のリズムに同調した脚あるいは腕の運動を示した（Fujii et al., 2014）。このことは、自発的な身体運動もまた、環境との関わりの中で変化していくことを示している。また、乳児期初期にあっても、聴覚情報を自己の身体運動へつなげるような、多感覚あるいは超感覚の仕組みが成立していることも示唆している。

3　世界について知るということ

ここまでは、脳の活動と身体運動のそれぞれについて、新生児・乳児が持っている生物としての自発的特性と、それに被《かぶ》さるような形で彼らに降りかかってくる環境からの情報による、生体活動の変化について見てきた。私の極めて主観的な理解の仕方では、自発的な特性は、ヒトが基盤として持っているスペックであり、そのスペックを基にして、いかようにも展開できる自由な広がりがあるといった印象である。それに対して、本節からは、生物として持っていた自由な広がりや可能性が、徐々に、あるいは急速に狭まるという方向性の話となる。世界について知るということ、また体系化された世界で生きていくということは、自由度の低減から自由を得るということなのだと思う。

（1）言語の理解と発話

ヒトの新生児・乳児は、自分で言語を理解し、使用するようになるずっと前から、言語が飛び交う環境に置かれる。寝ていようと、起きていようと、乳児は、言語を含む様々な音声情報に取り囲まれて暮らしている。眠っている乳児でも音声刺激に対して応答することは、先に述べたが、さらに驚くべきことに、音声刺激の種類に応じて、脳の異なる場所が活動していることが明らかにされている（Homae et al., 2014）。人が普通に話している音声や、楽器（ピアノ）の音、あるいはそれらの音を加工して「おかしな」聞こえ方になる音を提示した場合、どんな音であっても、左右の側頭葉にある聴覚野が活動するのに対して、声の高さ（抑揚）や、楽器音の高さ（ピッチ）を変化させた場合には、右の側頭葉の後ろ側の活動が変化することが示された。一方、人が話す声に含まれる音響学的な特徴を取り出した音や、音声そのものが提示された場合には、左の側頭葉の後ろ側にある別々の場所の活動が高まることが明らかになった。このように、音声情報の種類によって脳の活動が異なることは、言語を理解し、話すようになるずっと前の生後半年以内の乳児がこれらの情報を区別していることを示している。

東京大学の教育学研究科では、かなりの頻度で乳児とその家族の姿を見かける。同じくらいの月齢の乳児を対象として研究を進めている研究室が複数あり、数年に一度くらいの割合で、私たちの研究室に来訪するはずだった児が別の研究室に案内されたり、その逆のことがあったり、といったハプニングが起きる。そんなハプニングを共有する「ご近所さん」である針生悦子研究室では、子どもの言語獲得について解明している。自分を囲む膨大な音声環境から、特定の単語を切り出して理解できるようになる仕組みや、モノの名前や動作の呼び方を、環境の中の特定のモノやヒト（あるいはヒト以外の生物）がおこなう特定の動作と対応づけることができる仕組みなどを明らかにしてきた。それによって言語を理解し使用する前の時期（前言語期）の乳児や、言葉を獲得しつつある幼児が、世界を知り、体系化していく過程が明らかにされてきている（今井／針生、二〇一四）。また日本語に特徴的な擬音語（ドンドン、トントンなど）に対する「感覚」の獲得メカニズムの解明などにも取り組んでいる。

興味深いことに、擬音語における普遍的な音韻印象（例えば、ドンドンの方がトントンよりも大きな音であるといった感覚）は、日本語を母語としない人々には共有されないのだそうである（針生、二〇一〇）。乳幼児との会話の中では擬音語を用いてわかりやすく共有することは、よくあることのように思われる。擬音語のある日本語環境で暮らす児とそうでない言語環境で暮らす児は、世界の見方や感じ方が異なるのではないかと思わずにはいられない。

生まれたばかりの新生児は、どのような言語にも適応でき獲得できる能力を持っているが、やがて、その能力は特定の言語（母語）に特化されていくことが知られている。ここで見てきた聴覚情報の弁別や、語彙の獲得の研究は、母語に特徴的な音声ルールの獲得や、文化の影響を強く受けた知識体系の構築が、生後の早い段階から急速に生じていることを物語っている。

また、ヒトは言語を理解することで情報を受け取るだけではなく、言語を発することで情報を発信する存在でもある。発声は、物理的には身体の一部である発声器官（顎、舌、口唇等）の協調運動によって実現される。乳児が言語を発するようになる仕組みを調べるために、これらの発声器官の活動を実際に何らかの装置によって計測することはなかなか難しい。そこで、理論モデルを用いた計算機による逆推定という方法を使って、録音された乳児が発する音声の特徴から、顎、舌、口唇などの発声器官がどのような形状になっていたかを推定することを試みた（Oohashi et al., 2013; Oohashi et al., submitted）。その結果、生後半年を過ぎた時期の乳児は、口唇の開き具合と舌の本体の位置によって、日本語の母音のような音声を発するが、そのパターンは日本語の五母音に対応せず、三パターン程度であること、生後一年前後から一年半の時期には、顎と舌先によって発声が調整されるようになり、その結果五母音の発声ができるようになること、そして生後一年半を過ぎると、舌の上側（背中側）による調音が可能になることで、五母音が明瞭になることを明らかにした。さらに、意味のある言葉を発するためには、母音だけではなく、子音 - 母音の組み合わせからなる音韻列を自在に作り上げる必要がある。一歳を少し過ぎるまでは、顎が周期的に開いたり閉じたりするという自発運動と、それに付随して引き起こされる受動的な口唇、舌の動きに起因した反復的な発声が多いが、一歳半を過ぎると、顎、口唇、舌といった異なる器官を能動的に調整し、複雑な音韻の系列を表現することができるようになることがわかってきた。

生後数カ月の時期から音声の特徴を聞き分けてきた乳児が、発信者として音声の特徴を表現できるようになる仕組みを理解することは、生物学的な存在であるヒトが、社会的な存在としての人あるいは人間として振る舞うようになる仕組みを理解することのように思え、神聖な気持ちすら覚える。発声・発話の獲得過程もまた、あらゆる社会への適応可能性があったヒトの乳児が、特定の文化を持つ社会に焦点化され、その社会で生きていく方向が定まる過程であり、自由度は狭まるが、そのことは同時に、特定の文化における表現や活動の自由を得ることでもある。

（2）変化する環境の中で生きる

もともと、ヒトの行動を調べることでヒトの認知スタイルを明らかにするという方法論から研究を始めた私は、乳児の脳機能計測を始めるとき、「ヒトの行動は、脳の活動によって引き起こされるものであるため、脳の活動がわかれば、行動をより的確に理解できるに違いない」と思っていた節がある。しかしながら、今は、それが過度な期待、あるいは筋違いな期待であったように感じることがある。もちろん、脳の活動の計測は、私たちが目にすることができない身体内部の様子を映し出し、様々な示唆を与えてくれるが、それでも、ヒトの行動を丹念に見ることなくして、その脳の活動の意味を導き出したり、ヒトの行動の本当の意味を繙《ひもと》いたりすることはできないことに気づく。そして、丹念に見ていると、ヒトの行動は、その個人の中で起きていることだけではなく、個人をとりまく環境に目をつぶっていては、決してわからない、というところに回帰してくる。

私たちがいる場所、周りにある物、そこで起きていること、そして自分の内部的な状態は、時々刻々と変化している。したがってヒトが行動を起こす理由や目的も、時々刻々と変化していると考えられる。環境からの刺激とそれに対する生体の反応という枠組みを超えて、ヒトが行為をするときに発見したり、利用したりしている「環境にある意味」は、アフォーダンスと呼ばれている。それは「環境が用意し、提供するもの」であり、「我々がその進化の為に利用してきたもの」と考える理論である（Gibson, 1979）。東京大学大学院教育学研究科の佐々木正人研究室では、こういった視点から、日常生活における子どもの行動を追い続けている。例えば、二名の男児の行動を三年にわたり撮影し、その様子が「動くあかちゃん事典」という行為事典にまとめられている（佐々木、二〇〇八）。これを眺めていると、乳児の行動を見る切り口はひとつではなく、行動の意味を多様な視点で捉えることで見えてくる新鮮な驚きがまだまだたくさんあることに気づく。乳児のある行動を、ひとつの機能あるいは概念（仮説構成概念）だけで説明することはできない。次に示す研究は、乳児の記憶機能を調べようとしておこなったものであるが、そこから得られた示唆は、乳児の様々な特性に及ぶものであった。

生後三カ月の乳児の腕（または脚）とおもちゃ（モビール）を紐でつなぐと、彼らの自発運動によって、おもちゃが動いて音が鳴るという一連の出来事が生じる。しばらくすると、紐でつながっている身体部位の活動が特に活発になり、外界の事象とは無関係に起きていた自発運動が、次第に環境を変化させることを目的とした随意運動になっていく様子が観察される（Watanabe & Taga, 2006）。この様子は、時間的な隔たりがあっても観察されることから、乳児は経験に基づいて、自分の生きている環境に関する知識を作り上げ、また環境の中で予測的に行動する存在であることを示唆している。また、月齢が小さいほど、もともと持っていた自発運動のパターンに拘束された様式のままで、運動量のみが増加する様子が見られるが、月齢が上がると、もともとの自発運動パターンからの解放が容易であり、望んだ環境の変化を引き起こすために最適な運動パターンを選択することができることが示されている（Kato et al., 2013）。さらに、例えば、腕の紐を脚に付け替えると、腕の運動が急速に減少し脚の運動が増加すること（Watanabe & Taga, 2009）、自分が動かなくてもおもちゃが（勝手に）動くときには、身体の運動はむしろ抑制されること（Watanabe et al., 2010）などから、特定の身体部位と外界からの「面白いこと（報酬）」が、一対一対応で結びついた連合的な記憶による行動ではなく、環境との関係によって変化する柔軟な行動であることが示された。これらもまた、自発運動という自由な運動様式から離れ、特定の環境とリンクした随意運動を選択することによって、かえって「面白いこと」を自分で引き起こす自由を得た事例と言えよう。自発運動を抑制する（すなわち、もじもじ動かずに止まる）ことは、生後二カ月の児では難しく、三カ月頃になると可能になる（Watanabe et al. 2010）。抑制機能は、状況の理解・学習や記憶機能よりもゆっくりと発達するようではあるが、この機能が発達することにより、自分の行動を自在にコントロールし、環境の変化に柔軟に対応する自由を獲得できる。そして、それによって展開されるさらなる新しい経験が繰り返されることにより、変化する環境の中で、世界を知り、その世界の中で自己の行動を発展させる機会が広がっていくのではないだろうか。

自発運動が消失する時期になると、寝返り運動が生じる。寝返り運動は、乳児の世界における「視点」を能動的に変えることができるという意味で、たいへん衝撃的な運動である。寝返り運動を獲得したばかりの時期と、寝返り経験が豊富になってきた時期の運動パターンに関して、四肢や体幹の運動順序に焦点を当てて比較したところ（Kobayashi, et al. submitted）、寝返りの初期に比べて、熟達期において運動パターンの種類が豊富になることが明らかになった。また、初期は、四肢を床面に接触させることによる「支え」をともなう寝返りが多かったが、熟達期には、「支え」のない、より不安定な姿勢での寝返りが多く見られた。このことは、寝返りによる姿勢の転換において、一旦、身体を不安定な状態にし、そこから安定した状態に効率的に持ち込むという戦略を用いていることを示している。寝返りは、目標志向性の強い行動である。遠くにあるお目当てのモノに手を触れる、他者に近づく、ゴロゴロと移動して行きたい地点までたどり着く等、様々な目的によって、身体の使い方は変わるであろう。四肢の異なる部位を、柔軟に、効果的に利用することは、多様な目的を実現するために有利な戦略のように思われる。このような目標志向性の強い行動は、自発運動のような自動的に引き起こされる運動がない状態で、身体を動かせた方が効率的であろう。自発運動が消失し、そのあと必要に応じて改めて全身を柔軟に使うといった寝返りの発達的変化は、自発的な仕組みの抑制による自由度の低減と、その解放による新たな自由の獲得という発達過程の一例と言えよう。

最後にもうひとつ、別の計測系を見てみる。乳児の認知機能を調べるための課題として有名なA-not-B 課題というものがある。これは、例えば、あるおもちゃを右側（A）の箱の中に隠し、乳児がそれを探し当てるということを複数回した後に、突然おもちゃを左側（B）の箱の中に隠した場合の乳児の振る舞いを観察する課題である。成人や年長の児は左側の箱の中を探すが、年少の児は、おもちゃが左の箱に隠される様子を見ていたにもかかわらず、右側の箱の中を探すことが知られており、記憶に基づいた予測的行動の発達を調べる課題とされている。数年前、スウェーデンに滞在していたときに、眼球運動を指標として、この課題を実施した。年少の児の固執的行動（有効でない情報にとらわれた行動）は、手を伸ばして箱の中を探すという身体運動の未熟性の影響かもしれないため、眼球運動計測システムを使って視線の時間的変遷を追跡することにより、身体運動能力に影響されない指標を用いて乳児の探索行動の特性を記述し、認知的側面を浮き彫りにしようとしたのである（Watanabe et al., 2012）。その結果、生後一〇カ月の時点で、すでに固執的行動がなくなっていることがわかった。

ただし、この時期の乳児においては、注意をそらすような情報がひとたび入ると、すぐにおもちゃのない方を探そうとするという脆弱さがあり、安定して適切な行動をとれるのは生後一二カ月くらいであることが示された。この研究をしているとき、きょろきょろと様々な場所を見る児もいれば、まるでココと決めてかかっているように、特定の場所のみを見ている児もいた。前者の様子は、特に年少の児に多いようであった。このことは、発達の初期段階では、より多くの情報に接触できるような仕組みが備わっているが、発達にともない、状況依存的な事象への注意が高まるということを示している。眼球運動は、胎児期から見られる行動であるが、実はこれまでその自発的な活動について、定量的に計測したことはない。これはぜひ今後取り組んでみたいと思っていることのひとつである。

4　保育環境における乳児を理解するために

通勤の途中で、ふと、以前にはなかった場所（マンションの一室など）に保育施設の看板があるのに気づくということが、ここ数年の間に一度ならずあった。その中には、二四時間保育を謳《うた》っているところもあった。そのたびに、「共働きが増えて、三歳児よりも以前に、長時間の家庭外保育を必要とする乳児が増えているのだろうか」と想像する。保育の現場で奮闘するスタッフが、保育の対象となる子どもたちのヒトとしての発達のメカニズムについて、どのような教育や研修を受け、最新の知識を得る機会があるのか、私は正確な現状を知らない。待機児童の増加、制度改正等が、頻繁にニュースとなっていることを考えると、おそらく目の前の仕事と、言語を用いて様々な手段で自己主張したり要求したりする年長の幼児に対応するだけで精一杯の現場も多いのではないか。生理的な状態（ミルク、オムツ替え等）を満たしておけば、さしあたり文句を言わない乳児については、その発達過程や内部で起きていることに思いを巡らせる余裕はないというのが現状かもしれない。そのような現状の中で、この章で見てきたような、ヒトの初期発達を考える意義はどこにあるのだろうか。

（1）発達のごく初期を知ることの意義

この章の最初の方では、胎内環境から生後環境へと出て来たヒトの新生児には、外からは見えなくても、怒濤のような急激な変化が生じている例を見てきた。私たちは、普段、呼吸や心臓の拍動などを意識することはない。意識しなくても、それらは当然のように淀みなく粛々と営まれている。脳の血管を流れる血液の中の酸素の消費も、同様に行われているに違いない。しかしながら、生後間もないヒトの身体の中では、その「当然のこと」が、「当然になる」までの急激な変化がおこっていると考えられる。新生児期・乳児期の発達的変化は、あまりにも早く、気づけば成人とそれほど変わらない安定した状態になっている。生涯の長さから考えたら、ほんのひと時に過ぎない期間に起きていることを知ることは、生物としてのヒトの成り立ちの神秘を繙《ひもと》く作業のように感じられ、純粋に楽しいことだと思う。受精から始まる連続的な生命の営みの最先端に、今、目の前にいる児の姿があると感じることは、乳児や幼児だけでなく、どの年代の人と接するときにも、大事な視点となるのではないだろうか。特に、ヒトがどのような発達的過程を経て、成人のような状態に至るのかに関する知識を得ることは、例えば何らかの疾患やリスクなどにより、いつまでも安定した状態に到達しない場合、あるいは、ひとたび安定した状態になった生体が何らかの理由で不安定な状態になった場合等に、その生体で起きていることを推測するために役立つだろう。子どもを取り巻く様々な立場の人が、発達に関わる基礎科学で明らかにされてきた科学的概念や手法に対する知識と理解を持ち、能動的に行動する能力を高めることは子育て・保育への確信や自信につながると考えられる。

私たちは、多くの物理的、人的刺激に囲まれて暮らしている。一方、この章では、刺激がないところで見られる、あるいは刺激とは無関係に見られる自発的な振る舞いに注目してきた。ここで述べてきた研究のほとんどは、日常とはかけ離れた、大学の研究室という限定された空間でおこなわれてきたことである。しかしながら、刺激のない状態で自発的に起きる生体の活動を知ることは、ヒトの持つ基盤の状態を知ることにつながる。私たちが、多くの刺激に囲まれて紡ぎだしている行動は、私たちが基盤として持っている活動・行動パターンと、環境との相互作用によって引き起こされた活動・行動パターンが、混ざったものと考えることができる。家庭内の環境に比べて、より刺激的で、情報が豊富な（あるいは過多な）保育現場のような家庭外環境にある子どもたちを見つめるためには、生体の持つ基盤の状態と、環境との相互作用によって引き起こされた状態の両者に関する知識や思慮が必要となるかもしれない。もちろん、現実の環境との相互作用は、基盤となる活動・行動パターンを別の状態に変化させてしまったり、破壊したりすることもあるかもしれない。それでも、発達の根幹にある基盤を知ることは重要な視点であると信じている。

(2) 自己と時間

この章の後半での主なメッセージは、ヒトの発達の最初期に持っていた自由が、乳児期初期には低減され、特定の環境、文化に焦点化された脳の情報処理や行動になっていく、ということであった。そして、それは、自由を失ったというネガティブな変化ではなく、それによって、より能動的な自由を獲得するというポジティブな変化であると捉えてきた。本章で見てきた研究のいくつかでは、乳児が未来を予測していることを示す事例が含まれていた。例えば、予測に反する情報に触れると、びっくりして脳の活動を高めたり、経験によって得た知識あるいはエピソードに基づいて、自分の身体の動きを巧妙に調節して、望むような環境を能動的に導いたり、といった側面である。これらは、これまでの経験、今置かれている現状、予測される未来の状況などを、発達初期にある幼い児が同時に処理できる存在であることを示唆している。

このように、頭の中で過去と現在と未来を自由に行き来できるのは、記憶と呼ばれる機能があるからであり、また時間という軸の上に、一貫した一人の「私」がいるからである。このようなヒトの機能は、メンタルタイムトラベル（mental time travel）と呼ばれる（Tulving, 1999）。乳児は、日常の環境の中で、快適で生きやすい行動パターンを獲得していく。そこでは、発達にともない、様々なメンタル（心的）タイムトラベルが繰り広げられているのだろうと思われる。一方、身体の状況は、過去に戻ることはなく、時々刻々と「今」を刻んでいく。その意味では、トラベルではなく、フィジカル（身体的）タイムポイントと言えるだろう。メンタルタイムトラベルの状況を、目に見える形にするのは難しいが、フィジカルタイムポイントを連続的に捉えていくことで、乳児のメンタルタイムトラベル、言い換えれば、記憶によって時間的に連続した自己をつないでいく過程を摑むことができるかもしれない。例えば、実験室を飛び出して、子どもの状況を長時間連続的に捉えることができるようになれば、彼らの行動や生理的状況の時間的変化に関する情報が得られるようになり、そのことは、彼らの心的発達に関する直接的・間接的情報を提供してくれるかもしれない。

生物の記憶機能は、連続した自己を維持するためにあるのだろうと思う。目を覚ましたときに、そこにいるのが、昨日から連続した「私」であると認識できること、そしてその「私」には次の瞬間に続く未来があることを理解することは、予測的で能動的な振る舞いの根幹である。そのように考えると、ヒトの発達初期の振る舞いを見ていくことは、自己と時間という概念を獲得・形成していく過程に寄り添っていくことになる。ここで培われた自己と時間の概念は、生涯にわたりその個人の行動の根幹になることを考えると、ヒトの発達初期に立ち会うことは、未来の社会の芽吹きを見守り、支えるということのように思える。

（３）個性

ヒトは、一人ひとりが個性を持った別々の存在であることは言うまでもない。この十数年で三〇〇

○人以上の乳児に出会ってきたが、生後数カ月の児であっても、面白いほどに個性がある。それは、計測したデータに見られるばらつきという意味だけではなく、研究室でのちょっとした振る舞いにも随所に見られる。きょろきょろと興味深そうに眺める児、母親から離れない児、知らない人に抱っこされてもすぐに気持ち良さそうに眠る児、眠いのに警戒してなかなか眠れない児、知らないところでもニコニコして機嫌よく発声までする児、ずっと大泣きしている児など、とてもここには書ききれない個性に出会ってきた。

それにもかかわらず、私たちは研究データを処理する際には、複数の児から得られたデータをグループとしてまとめて処理してしまう。そして、「この月齢のグループは」とか、「この疾患のグループは」というように結論を出していく。同じグループにいても、一人ひとりの気質や、彼らを取り囲む環境などが、本当は様々であることを知っているのにもかかわらず、である。多数の児が集まる保育の現場で「保育の質」を高めるためには、基礎研究において目をつぶってきた、あるいはあえて取り上げないでいた個性の問題を、真剣に考えないわけにはいかないだろう。なぜなら、個人の持つ特性や彼らを取り巻く環境によって、何が「高い質」であるかはまったく異なると考えられるからである。保育の質の向上を謳《うた》って、画一的な取り組みをおこなうことは、保育に携わるスタッフの負担を増加させる可能性があるだけではなく、そんなに頑張って取り組んでも、個々の児にとっては質が上がったことにはならない可能性があることは心に留めておく必要があるかもしれない。基礎研究に携わる者として、個性の問題に正面から取り組む時期が来ていると感じる。

とはいえ、個性を科学的に解明するのはなかなか難しい。「こんな個性があります」という事例の列挙ではなく、一貫した理論で説明できる必要があるからである。計測を通じてたくさんの乳児と出会ってきた中で、生後数カ月の乳児は大きく二つの個性があるのではないかと思うようになった。ひとつは、生物としてのヒトが持っている高い自由度を、あまり低減させることなく高いままで展開する個性、もうひとつは、自由度を低減させることで展開する個性である。この章では主に、後者のパターンを見てきた。すなわち、何にでもなれる、どこにでも向かうことができる自由を手放し、自分を取り巻く環境と協調していくことで、その環境の中での自由を獲得し、自己実現していく個性である。人として社会の中で生きていく限り、誰もが（程度の差はあっても）この仕組みに沿って行動を展開していることは疑いようがない。一方、前者のように展開する個性が、どのくらい残っているのかによって、全体としての個人の特徴が決まるのかもしれない。この世に生を受けたときに生物として持っていた柔軟性や自由に関して、その「消失」に目を向けるのではなく、それらが残っている様子、面影、片鱗を見つめることで、個性の問題に関するヒントが得られるような気がしている。個性の問題に関する科学的知見が蓄積されたら、子どもたち一人ひとりにおける「保育の質」の向上を考えることができるようになるかもしれない。

おわりに

発達に関わる基礎科学的な研究をおこなっていると、研究室に来訪するご家族、乳幼児の子育て・保育・ケアに関わる方々、あるいは乳幼児向けの製品（おもちゃ、おむつ、ミルクなど）を開発している方々から、研究の結果を、自分の子どもや自分が携わっている子ども、自分が開発している製品にどのように応用できるのか質問される機会が少なくない。例えば、「眠っている乳児の脳は、外からの音声に強く反応するとお聞きしたので、眠っているときも英語を聞かせれば、将来英語がしゃべれるようになりますか」、「規則正しい生活リズムが大事であれば、保育園で全員に必ずお昼寝をさせる必要がありますか」等である。そうしたとき、私たち基礎研究に携わるものは急に歯切れが悪くなる。「こうすればよい」、「こうすることが望ましい」という判断は、価値や規範、何を幸せと考えるかによってまったく異なるからである。「将来の英語能力は、乳児期に眠っているときに音声を聞かせることよりも、もっと他の要素が関わっているのではないか」、「子どもの振る舞いや健康は、嫌がる子どもを同じタイミングで寝かせるという活動によってしか守られないものなのだろうか」といった疑問に、私たち基礎科学の研究者は簡単には答えられない。何を子どもの生活に取り入れて行き、保育として欠かせない項目にするのかは、子どもを取り巻く環境、文化、社会システムの中で、誰かが決断し、選択していくものである。そして、残念ながら現状では基礎研究に携わる者が、実験室で得られたデータや、特定の事例から導きだした結果を、「あるべき姿」としての規範の制定に積極的に取り入れることにはおよび腰になってしまう。実証データに真摯であればあるほど、その言及範囲に慎重になる科学者の性質は、裏を返せば、実践や政策には役に立たないということにつながる。高い発達科学リテラシーを持った子育てや保育の実践に関わる多くの人々や保育・政策に関わる高度な専門性を持った「発達保育実践政策学」に携わる仲間とともに、未来を創り出す子どもたちに期待する姿を議論することによって、蓄積されていくデータをどう解釈し、何を実践や政策に取り入れ、何を切り捨てていくか（取り上げないか）という問題に対峙できるかもしれないという予感がする。膨大に蓄積される知見を、子育てや保育、政策に生かすために必要な仕組みを創り出すこと、あるいは子育てや保育を実践し、政策を打ち立てるにあたり、必要な科学的知見とはどのようなものなのかを、相互に議論し、理解する場を広げていくことが、私たちに課された大きなチャレンジとなるだろう。

注

（1）　脳の発達に関して日本語で読める文献は以下がある。松田道雄『私は赤ちゃん』岩波新書、一九六〇年、下條信輔『まなざしの誕生――赤ちゃん学革命』新曜社、一九八八年、多賀厳太郎『脳と身体の動的デザイン――運動・知覚の非線形力学と発達』金子書房、二〇〇二年、山口真美『赤ちゃんは世界をどう見ているのか』平凡社新書、二〇〇六年、明和政子『心が芽生えるとき――コミュニケーションの誕生と進化』NTT出版、二〇〇六年、安川美杉『赤ちゃん――成長の不思議な道のり』日本放送出版協会、二〇〇七年、板倉昭二『心を発見する心の発達』京都大学学術出版会、二〇〇八年、開一夫『赤ちゃんの不思議』岩波新書、二〇一一年、小西行郎／遠藤利彦『赤ちゃん学を学ぶ人のために』世界思想社、二〇一二年、板倉昭二『発達科学の最前線』ミネルヴァ書房、二〇一四年

（2）　富山大学大学院医学薬学研究部　心理学・認知神経科学教室（松井三枝准教授）にて撮像されたＭＲＩ画像による。作図協力は弓削商船高等専門学校の續木大介助教。

引用・参照文献

Fujii, S., Watanabe, H., Oohashi, H., Hirashima, M., Nozaki, D., & Taga, G. (2014). Precursors of dancing and singing to music in three- to four-months-old infants. PLoS ONE 9(5): e97680. doi:10.1371/journal.pone.0097680.

Gibson, J. J. (1979). *The Ecological Approach to Visual Perception*. LEA.（ギブソン、J、J、古崎敬ほか（訳）（一九八六）生態学的視覚論――ヒトの知覚世界を探る．サイエンス社）

儀間裕貴／渡辺はま／多賀厳太郎（二〇一五）乳児期初期における Fidgety movements と四肢運動の曲率の関係、第二回小児理学療法学会学術集会

針生悦子（二〇一〇）幼児における擬音語の理解――濁音文字知識の影響に注目して、教育心理学研究、第五八号、二七五―二八四頁

保前文高／多賀厳太郎（二〇〇八）言葉と音楽を育む赤ちゃんの脳、小泉英明（編）脳科学と芸術、工作舎、一〇一―一一六頁

Homae, F., Watanabe, H., Otobe, T., Nakano, T., Go, T., Konishi, Y., & Taga, G. (2010). Development of global cortical networks in early infancy. *Journal of Neuroscience*, 30, 4877–4882.

Homae, F., Watanabe, H., Nakano, T., & Taga, G. (2011). Large-scale networks underlying language acquisition in early infancy. *Frontiers in Psychology*, 2, 93.

Homae, F., Watanabe, H., & Taga, G. (2014). The neural substrates of infant speech perception, *Language Learning*, 64, 6-26.

今井むつみ／針生悦子（二〇一四）言葉をおぼえるしくみ——母語から外国語まで、ちくま学芸文庫

Imai, M., Watanabe, H., Yasui, K., Kimura, Y., Shitara, Y., Tsuchida, S., Takahashi, N., & Taga, G. (2014). Functional connectivity of the cortex of term and preterm infants and infants with Down's syndrome. *Neuroimage*, 85, 272-278.

Kanemaru, N., Watanabe, H., & Taga, G. (2012). Increasing selectivity of interlimb coordination during spontaneous movements in 2- to 4-month old infants, *Experimental Brain Research*, 218, 49-61.

Kanemaru, N., Watanabe, H., Kihara, H., Nakano, H., Takaya, R., Nakamura, T., Nakano, J., Taga, G., & Konishi, Y. (2013). Spontaneous movements in preterm infants at term age are associated with developmental delays at 3 years of age. *Developmental Medicine & Child Neurology*, 55, 713-721.

Kanemaru, N., Watanabe, H., Kihara, H., Nakano, H., Nakamura, T., Nakano, J., Taga, G., & Konishi, Y. (2014). Jerky spontaneous movements at term age in preterm infants who later developed cerebral palsy. *Early Human Development*, 90, 387-392.

Kato, M., Watanabe, H., & Taga, G. (2013). Diversity and changeability of infant movements in a novel environment. *Journal of Motor Learning and Development*, 1, 79-88.

木原秀樹（二〇一五）赤ちゃんにやさしい発達ケア——ディベロップメンタルケアとリハビリテーションがいちからわかる本、メディカ出版

Kobayashi, Y., Watanabe, H., & Taga, G. (submitted). Movement patterns of limb coordination in infant rolling.

Markowitsch,H. (Eds), (1998). *Cognitive Neuroscience of Memory*. Hogrefe & Huber, pp.11-42.

Nakano, T., Watanabe, H., Homae, F., & Taga, G. (2009). Prefrontal cortical involvement in young infants' analysis of novelty. *Cerebral Cortex*, 19, 455–463.

Ohmura, Y., Gima, H., Watanabe, H., Taga, G., & Kuniyoshi, Y. (submitted). Developmental change in intralimb coordination during spontaneous movements of human infants from 2 to 3 months of age.

Oohashi, H., Watanabe, H., & Taga, G. (2013). Development of a serial order in speech constrained by articulatory coordination. PLoS ONE, 8, e78600, doi:10.1371/journal.pone.0078600.

Oohashi, H., Watanabe, H., & Taga, G. (submitted). Acquisition of vowel articulation in childhood investigated by acoustic-to-articulatory inversion.

Saji, R., Hirasawa, K., Ito, M., Kusuda, S., Konishi, Y., & Taga, G. (2015). Probability distributions of the electroencephalogram envelope of preterm infants. *Clinical Neurophysiology*, 126, 1132–1140.

Sasai, S., Homae, F., Watanabe, H., Sasaki, A., Tanabe, H., Sadato, N., & Taga, G. (2012). A NIRS-fMRI study of resting state network. *Neuroimage*, 63, 179–193.

佐々木正人（二〇〇八）アフォーダンスの視点から乳幼児の育ちを考察、小学館

Taga, G., Asakawa, K., Maki, A., Konishi, Y., & Koizumi, H (2003). Brain Imaging in Awake Infants by Near Infrared Optical Topography. Proc. Natl. Acad. Sci. U. S. A., 100, 10722–10727.

Taga, G., & Watanabe, H. (2014). Sleep-state dependent functional network of the cortex in young infants. XIX Biennial International Conference on Infant Studies, Berlin.

Tulving, E. (1999). On the uniqueness of episodic memory. In L.-G. Nilsson & H. J.

Watanabe, H., & Taga, G. (2006). General to specific development of movement patterns and memory for contingency between action and events in young infants. *Infant Behavior and Development*, 29, 402–422.

Watanabe, H., & Taga, G. (2009). Flexibility in infant actions during arm- and leg-based learning in a mobile paradigm. *Infant Behavior and Development*, 32, 79–90.

Watanabe, H., Homae, F., & Taga, G. (2010). General to specific development of functional activation in the cerebral cortexes of 2- to 3-month-old infants. *Neuroimage*, 50, 1536–1544.

Watanabe, H., Forssman, L., Green, D., Bohlin, G., & von Hofsten, C. (2012). Attention demands influence 10- and 12-monthold infants' perseverative behavior. *Developmental Psychology*, 48, 46–55.

Watanabe, H., Homae, F., Nakano, T., Tsuzuki, D., Enkhtur, L., Nemoto, K., Dan, I., & Taga, G. (2013). Effect of auditory input on activatins in infant diverse cortical regions during audiovisual processing, *Human Brain Mapping*, 34, 543–565.

渡辺はま／高橋尚人／岡明／多賀厳太郎（二〇一五）新生児期〜乳児期初期における酸素化・脱酸素化ヘモグロビン濃度変化の位相差、日本光脳機能イメージング学会 第一八回学術集会

第7章　子どもの社会性発達と子育て・保育の役割

遠藤利彦

はじめに

本章では、人の揺りかごから墓場までの生涯過程において、乳幼児期に築かれる社会性の礎が、きわめて重要な意味を有していることをまずは確認したい。その上で、その社会性が、家庭内での養育者との緊密な関係性や、保育者などの家庭外の信頼にたる大人との関係性によって、いかに育まれるかについて、アタッチメントという言葉を一つの切り口として考察を行っていくこととする。

1　生涯発達における幼少期の重要性と「非認知なるもの＝社会性」への関心の高まり

近年、人の生涯発達の基盤をなすものとして、発達早期に培われる非認知的な能力や特性などに対して、多大な社会的関心が寄せられてきている。実のところ、そうした関心の高まりは、一見、子どもの発達とは相対的に遠い距離に位置しているかに見える経済学や政治学などの領域において顕著であり、率直なところ、筆者のように長く発達心理学の中にあった者からすれば、何を今更という感もなくはない。それでも、何はともあれ、社会全体の注目が、これまで子どもの認知的能力の陰に隠れていた心の機能に注がれるようになってきていることについては、それを素直に喜びたい。

労働経済学者のジェームズ・ヘックマンなどが、教育への投資効果の観点から重視するところの幼少期の非認知的能力が（Heckman, 2013）、いったい何を指し示すものなのか、その意味範疇は必ずしも明確ではない。おそらく、そこで確実なのは、IQおよびそれに密接に絡む学業的達成ではないもの、ということだけなのかもしれない。しかし、心理学の視座から見れば、それが、一般的に社会性と言われてきたもの、より厳密な言い方をするならば、社会情動的な特性やコンピテンスまたはスキル、あるいは二一世紀に入ってからとみに注目度が高まってきた、いわゆる情動知性（Emotional Intelligence）（箱田／遠藤、二〇一五）なるものに、かなりのところ、重なることは半ば自明だと思われる。

発達心理学の領域では相対的に早くから、世界各地で展開されてきた長期縦断研究などの知見に基づき、人の青年期・成人期以降の心理社会的適応やウェルビーイングなどが、乳幼児期の社会性に関わる諸変数によって、最も効果的に予測され得ることが前提視されてきた。無論、ここ三〇余年ほどの間に発達心理学はそれまでの児童心理学から生涯発達心理学へと大きく変貌を遂げ、その中では、生涯に亘る人の発達の可塑性あるいは変化可能性が声高に主張され、そして、現に実証もされてきたのだと言い得よう。しかし、人が、その時々の環境や自らの意思に沿った経験によって、社会性やパーソナリティなども含む、それまでの発達軌跡を大きく変じ「得る」ことは確かであっても、そのことと、それがどれだけ容易であるかは明確に分けて考える必要がある。実のところ、これまでの研究の多くは、人には生涯に亘って変化可能性があるということとともに、その変化可能性が年齢の上昇とともに徐々に狭まっていくということを明らかにしてきたと言うべきなのかもしれない。

一つ例を挙げて言えば、二〇一四年に、ルーマニアの棄児を対象にした「ブカレスト早期介入プロジェクト（ＢＥＩＰ）」の成果が一冊の書籍にまとめられた（Nelson et al. 2014）。ルーマニアの棄児と言えば、通常は、一九八九年のルーマニア革命後に世界に知られることになった、いわゆる「チャウシェスクの落とし子」のことが真っ先に思い浮かぶが、この書で扱われているのは、現今のルーマニアの児童養護施設で生活する幼い子どもたちである。その書籍は、脳神経はもとより細胞のミクロな組成に至るまで、子どもの心身発達の実に多様な側面に対して、子ども期の環境の剝奪（deprivation）や欠損（privation）がいかに深刻なダメージを及ぼし得るのか、また、里親に引き取られるなどの環境の好転が、どれほど子どもの将来に光明をもたらすことになるのか、現代科学の粋を集めた視点から、かなりのところ明瞭に教えてくれるものになっている。もっとも、確かに、発達過程途上のそうした環境の好転は、著しい遅滞や歪曲が認められていた子どもたちの発達に、ある程度、正の効果を持ち得る。しかし、その効果は、子どもの年齢が上になればなるほど、また施設で生活する時間が長くなればなるほど、確実に薄らいでいくようである。また、たとえ比較的短期間であっても、人生の早期段階で（殊に、子どもにケアを施す大人の極端な少なさなど、人的環境の上で）深刻な剥奪にさらされると、とりわけ社会性とパーソナリティの生涯発達に深い傷跡を負ってしまうようなのである。

無論、安直な幼児決定論は否定されるべきものではあっても、幼少期のとりわけ社会性発達の生涯過程における枢要な位置づけは、いかなる意味でも揺るがないものとしてあると言い得よう。そして、その社会性を育む揺籃として、殊の外、重視されてきたものにアタッチメントがある。アタッチメントという言葉は、今や、心理学や精神医学の専門的術語としてただある訳ではなく、子育てや保育・教育の現場を中心に、日常的に用いられるに至っている。また、そうした文脈において、アタッチメントは、多くの場合、暗黙裡に、実の親とその幼い子どもとの間の緊密な情愛的絆（affectional bond）や、時には、その愛情（affection）関係全般の特質を指し示すものとして受け取られているようである。しかし、アタッチメント理論の創始者たるジョン・ボウルビィが最初に示した、その原義は、必ずしもそうしたものではなかった（Bowlby, 1969, 1973, 1980）。次節では、アタッチメントとは元来、何を指して言うのか、また、どのような意味で社会性の発達に寄与すると言い得るのかに関して、考えてみたい。

2　アタッチメントとは何か？

生物は生き残り繁殖するために、種々の危機に対して警戒する構えを、不安や恐れの情動という形で進化させたと言われている。生物種としてのヒトもその例外ではなく、恐れや不安に対する意識・無意識における対処が、個々人のパーソナリティやアイデンティティの機能なども含めた種々の適応性の具現や維持において中核的な意味を有していると考えられよう（Goldberg, 2000）。ただし、人間は既に誕生時から、こうした情動の制御を自ら行い得る主体ではないようである。子どもは本源的に、養育者を始めとする他者によって、手厚く保護され、その情動状態を巧みに調整・制御されなくてはならない存在としてある。そして、そうされることによって、徐々に自律的に恐れや不安に自ら対処し得るようになると考えられるのである（Music, 2011）。

ボウルビィが提唱したアタッチメントという概念は、まさに恐れや不安などのネガティヴな情動の制御や管理に関わるものに他ならなかった（Bowlby, 1969）。彼は、個人がある危機的状況に接したり、そうした危機を予知したりし、不安や恐れの情動が強く喚起された時に、特定の他個体にしっかりとくっつく（attach）、あるいはくっついてもらうことを通して、主観的な安全の感覚を回復・維持しようとする心理行動的な傾向およびそれに結びついた神経生理的制御機構のことをアタッチメントと呼んだのである。換言するならば、それは「一者の情動の崩れを二者の関係性によって調整する仕組み」とも言い得るものである（Schore, 2003）。

既にふれたように、アタッチメントのその時々の至近的な働きは、様々な危機によって生じたネガティヴな情動状態を低減させ、自らが安全であるという主観的意識を個人にもたらすことである。そして、それが、ほぼ毎回、同じ特定他者との間で確実に実現されるようになると、その他者は個人にとって、危機が生じた際に逃げ込み保護を求める「安全な避難所（safe haven）」であると同時に、ひとたび情動が静穏化した際には、今度はそこを拠点に外界に積極的に出て自由に探索するための「安全基地（secure base）」として機能するに至ると考えられる（Bowlby, 1988）。すなわち、何かあったらあそこに向けて信号を発し、駆け込んでいけば、必ず慰撫され・保護してもらえるという確かな見通しが成り立つと、それに支えられて、個人はより大胆にまたチャレンジングにふるまい得るようになるのである（遠藤、二〇〇七）。

実のところ、アタッチメント理論が最も重視するところは、ただくっついていることの中にあるのではなく、むしろ、何かあった際には確実につながることができるという主観的確信が、個人が一人でいること、また一人で何かをすることを可能にすることの中にあると考えられる。“attachment”という言葉の文字通りの意味、すなわち「くっつくこと」からはどちらかと言えば依存性（dependency）や甘えが連想されるが、それとは裏腹に、アタッチメント理論の基本的な問いは、人がその発達過程においていかに自律性（autonomy）を獲得するかであることをここで再確認しておくこととしたい（小林／遠藤、二〇一二）。

ボウルビィは自身の考えを、人の揺りかごから墓場までのパーソナリティの生涯発達を理解するための総合理論であると言明していた（Bowlby, 1988）。彼の臨床家としての初期の仕事が「母性的養育の剝奪（maternal deprivation）」という概念の提示から始まったこともあり、アタッチメント理論は、当初、もっぱら、幼少の子どもとその母親との関係性に関わる理論という受け取られ方もした。しかし、彼の最も中核的な関心は、生涯を通して人が誰か特定の他者に身体的あるいは情緒的にくっつく(attach)、あるいはくっつけるということの発達的・適応的な意味と、また、その安心してくっつき得るという関係性を喪失した時の人の心身全般に亘る脆弱性とに注がれていた(Bowlby, 1980)。現在、アタッチメント研究は、現実に乳児期から老年期までの全発達期に亘って、分厚く展開されるに至っている。また、例えば、主に欧米圏において展開されている長期縦断研究は、現に、乳児期から成人期に至るまでの全発達期において、そのアタッチメント対象が誰であれ、その時々に築いている個人のアタッチメントの質がその人の心理社会的適応や心身の健康の鍵を握ること、また複数の発達期に跨がって、アタッチメントの質にはかなりの時間的連続性とともにある程度の変化可能性も認められることを明らかにしてきているのである。

3　安定したアタッチメント関係と「愛の理論」の発達

アタッチメントという言葉が生涯発達概念としてあるとは言っても、大概の場合、個人の中でのアタッチメントの基盤は幼少期に主に親との間で築かれ、その後の人生にそれなりに一貫した働きをなし続けるものと考えられる。当然のことではあるが、出発点である乳幼児期に主要な養育者との間で良好で安定したアタッチメントを経験することが、高確率で、その後の個人の長期に亘る適応性や幸福感により確実につながることになるのである。本節では、幼少期の安定したアタッチメントが殊に社会性、すなわち機能的な人間関係を構築・維持したり、円滑な集団生活を営んだりする上で必要となる力の発達にいかなる意味で枢要な働きをなすかについて考えてみることにしよう。

アタッチメントの重要な働きの一つは、それが自分や他者に対する基本的な信頼感の形成に通じることである。極度の恐れや不安の状態にある時に、無条件的に、かつ一貫して、養育者などの特定の他者から確実に護ってもらうという経験の蓄積を通して、子どもはその他者と自分自身に対して、高度な信頼の感覚を獲得することが可能になる。子どもはアタッチメントを通して、他者は近くにいて自分のことを受け容れ護ってくれる存在なのか、翻って、自分は困った時に求めれば助けてもらえる存在なのか、愛してもらえる存在なのかといったことに関する主観的な確信を形成するに至るのである。学術的には、こうした自他に対する主観的な確信を「内的作業モデル（Internal Working Model）」と呼ぶが、アタッチメント理論に従えば、子どもは、この内的作業モデルを一種の人間関係のテンプレートとして用いて、自分が特定の他者との間で経験したことを、ほとんどそのまま、別の他者との関係においても期待するようになり、結果的に、多くの場合、その主要な特定他者との間で経験した関係と類似した性質の対人関係を持つに至ると言うのである（Bowlby, 1973, 1988）。

ちなみに、アリソン・ゴプニックという研究者は、比較的最近、この内的作業モデルを、子どもが個別に自身の頭の中に形成する、素朴な意味での「愛の理論」であると言明している（Gopnik, 2009）。それが、まさに、親密な他者との間で深く愛し愛されるということに関わる、私たち一人ひとりの中の最も根幹部分の信念のようなものであると、巧みにも言い換えたのである。乳幼児期の段階において、子どもは、無論、未だ、愛する、愛されるといった言葉を知っているはずはない。しかし、それは、その段階から既に、確実に体感されているものなのかもしれない。そして、こうしたことを、非常に印象深く教えてくれるものに、スーザン・ジョンソンらによって一歳児を対象に行われた研究がある（Johnson et al., 2010）。

実験に先立って、ジョンソンらは、実験対象となる子どもが、日頃、母親との間にどのようなタイプのアタッチメントを形成しているかを測定している。アタッチメントのタイプ分けは、通常、安定型と不安定型の二類型、あるいは、不安定型をさらに回避型とアンビヴァレント型に細分しての三類型をもって行われることが多い（現在ではこれに虐待等の不適切な養育と結びついて多く発生する無秩序・無方向型を加えた四類型による分類も増えてきている。詳細は数井／遠藤、二〇〇五、二〇〇七など）。安定型とは、恐れや不安などの心的苦痛時に養育者に泣き声などのシグナルを発信しながら強く近接しようとするが、それが叶った後は、容易に情動状態が静穏化し、探索行動を比較的すぐに再開することが可能な子どもたちのことである。言い換えれば、日常、自身が示すアタッチメント欲求およびシグナルに対して、高い確率で、適切な応答を得ている子どもたちであると考えることができる。一方、不安定型とは心的苦痛時でも養育者に近接しようとしない回避型と呼ばれる子どもたちか、心的苦痛時に激しく泣き養育者に近接しようとするが、それが叶っても依然としてぐずった状態が長く続き、時に怒りまで示してしまうアンビヴァレント型と呼ばれる子どもたちのことである。すなわち、日常、アタッチメントのシグナルを送っても、それが、適切に応じられないことが相対的に多くある子どもたちであると言い得よう。

さて、本実験で、ジョンソンらは、画面上に大きな丸と小さな丸が登場し、様々に動くアニメーションを映し出し、まずそれを子どもに見せた（大きな丸が母親で、小さな丸が子どもであるかのように、動きを通していろいろな相互作用を展開する）。当初、その二つの丸は近接した状態で示されているが、その後、大きな丸が坂を上っていこうとし、小さな丸はそのふもとに置いていかれることになる。そして、それから間もなくして、小さな丸が（実際の乳児の）泣き声とともに、身体を震わせ始めるのである。その後のシーンは二通りに分かれる。一つは、大きな丸が小さな丸にかまわずにそのまままさらに上の方に坂を上り続けるというものである。もう一つは、大きな丸がすぐに坂の途中から引き返し、小さな丸に駆け寄ろうとするシーンである。

これは、乳児実験で言うところの期待違反法というものであり、子どもが、自身の期待するものが裏切られた場合に、（ある意味、驚いて）より長くじっとその様子を見つめようとする性質を活用した実験手法である。実験の結果は、安定型のアタッチメントを形成している子どもたちは、前者のシーン、すなわち、大きな丸が小さな丸を気にかけない方を長くじっと見るのに対し、不安定型のアタッチメントを形成している子どもは逆に後者のシーン、すなわち大きな丸が小さな丸のそばにすぐに戻る方を長くじっと見る傾向があることを示すものであった。

さらに、この実験には続きがあり、小さい丸が坂から戻ってきた大きな丸から離れようとするシーンと、逆に小さい丸が戻ってきた大きな丸に近づこうとするシーンを見せられた時に、安定型の子どもは前者のシーンを、不安定型の、特に回避型の子どもは、後者のシーンを長くじっと見る傾向があったことも報告されている。これらの二つの実験結果は、安定型の子どもにとっての当然の期待は、小さな丸が困惑している場合には、大きな丸は必ず戻ってきてくれるはずだし、小さな丸はごく自然にそれに近づいて行くはずというものであるのに対して、不安定型の子どもにとっての当然の期待は小さな丸がどんなに苦痛を示していても大きな丸は何もしてくれないだろうし、(殊に回避型で) 小さな丸は大きな丸から退いて離れていくのが普通であることを、物語っている。

この実験結果が示唆するところは、人生の出発点である誕生後一年という間に、一人ひとりの子どもが、その主たる養育者との間で日常、繰り返される自身のアタッチメント経験に基づいて、それぞれに固有の、まさに「愛の理論」と呼び得るようなものの原型を既に築いているということである。そして、子どもは、その原初的な「愛の理論」をもって、主要な養育者以外の他者との関係性においても、その主要な養育者から通常してもらえていたことを、あるいはしてもらえないでいたことを、多くの場合、至極、素朴に期待するようになるのだと考えられる。当然のことながら、他者を困惑時には助けてくれる善意ある人と自然に感じられる方が、そこに良好な関係性が築かれる可能性は高いであろう。しかし、逆に、いかなる他者であっても、そこに (主要な養育者と同様に) この人も何も助けてはくれないはずだという自身に対する一種の無関心や悪意を読み取ってしまった場合には、その他者との関係性が円滑に営まれる確率は相当に低くなるものと考えられる。現に、虐待にさらされ、アタッチメント欲求を恒常的に適切に満たしてもらえない状況下で育つと、他者が示す様々な表情の中でも（悲しみや苦痛には鈍感である一方で）怒りの表情だけには敏感であったり、また特に特定の表情が浮かんでいない真顔を悪意ある怒りの表情と誤って知覚する子どもが相対的に多いことが、一連の実験を通して示されているのである（Pollak & Tolley-Schell, 2003）。そうした子どもたちが、様々な他者との間で対人トラブルを比較的多く抱え込みやすいことは、幼少期に形成されるこうした「愛の理論」という視座からも、説明できる点がある。

4　安定したアタッチメント関係と共感性や心の理解能力の発達

幼少期の安定したアタッチメントのもう一つの働きは、それが共感性や心の理解能力の発達に深く関与する可能性があるということである。近年、とみに注目されてきていることに、子どもが恐れや不安などの情動をもって近接してきた時に、養育者はその崩れた情動をただ立て直すだけではなく、多くの場合、自分自身が「社会的な鏡」となり、子どもの心の状態を調律し、映し出す役割を果たしているということがある。考えてみれば、子どもは、大人からすればほんの些細なことでも、実に大げさに怖がったり不安がったりするものである。しかし、私たちは、その恐れや不安がどんなに子どもっぽいものであっても、大泣きしている子どもをゲラゲラ笑いながらなだめるということを、通常はあまりしないであろう。それどころか、瞬時、その子どもと同じような表情になってしまっていることも少なくはないように思われる。例えば、何かの病気や怪我のために苦痛に喘いでいたり、一人ぼっちで寂しそうに泣いていたりする子どもを見ると，時に私たちは，まるでその苦痛や寂しさが自身に伝染したかのように反応してしまうのではないだろうか。

つまり，私たち大人は，子どもの情動の崩れに一緒に寄り添い調律・同調し，そして，つい同じ顔の表情や声の調子になる中で，それを子どもに対して映し出しているのである。例えば，何かにつまずいて転び泣いている子どもの表情が，目の前の大人の顔に再現され，それに子どもが目を向けるとすれば，子どもはその大人の顔を一種の「鏡」として，自分のその時の表情と自分の中で起こっている痛みの感覚をそこに見ることになるのである。

近年，急速な勢いで進展している脳科学でとみに注目されているものの一つにミラーニューロンがある。それは，自分自身が何かの経験をした時に活性化される一方で，その同じ経験を他の人がしているのを見た時にも活性化されるという不思議な性質を持っており，言ってみれば，自分と他者の心を瞬間的につなぐ働き，さらに加えて，いわゆる共感性を働かせる役割を一部，担っているのではないかと言われている。そして，何人かの世界最先端の研究者たち（Iacoboni, 2008）が，養育者等による日常の何気ない子どもの情動の映し出しこそが，この共感性や思いやりの基盤としてあるミラーニューロンの発達に深く関係しているのではないかという仮説を立てているのである。

無論，こうした脳科学的見方については，未だ実証された訳ではなく，慎重なスタンスをもって受け取るべきである。しかしながら，元来，精神分析や発達心理学の領域では，多くの場合，情動の映し出しと連動してなされる情動のラベリングが，子どもが自分自身の心や身体の状態を理解する上で，とても大切な働きをするのではないかということが繰り返し強調されてきたという経緯がある。そこでは、心理的に悲しい状態の直中にあることと、これが悲しいと自覚的にわかることは全く異質であると考えられてきている。また、身体全体が何かいつもと異なる状態にあることと、自分自身で、今日は身体がだるくて仕方がないと意識の上で気がつくことは異次元のことであると理解されてきた(Bion, 1963)。そして、子どもが自分自身の心身の状態を自覚して理解できるようになるためには、養育者等が、その状態を察知して、それを「悲しい」「だるい」といった的確な言葉にしてうまく貼り付けてあげること（ラベリング）が必要であると言われてきているのである (Fonagy, 2001)。そして、そうした働きかけの下で、自分の状態が少しずつわかり始めた子どもは、自分が経験したのと同じ状態にある他者の様子を目にした時に、「○○ちゃん、一人で悲しそう」と、そこに自分が知った言葉を貼りつけながら他者の気持ちを徐々に理解することができるに至ると仮定されているのである。

ちなみに、こうした仮定に関しては未だそれを直接的に裏付ける確定的知見が必ずしも十分にある訳ではないが、少なくとも、幼少期に子どもがその主たる養育者との間で、内的な心身状態に絡む発話をいかに多く経験し得るかということと、いわゆる「心の理論」や自他の心的状態の理解の発達にはかなり明瞭な正の関連性があることが明らかになってきている (Symons, 2004)。このように、養育者等による情動の映し出しやラベリングは、子どもが自他の心を適切に理解し、また共感性や思いやりを育む上できわめて重要な役割を担っている可能性があると考えられよう。先に被虐待児の他者表情の読み取りの特異性に関して言及したが、被虐待児はまた、自他の内的状態の理解に関しても困難を抱えやすいことが指摘されている（Howe, 2005）。虐待が生じる関係性において、子どもは多くの場合、自身の崩れた情動を適切な形で立て直されないばかりか、その調律や映し出しの機会にもあまり恵まれていないことが想定される。そして、そうした状況や過程で自他の内面理解の発達にも制約を受けてしまうのかもしれない。

このトピックの最後に一つ付言しておくならば、ある研究は、子どもが初めての注射で大泣きしている状況において、養育者がいかにふるまうかについて観察し、タイプ分けを行っている（Fonagy, 2001）。そして、そこでは、子どもの崩れた情動状態に巻き込まれひたすら動揺してしまう（同調・映し出しのみがある）養育者の子どもや、ただ無表情にあるいは笑ってなだめようとする（制御・立て直しのみがある）養育者の子どもよりも、子どもと同じ表情になりながら慰めようとする、すなわち調律とともに制御も確かに成り立っている養育者の子どもの方が、より容易に泣き止み、より効率的に情動を元通りに回復することができたことが明らかにされている。このことは、アタッチメントが子どもの情動の制御・立て直しだけではなく、その同調・映し出しも伴う時に、最も有効に機能することを物語っているのかもしれない。

5　親以外の他者からの影響

ここまでのアタッチメントに関わる記述は、暗に養育者、それも母親と子どもとの密なる関係性を想定させるものであると言えよう。また現に多くの実証的なアタッチメント研究が、母子関係を対象に展開されてきたことは否定しようのない事実である。そして、このことは、子どもの社会情動的発達やパーソナリティ形成の個人差に、例えば敏感性（sensitivity）の高さといった母親の養育上の特質が、きわめて甚大なる影響力を有することを暗黙裡に私たちに信じ込ませる土壌を作り上げてきたと言い得よう。

しかし、近年、様々な視座から、アタッチメント理論に潜在する諸前提が厳しい再検討にさらされ、こうした考えも多分に一つの当て推量であったことが明らかにされつつあると言えるのかもしれない（Rutter, 2008）。やや唐突な感があるが、ここで、そのことを実感させてくれるものの一つとして、ある行動遺伝学的研究に関して多少とも言及しておくこととしたい。行動遺伝学は今や、発達心理学の主要な領野を占めるほどに進展してきているが、既にアタッチメントの個人差もその研究対象にされている。詳細は割愛するが、行動遺伝学の基本的方法は、一卵性・二卵性双生児あるいは養子などを研究対象にして、きわめて多種多様な心理行動的特徴に現れる個人差分散について、遺伝的要素によるものか環境的要素によるものかを明快に数値化するものである。既に、心身の特質、能力、嗜好性、病理・障害などに現れる実に多くの個人差がターゲットとされてきているが、そこでの知見は、総じて、従来、仮定されていたよりも、人の心理行動的特質における遺伝的規定性（遺伝率：測定された表現型における個人差が個々人の遺伝子の差異によって説明される比率）と非共有環境の説明力（同じ家庭に複数のきょうだいが育つことを想定した場合の一人ひとりのきょうだいが個別・独立に経験する環境的要素の説明率）が相対的に高く、一方、共有環境の説明力（主に親の育て方やパーソナリティなど、複数のきょうだいが共通に経験する環境的要素による説明率）が低いことを示唆するものである。

実のところ、こうした数値の読み方・解釈の仕方に関しては非常に慎重なスタンスが求められるのだが、アタッチメントに関わる行動遺伝学的研究は、その個人差に対して、ある意味、例外的とも言い得るほどに遺伝率が低いことを明らかにしてきている。逆に言えば、環境・経験上の差異によって、アタッチメントの個人差の大半が説明されるというのである（Bokhorst et al., 2003; Fearon et al., 2006; Roisman & Fraley, 2008）。それだけに、親を選べない子どもにとって、その親が、子どもの近接欲求を確実に充足し、適切に情動制御をなし得るか否かが枢要な意味をなすことが一見、強く印象づけられる訳だが、ここで、より刮目したいのは、共有環境と非共有環境それぞれにおける説明力の方である。大概の研究において、共有環境による説明力と非共有環境による説明力に大差ないことも示されているのである。加えて言えば、成人期のアタッチメントの個人差を問題にした研究などは（無論、そこで用いられている測定手法が自己報告式の質問紙であり、乳幼児期の観察ベースの手法と大きく異なるため必ずしも同列には論じられないのだが）共有環境よりも非共有環境によって説明される割合がむしろ大きくなることを示唆している（Burssoni et al., 2000）。

実のところ、共有環境および非共有環境というのはあくまでも理論的に仮定されたものであり、その具体的な中身がいかなるものであるかの正確な特定はできないが、前者がどちらかと言えば親からのしつけや働きかけを中心とした家庭内における養育環境に、後者が（時間移行に伴って変化する家庭内環境とともに）家庭外での生活環境に重なるところが大きいと言える。このことからすると、アタッチメントの個人差の形成には、家庭内における親およびそれ以外の家族成員のパーソナリティや働きかけの差異ばかりではなく、家庭外における他者からの働きかけやその他者との相互作用上の特質なども、相対的に大きな役割を果たしていると考えることができるだろう。しかも、一部の見方によれば、家庭外の他者の影響力は、個人が成長・発達していくにつれて徐々に増大していくようなのである。

6　アロペアレンティングと仲間関係の役割

それでは、右で見た家庭外における他者として、具体的にどのような人を想定すべきであろうか。発達の早期段階でのその第一候補は、当然のことながら、子どもに日常的にケアを施す保育士や幼稚園教諭ということになるかもしれない。先にも少しふれたが、近年、様々な観点からアタッチメント理論の再吟味が行われつつあり、その一つに、ボウルビィのいわゆるモノトロピーや階層的組織化の仮定は果たして真に妥当なのかという問いを掲げるものがある（Rutter, 2008）。換言するならば、元来、アタッチメント理論では、基本的に一人（あるいはそれに限りなく近い少数）の、その多くの場合は母親との緊密なアタッチメント関係が最初に絶対的な土台をなして、その後、その強い影響下で、様々な他者との関係が営まれ、その延長線上で個々人に固有の社会人格的特性等が形成されるという考えが前提となっていたが、それに疑いを立てる向きが徐々に強まってきているのである。

実のところ、こうした疑念は今に始まった訳ではなく、例えば、生まれた直後から子どもは既に複数他者と同時並行的に関係を取り結ぶ存在であって、たった一人の他者、特に母親との関係だけが子どもの発達の道筋を決定する訳では決してない、といった批判が比較的早くからあったことは否めない（例えば社会的ネットワーク理論など）（ルイス／高橋、二〇〇七）。また、最近では、進化生物学の観点から、本来、ヒトという生き物は、必ずしも血縁関係ではない複数の他者からなる集団子育てによって共同繁殖を進めてきた種であり、端から、他者からの協力が得られない状況では、基本的に子どもの生存や成長はなかったのだと強く主張する向きも生じてきている（Hrdy, 1999）。こうした生物学的見方によれば、ヒトの子どももまた、最初から親以外の多様な大人からのケアを受け入れて成長・発達を遂げるメカニズムを生得的に備えて生まれてくるのだという。

つまりは、親以外の他者による養育やケア、専門的に言えばアロペアレンティング（alloparenting）が、元来、ヒトの子どもの心身の発達を健康に支えるものであったということである。こうした考えを背景に持つ近年の研究は、先に見た階層的組織化の理論モデルではなく、統合的組織化（複数の他者との関係の質が加算・統合される形で子どもの発達が進む）や独立並行的組織化（複数の他者との関係それぞれから個別の発達的要素を子どもが獲得する）という別のモデルがより子どもの発達の実態に適うのではないかと仮定し、その実証を試み始めている（数井／遠藤、二〇〇五、二〇〇七）。そして、現に、例えば独立並行的組織化の立場に立つある研究は、母子関係におけるアタッチメント以上に、子どもが家庭外で最初に出会う保育者などとのアタッチメントの質が、その後の保育所や学校といった集団的状況の中での（教師的存在や仲間・友人との円滑な関係性を含む）社会的適応の鍵を握る可能性が高いことを明らかにしてきている（Howes & Spieker, 2008）。

無論、先行する親とのアタッチメントが、その後の家庭外の保育者などとの関係性に影響を及ぼす可能性は否めず、現にそれを支持するような研究も複数存在している。しかし、家庭外での保育者などとの関係性は、時に家庭における親子関係に不足しているものを十分に補う潜在力を秘めていることはいかなる意味でも否定し得ないように思われる。冒頭で経済学者ヘックマンの名前を挙げたが、彼の主張の重要な根拠の一つに一九六〇年代に米国ミシガン州で行われたペリー就学前計画とその後の縦断調査の結果がある（Heckman, 2013）。それは、貧困層の子どもたちを三歳から二年間だけ幼稚園に通わせ、幼稚園教諭が定期的に家庭訪問を行ったということが（ヘックマンが言うには、それこそ非認知的能力を身につけさせることを通して）数十年経ってもなお、その人たちの心理社会的適応や経済状態に好影響を及ぼし続けていることを明らかにしたものである。しかし、実のところ、その効果は、幼稚園の活動で習い覚えたことよりもはるかに、その子どもたちが、家庭では得られなかった安定したアタッチメントを、幼稚園教諭という温かく敏感な大人との間で経験できたということに由来しているのかもしれないのである。

もっとも、保育士や幼稚園教諭などの家庭外の大人との関係性は、母親などの家庭内の大人との関係性と全く同じ意味で重要であるということではないのだろう。すなわち、保育者がもっぱら母親の代わりとして子どもに接することが必ずしもよい訳ではないということである。ある研究者らは、集団状況で機能する子どもに対するケアが、親子二者間で機能するケアとは元来、異質なものである可能性を論じている（Ahnert, Pinquart & Lamb, 2006）。それによれば、保育のような状況においては、保育者が子どもに関わる際、「二者関係的敏感性」（子ども個人の欲求に対する反応の素早さと的確さなど）のみならず、「集団的敏感性」（子ども集団全体に対する共感性・許容性・構造化など）がとても重要になるという。さらに、前者のみをもっぱら重視した子どもに対する関わりでは、子どもの集団の規模が大きくなるにつれて、子ども一人ひとりとの関係が徐々に悪化してしまうのに対し、後者をも重視し現に実現できている保育環境では、子ども集団のサイズにあまり左右されることなく、ケアする大人と個々の子どもとのアタッチメントも一貫して安定した状態に保たれる確率が高いという。おそらく、子どもの側も保育者に母親と全く同じ役割やケアを期待している訳ではないのかもしれない。それよりはむしろ、子どもは、子ども同士のやりとりや集団での遊びにしっかりと目配りができ、それらが円滑かつ安全に進むよう確かに支え促してくれる保育者をより信頼するようになるのだと考えられる。

最後に一点、加えて言うならば、こうした家庭外の大人との関係性は、保育所や幼稚園の中で、同年代あるいはやや年齢の異なる複数の仲間との関係とともにあるということである。先にボウルビィの考えを批判的に再考しようとする向きが強まってきていることにふれたが、その急先鋒の一つにジュディス・リッチ・ハリスによる集団社会化理論も含まれる（Harris, 2009）。それは、子どもの発達に対する親の役割の大半を遺伝子の伝達の中に見ており、育児を通しての寄与が非常に小さいことを主張するものであり、しばしば、その過激さゆえに物議を醸してきたと言い得る。しかし、そうした部分の主張の是非は措くとして、ハリスの理論が、従来、あまり光を当てられてこなかった家庭外における仲間や友人との集団関係の中における経験をきわめて重く見るというところは大いに刮目してよいだろう。彼女は、集団の中で子どもは早くから仲間との同一化と差異化を頻繁にかつ濃密に経験するのであり、そして、それらの経験が子どもの社会情動的側面も含めた個性や能力等の発達に深く関与するのだと強く訴えるのである。

いずれにしても、多くの子どもは早くから家庭と保育所等の二つの社会的世界に跨がって生きているのだと言えるだろう。無論、その二つの世界が有機的にうまく連携し、つながれてあることが子どもの発達に望ましいことは言うまでもない。しかし、これまでの研究上のエビデンスからして、前者と後者の世界は子どもの発達に対して独立に機能するところも現にあるのであり、どんなに前者の世界に恵まれない子どもでも、後者の世界が温かく豊かなものになれば、その発達の先には必ずや確かな光の筋が見えてくるように思える。そうした意味において、就学前の幼少期における保育所や幼稚園の発達上の役割とその可能性の大きさには関しては、私たちはこれまでの過小評価の見方を大いに、改める必要があるのかもしれない。

おわりに

確かに、私たちは、日々、きわめて頻繁に、また当たり前のように、子どもが何かに怯え不安がり、誰かに強くくっつこうとする様を目にしている。しかし、先にも述べたように、この一見、何でもないかに見える幼少期のアタッチメントの様相の中に、実は、子どものその後の、殊に社会性とパーソナリティの発達を長期的に方向付ける様々な要素が集中して含まれているのである。そして、このことは、いかなる意味でも軽視されてはならない。無論、親は親でこのことをもっと真摯に受け止めるべきであろう。しかし、それとともに、また時にはそれとは独立に、家庭外において、アタッチメントの重要性を強く自覚的に意識し、高度な発達理論と保育スキルとを備えた専門性の高い保育者等が、様々な個性を持った乳幼児にしっかりと向き合い、それぞれのニーズと状態・水準等に柔軟に応じる関わりを確かに実践することができれば、その先の子どもの未来や、そうした子どもがやがて担うことになる社会の未来は、きっと明るいものになるはずである。少なくとも筆者は強くそう信じたい。

引用・参照文献

Ahnert, L., Pinquart, M., & Lamb, M. E. (2006). Security of children's relationships with nonparental care providers: A meta-analysis. *Child Development*, 74, 664–679.
Bion, W. R. (1963). *Elements of psycho-analysis*. William Heinemann.

Bokhorst, C. L., Bakermans-Kranenburg, M. J., Fearon, R. M. P., van IJzendoorn, M. H., Fonagy, P., & Schuengel, C. (2003). The importance of shared environment in mother-infant attachment security: A behavioral genetic study. *Child Development, 74*, 1769-1782.

Bowlby, J. (1969). *Attachment and Loss: Vol. 1, Attachment.* Basic Books. (revised edition, 1982).

Bowlby, J. (1973). *Attachment and Loss: Vol. 2, Separation.* Basic Books.

Bowlby, J. (1980). *Attachment and Loss: Vol. 3, Loss.* Basic Books.

Bowlby, J. (1988). *A secure base: Parent-child attachment and healthy human development.* Basic Books.

Burssoni, M. J., Jang, K. L., Livesley, W., & Macbeth, T. M. (2000). Genetic and environmental influences on adult attachment styles. *Personal Relationships, 7*, 283-289.

遠藤利彦（二〇〇七）アタッチメント理論の現在——特に臨床的問題との関わりにおいて、乳幼児医学・心理学研究、一六、一三—二六

Fearon, R. M. P., van IJzendoorn, M. H., Fonagy, P., Bakermans-Kranenburg, M. J., Schuengel, C., & Bokhorst, C. L. (2006). In search of shared and nonshared environmental factors in security of attachment: A behavior-genetic study of the association between sensitivity and attachment security. *Developmental Psychology, 42*, 1026-1040.

Fonagy, P. (2001). Attachment theory and psychoanalysis. Other Press.（フォナギー、P、遠藤利彦／北山修（監訳）（二〇〇八）愛着理論と精神分析、誠信書房）

Goldberg, S. (2000). *Attachment and development.* Arnold.

Gopnik, A. (2009). *The philosophical baby.* Farrar, Straus and Giroux.（ゴプニック、A、青木玲（訳）（二〇一〇）哲学する赤ちゃん、亜紀書房）

箱田裕司／遠藤利彦（編）（二〇一五）本当のかしこさとは何か――感情知性（ＥＩ）を育む心理学、誠信書房

Harris, J. R. (2009). *The nurture assumption: Why children turn out the way they do, revised and updated.* Free Press.

Heckman, J. (2013). *Giving kids a fair chance.* Cambridge. MIT Press.

Howe, D. (2005). *Child abuse and neglect: Attachment, development and intervention.* Palgrave.

Howes, C., & Spieker, S. (2008). *Attachment relationships in the context of multiple caregivers.* In J. Cassidy, & P. R. Shaver (Eds.), *Handbook of attachment: Theory, research, and clinical applications (2nd ed.)* Guilford Press, pp. 317-332.

Hrdy, S. B. (1999). *Mother nature: A history of mothers, infants, and natural selection.* Pantheon.（ハーディ、S、B、塩原通緒（訳）（二〇〇五）マザー・ネイチャー上・下、早川書房）

Iacoboni, M. (2008). *Mirroring people: The new science of how we connect with others.* Farra, Straus & Giroux.（イアコボーニ、M、塩原通緒（訳）（二〇〇九）ミラーニューロンの発見、早川書房）

Johnson, S. C., Dweck, C. S., Chen, F. S., Stern, H. L., OK, S-J., & Barth, M. (2010). At the Intersection of Social and Cognitive Development: Internal Working Models of Attachment in Infancy. *Cognitive Science,* 34, 807-825.

数井みゆき／遠藤利彦（編）（二〇〇五）アタッチメント――生涯にわたる絆、ミネルヴァ書房

数井みゆき／遠藤利彦（編）（二〇〇七）アタッチメントと臨床領域、ミネルヴァ書房

小林隆児／遠藤利彦（編）（二〇一二）「甘え」とアタッチメント――理論と臨床、遠見書房

ルイス、M／高橋惠子（編）（二〇〇七）愛着からソーシャル・ネットワークへ――発達心理学の新展開、新曜社

Music, G. (2011). *Nurturing natures: Attachment and children's emotional, sociocultural and brain development.*

Psychology Press.

Nelson, C. A., Fox, N. A., & Zeanah, C. H. (2014). *Romania's Abandoned Children: Deprivation, Brain Development, and the Struggle for Recovery*. Harvard University Press.

Pollak, S., & Tolley-Schell, S. (2003). Selective attention to facial emotion in physically abused children. *Journal of Abnormal Psychology*, 112, 323–328.

Schore, A. (2003). *Affect regulation and the repair of the self* (Norton aeries on interpersonal neurobiology). W. W. Norton & Company.

Symons, D. K. (2004). Mental state discourse, theory of mind, and the internalization of self-other understanding. *Developmental Review*, 24, 159–188.

Roisman, G. I., & Fraley, C. (2008). A behavior-genetic study of parenting quality, infant attachment security, and their covariation in a nationally representative sample. *Developmental Psychology*, 44, 831–839.

Rutter, M. (2008). Implications of attachment theory and research for child care policies. In J. Cassidy, & P. R. Shaver (Eds.), *Handbook of attachment: Theory, research, and clinical applications (2nd ed.)* Guilford Press, pp. 958–974.

第8章　ヒトの生活史戦略から捉えた保育

高橋　翠

はじめに

少年の非行や反社会的な行動に関するニュースが流れると、しばしばインターネット上のウェブサイトなどに「家庭環境が悪かったから」「親の育て方に問題があったのだ」という意見が書き込まれているのを目にする。どうやらこの「生育環境に問題があると、将来その子にも問題が生じる(1)」という素朴な信念は社会に強く浸透しているようで、ニュースが報じられる際に、生育環境に関する情報が出来事の背景要因（場合によってはより直接的な〝原因〟）として持ち出されることも少なくない。しかもこの素朴信念は非行や反社会的な行動に限らず、子どもの発達や適応に関わるあらゆる領域、たとえば不登校や中退といった学校適応や、抑うつをはじめとするメンタルヘルスの問題に対する説明の枠組みとしても、同じように適用されている。

「生育環境は個人の発達や適応にいかなる影響を与えるか」というテーマは、古くから心理学、特に発達や教育、臨床に関わる領域における中核的なテーマとして鎮座し続けており、先述の素朴信念を裏付ける〝証拠〟としての実証的研究が膨大な数、積み上げられてきた（たとえば、Vaillant, 2012）。ただしその一方で、こうした見方に懐疑的な立場もあり、子どもの生まれ持った特性（特に遺伝的要因）の影響が無視できないほど大きいという指摘（Bouchard, 2004）や、養育環境と子の問題行動の関連性は因果ではなく、相関関係として捉えられる（元々子どもが攻撃的な性格であるために、ネガティブな養育態度を採用しがちになる）という指摘も行われている（Jaffee & Price, 2007）。経験・環境陣営の研究者たちはこうした指摘に対して、遺伝要因の影響力を認めながらも、それらを加味してもなお、生育環境は個人の発達や将来の適応に対して意味のある影響を及ぼしうると主張している（たとえば、Tither & Ellis, 2008）。また、同様の議論の中で、養育や環境の影響を特に受けやすい遺伝子の存在も示唆されている（Belsky et al., 2014）。

1　生活史理論——育ちの重要性を説明する理論的枠組み

それでは、生育環境が個人の発達や適応にとって重要であるならば、それは一体「なぜ（Why）」なのであろうか。これは、「いかなる（How）養育環境が、子どもの発達や適応のどの側面に影響するか？」という従来の心理学的問題とは別種のものである。後者が生育環境と、そのアウトカム（結果）である個人の心理社会的変数との関連性（現象のメカニズム）を問題にするのに対して、前者はそうしたメカニズムがなぜヒトという生物種において存在しうるのか、なぜ進化の過程で獲得されるに至ったのか（そのようなメカニズムがいかにしてヒトという種における遺伝子の維持・拡散に寄与してきたのかという、生育環境の影響力に対する進化生物学的必然性）を問うているのである。この前者の問いに対して一つの見解を提供しているのが、生物学における生活史理論をヒトの発達に拡張しようとする立場である。

生活史理論とは、それぞれの生物が自らの生物学的適応度（遺伝子の維持・拡散）を最大化していくために、限られた資源（時間とエネルギー）を自身の生物学的なタスクに対してどのように配分していくかを説明するものである（Kaplan & Gangestad, 2005）。適応度を最大化するためには、有限の資源をいかに〝やりくり〟していくかが重要になる。たとえば身体を大きくするために時間やエネルギーを費やせば、その分、繁殖に遅延が生じる（生存・成長と繁殖の間のトレード・オフ）。これに加えて、繁殖の間にも、子育てに力を入れるか（少なく産んでそれぞれの子が確実に繁殖年齢を迎えられるようにするか）、そうではなくて新しいパートナーを探して更に子どもをもうけるか（遺伝的なバリエーションのある沢山の子どものうちの誰かは生き延びられるようにするか）という駆け引きが存在する（子育てと配偶の間のトレード・オフ）。生物はこの二つの駆け引きに応じて〝速い〟生活史戦略（素早く成長し沢山子どもをもうける戦略）から〝遅い〟生活史戦略（ゆっくり育ち少ない子どもをもうけて手厚く育てる戦略）を両極とする軸のいずれかの地点に位置づけられる。例を挙げると、イヌはネズミに比べて〝遅い〟戦略寄りであるが、ヒトと比較すれば〝速い〟戦略寄りである。そして、各個体は当該種における標準的な生活史戦略をもちながらも、自身の置かれている環境に応じた微調整を行っていると考えられている。なぜなら、最適な〝やりくり〟（いつ成長を切り上げ繁殖に移行するか、今の子の養育をいつ切り上げて次の子どもを持つか）は、各個体が置かれている環境に応じて異なってくるためである。たとえば、食糧が乏しい・捕食者が多い等、環境が厳しく、生存の見通しが立たない場合には、自身や子どもの致死率が高くなるため、なるべく早く成長を切り上げてできるだけたくさんの子どもをもうける〝速い〟戦略の方が生物学的には適応的である（Brumbach et al., 2009）。

2　発達環境の補償・保障の場としての保育

ジェイ・ベルスキーらは、幼少期の生育環境が反社会的行動や非行を予測するという発達心理学の知見を、生活史理論の視点から再解釈している（Belsky, Steinberg & Draper, 1991）。彼らによれば、性的成熟の開始以前（七歳くらいまで）の生育環境、特に子どもが直接経験する家庭内環境（親子の愛着関係や両親同士の関係性）は、子どもにとって将来自分が繁殖を行うことになる環境の重要な手がかりとなるため、生活史戦略の調整因として機能するという。具体的には、親との愛着が不安定なものである場合、それは「親は自分に安定した投資を行うことができない環境下にいる」という情報となり、子どもはリスクの大きい環境に対応した〝速い〟戦略を採択するようになるという。現代において

〝速い〟戦略は、学業へのコミットメントの低さ（自身の成長への投資の切り上げ）や、性行動の早期開始、異性との不安定な関係（配偶相手の頻繁な変更）という形で現れると考えられている（そのため、現代社会の価値体系からは、〝遅い〟生活史戦略の方が望ましいものとされている）。また、ベルスキーらは社会的望ましさの観点からは大いに問題視されるような攻撃性や抑うつについても、ヒトがその進化史を通じて度々直面した、厳しく予測可能性の低い環境においては、純粋に遺伝子の維持・拡散の観点からすれば有利に働いた可能性についても言及している。(2) こうした生活史理論に基づく発生・発達理論のヒトへの拡張が果たして妥当なものかについては、検証の余地が多く残されていると言わざるを得ないだろう。しかし、少なくとも仮説の一部を支持する知見は確実に蓄積されてきているのである（たとえば、Belsky et al., 2015）。

生活史理論に依拠する論者たちは、生活史戦略の調整因として、主に就学前期までの家庭環境（特に親子間の愛着と両親間の関係性）を重要視している。(3) しかしながら、同じく進化生物学的観点からヒトの家族システムを捉える論者は、ヒトは進化史を通じて両親以外の大人が養育の担い手（親以外に子育てを行う者：アロペアレンツ）として欠かせない存在であったと主張している。(4) 実際に、子どもは両親以外の大人から与えられるケアに対してとても受容的であり、両親以外の大人との間にそれぞれ愛着を形成することができる（Dozier et al., 2001）。ここから、たとえ親自身のケアが不安定的なものであったとしても、早期に親以外の大人から安定してケアが提供されることがあれば、子どもはそれに応じて〝遅い〟生活史戦略を採用する可能性が示唆される。(5) ゆえに、ここでヒトの進化史を通じたアロペアレンツの重要性を加味した上で、生活史理論から保育というものの一面を捉えようとするならば、それは不安定な家庭環境に置かれた子どもにとっての環境の補償、すなわち可能な限り自身への投資を行ってよい（＝じっくり成長してもよい）という、安定した未来への見通しを保証するまたとない機会と言えるのではないだろうか。言い換えると、保育者は毎日の関わりの中で、特定の子どもたちがまさに〝速い〟生活史戦略に舵を切らんとするのを瀬戸際で食い止めているのである。

現在、日本の保育現場では利用開始年齢の低下・利用の長時間化が著しい。先述の議論を考慮すれば、これはアロペアレンツとしての保育者が、子どもの生活史戦略の調整に対して以前にも増して強い影響を与える構造が成り立ちつつある状況と言える。したがって今こそ、保育の場が確かに子どもたちに対して〝遅い〟戦略の獲得を支えるものになっているかどうかを、注意深く見守っていかなければならないのではないだろうか。ヒトという生物の生活史からみても、やはり保育はその質が肝要なのである。

注

（1）　これとは逆に、「生育環境（育て方）が良いと将来成功する子どもになる」という信念も広く共有されているように思われる。ただ、以下の議論で参照する理論的な枠組み（生活史理論）を、単純に〝より望ましい〟生育環境の効果に適用することはできないだろう。

（2）　一般に社会的望ましさの低い性格特性を、生活史戦略の個人差として捉える立場としては、たとえば McDonald et al., 2012。

（3）　児童期以降の経験・環境の重要性が無視されているわけではない。たとえば、Del Giudice, Angeleri & Manera, 2009。

（4）　Hrdy, 2007. なお、アロペアレンツの役割は、血縁関係にある祖父母や自分の兄姉が担う場合が多い。

（5）　貧困家庭に生まれた子どもたちに対する幼児教育プログラムの結果（たとえば、ヘックマン、二〇一五、一一—一二頁）は、〝遅い〟生活史戦略に向けた介入の成果として再解釈できるかもしれない。

引用・参照文献

Belsky, J., Steinberg, L., & Draper, P. (1991). Childhood experience, interpersonal development, and reproductive strategy: An evolutionary theory of socialization. *Child Development*, 62(4), 647-670.

Belsky, J., Newman, D. A., Widaman, K. F., Rodkin, P., Pluess, M., Fraley, R. C., Berry, D., Helm, J. L., & Roisman, G. I. (2014). Differential susceptibility to effects of maternal sensitivity? A study of candidate plasticity genes. *Development and Psychopathology*, 1-22.

Belsky, J., Ruttle, P. L., Boyce, W. T., Armstrong, J. M., & Essex, M. J. (2015). Early adversity, elevated stress physiology, accelerated sexual maturation, and poor health in females. *Developmental Psychology*, 51(6), 816-822.

Bjorklund, D, F., & Pellegrini, A. D. (2002). *The Origins of Human Nature: Evolutionary Developmental Psychology*. American Psychological Association.（ビョークランド、D、F & ペレグリーニ、A、無藤隆（監訳）、松井愛奈／松井由佳（訳）（二〇〇八）進化発達心理学——ヒトの本性の起源、新曜社）

Bouchard, T. J. (2004). Genetic Influence on human psychological traits a survey. *Current Directions in Psychological Science*, 13 (4), 148-151.

Brumbach, B. H., Figueredo, A. J., & Ellis, B. J. (2009). Effects of harsh and unpredictable environments in adolescence on development of life history strategies. *Human Nature*, 20 (1), 25-51.

Del Giudice,M., Angeleri, R., & Manera, V. (2009). The juvenile transition: A developmental switch point in human life history. *Developmental Review*, 29(1), 1-31.

Dozier, M., Stovall, K. C., Albus, K. E., & Bates, B. (2001). Attachment for infants in foster care: The role of caregiver state of mind. *Child development*, 1467-1477.

ヘックマン、ジェームズ、J、古草秀子（訳）（二〇一五）幼児教育の経済学、東洋経済新報社、二〇一五年

Hrdy, S. B. (2007). Evolutionary context of human development: The cooperative breeding model. In C.A. Salmon & T. K. Shackelford (Eda.), *Family relationships: An evolutionary perspective*, Oxford University Press, 39-68.

Jaffee, S. R., & Price, T. S. (2007). Gene-environment correlations: a review of the evidence and implications for prevention of mental illness. *Molecular Psychiatry*, 12(5), 432-442.

Kaplan, H. S., & Gangestad, S. W. (2005). Life history theory and evolutionary psychology. In D. M. Buss (Ed). *The Handbook of Evolutionary Psychology*, Wiely, 68-95.

McDonald, M. M., Donnellan, M. B., & Navarrete, C. D. A (2012). Life history approach to understanding the Dark Triad. *Personality and Individual Differences*, 52(5), 601-605.

Tither, J. M., & Ellis, B. J. (2008). Impact of fathers on daughters'age at menarche: A genetically and environmentally controlled sibling study. *Developmental psychology*, 44(5), 1409.

Vaillant, G. E. (2012). *Triumphs of Experience*. Harvard University Press.

第9章　文化と文脈を内包する場としての保育

淀川裕美

子どもたちの豊かな経験やそこでの育ちを保障するために、私たち大人は、目の前の子どもたちに寄り添い、時に対峙し、日々試行錯誤を続けている。当然子どもたちとのかかわりは直接的なものに限らずより広くは行政等の取り組みも含め、あらゆる次元の物的・人的環境により支えられている。そうした様々な水準での経験知や実践知、多領域の学術的知見を蓄積しながら、子どもたちの育ちをより豊かにするための努力がなされている。

文化心理学者のマイケル・コールは、「幼稚園（キンダーガーデン：子どもの園）」の本質について、「農園（ガーデン）」というメタファーを用いて次のように述べる。(1)「農園は、個々の植物の微視的世界と、外的環境の巨視的世界との間の環をなしているのである。この意味で農園は、文化の概念と文脈の概念を結合したものであり、文化と人間の発達を考えるための一つの具体的モデルを提供している」。すなわち、「幼稚園（キンダーガーデン）」の用語に代表される保育実践の場とは、子どもの個々の発達（微視的レベル）から、それを支える様々な物的・人的環境や制度等（巨視的レベル）までの様々なレベルが統合され内包される場であり、そこ、すなわち保育実践の場でこそ、子どもの発達とともにそれを支え導く（媒介物としての）文化の特徴も、総合的に考察することができるという。そこに「発達保育実践政策学」も挑戦しようとしている。

1　保育における文化固有性

先の引用個所で、コールは「幼稚園」を「文化と人間の発達を考えるための一つの具体的モデル」と表している。ここでいう「文化」、すなわち人間の精神活動の媒介物と、子どもの「発達」とはどのような関係にあるのか。人を育てるという営みについて考える時、「文化」という用語を外すことはできない。(2)

例えば、保育と文化の関係に着目した国際研究がある。日本・中国・米国それぞれのプリスクールを一日観察し、比較分析した研究である。(3)この研究の面白いところは、三カ国のプリスクールについて、一九八四年前後と二〇〇二年前後の二回、同じ園で観察調査を行っている点である。すなわち、文化間の比較分析だけでなく、同一の文化内でも二時点での比較分析を行うことで、文化間の相違点や類似点だけでなく、同一文化内の経時的な変化や不変も描出しているのである。この研究では、日中米の研究者が各国のプリスクール（日本では保育所と幼稚園）を訪問し、四歳児クラスの一日を録画記録した。その映像（二〇分間に短縮したもの）を、まず、当該クラスの担任保育者に見てもらい、次に、当該園の他の保育者に見てもらい、さらに、同じ国の他の保育者に見てもらい、最後に、他の二国の保育者にも見てもらうという段階的な手順をふまえ、それぞれに語ってもらうということをしている。

そこから導き出された内容は、非常に興味深いものであった。例えば、中国の二時点の保育を比較すると、一回目の観察時には、教師が権威主義的でカリキュラムも形式的で、子どもたちに多くの自由が与えられていなかった。一方、二回目の観察時には、子どもの権利や自立、創造性の育成に焦点があてられ、より個別的な教育の必要性が唱えられていた。教育についての価値、信念、方略に大きな変化があったことがわかる。経済・政治・子育てにおいても同様の変化が生じたという。この変化には、近代化のための経済成長とそのための人材育成が、中国の喫緊の課題であったという背景や、一人っ子政策による家族形態の変化の影響もあったという。一方、日本の二時点の保育を比較すると、景気の低迷と人口構成の変化による影響が大きかったものの、中国や米国と異なり、近代化（ポスト近代化）による悪影響が子どもたちに及ばぬようにとプリスクール（保育所や幼稚園）が保守的な機能を果たしてきた。そのため、約二〇年経った後も、他の二国と比べて大きな変化は認められなかったと分析されている。具体的には、構成主義的で、遊び中心のカリキュラムが大半の園で実施されているということである。米国を見てみると、また事態は異なる。米国の二時点の保育を比較すると、一九八五年には（良くも悪くも）今よりも自由に、遊びや学びを強調し、各自で子どもの発達の目標を設定し、ガイドラインなどは関係なく環境構成でき、保育者の資格等も問われていなかった。一方、二回目の観察時には、カリキュラムや環境構成、子どもの学びの成果に関する外部の行政機関や専門機関の基準に従わなければならないというプレッシャーを感じるという現場の保育者の声が聞かれた。米国では二〇年の間に、経済的な懸念と教育を含む社会制度の合理化への要求から、保育の領域でも変化が迫られたという背景がある。乳幼児期への投資が将来の労働力の確保につながること、経済的・社会的な報酬として返ってくるという考え方が広まり、アカウンタビリティ（説明責任）、評価、基準と標準化、アウトカム（成果）、専門性、一貫性、明瞭性、そしてエビデンスベースドの保育実践といった用語が使われるようになった。そうした経済的社会的状況の中で、保育のあり方も変化してきたと言える。

このように「保育」といっても、そのあり方や抱えている課題は、文化や時代によって異なることがわかる。歴史、文化、社会、経済、そしてその根底にある価値を考慮せずに、自らの保育を考えることはできないであろう。そして、そのことを可能にするのは、自らの保育の営みを省察し、内側から丁寧に考え深めていくことと同時に、先の日中米の国際比較研究からも示唆されるように、外側から自らの保育の営みを見直してみる、そのための視点を持つことによってなのだと考える。

2　保育における国際的な歩み

自らの保育を外側から、自分とは異なる視点に立って見直してみるとは、具体的にどのようなこととして考えうるだろうか。一つには、自らの園やクラス以外の様々な保育実践を見て、あるいは様々な研修等で専門的な知識やスキル、思考の仕方を学ぶことを通して、自らの実践を振り返り、明日からの保育実践への示唆を得るということがある。あるいはまた、外部の人に自らの保育実践を見てもらいコメントをもらうということも、自らの実践の良さや抱えている課題を再認識したり自覚したりして、新たな気付きを得るという意味で重要である。こうした実践レベルでの交流が、第一に重要であることは言うまでもない。その上で、さらに巨視的な視点から、例えば他の施設形態の保育実践の場や、広くは他国の取り組み等から、自らの文化における保育実践の特徴を捉えなおすということも必要とされる時代になってきている。そこで、最後に世界各国の保育の質に関する動向を述べて、日本の保育の質のさらなる向上への展望を記したい。

近年、世界各国では、子どもの育ちを支える保育の質のうち、特に「プロセスの質」に関心が集まり、重要性が認識されてきている(4)。これまでの国内の大規模調査の多くは、主に「構造の質」に焦点をあて、保育の質の実態を明らかにしてきた。そこから日本の保育の抱えている課題が様々に明らかにされてきた。一方で、「構造の質」だけでは捉えられない保育の質があるということも認識されてきている。すなわち、「構造の質」の改善に加えて、保育の質の維持や向上にとって不可欠な「プロセスの質」に取り組むことで、子どもたちのより豊かな経験や育ちを保障しようという考えである。「プロセスの質」といっても、例えば子どもへのかかわりには、その文化固有の価値が強く反映されるものであり、一概にこうするべきだという解は存在しない。しかし、その文化なりの仕方で「プロセスの質」の向上に取り組むという大きな方向性は、どの国でも、どの園でも、どのような文化背景があっても共有することができるのではないか。その上で、「プロセスの質」を高めるために重要な規定要因である「構造の質」の向上ということを、それぞれの文化で改めて考えていく必要があるように思う。日本の保育研究の多くは、日本という独自の保育文化における実践や専門性を対象として発展してきた。今後さらに、国際的な動向にも着目しながら視野の広がりを持って、同時に、日本の保育の文化固有性をふまえて深みを持って、全体としての保育の質の保障や向上ということを考えていく必要があるだろう。そのことにより、日本の文化の独自性や伝統のみに固執するのではない、開かれたかたちでの保育の質向上を実現していけると考える。

「あらゆる学問は、保育へつながる」という本書のテーマに立ち戻ると、そのつながり方には様々なレベルがあるように思う。それらのすべてを貫く視点として、文化固有性と普遍性[5]、そして国際的な歩みを意識していく必要がある。保育にかかわるすべての人とともに、その役割の一端を「発達保育実践政策学」が担っていくことを願っている。

注

(1) マイケル・コール『文化心理学——発達・認知・活動への文化-歴史的アプローチ』天野清訳、新曜社、二〇〇二年、一九九頁

(2) コールによれば、「文化」とは人間の精神活動の媒介物であり、「文脈」とは人間の精神活動を取り囲むものであり、同時に互いに織り込むものである（同書、一八四—一九〇頁）。詳しくは、『文化心理学』所収のコ

ールによるレビューを参照されたい。

（3）Joseph Tobin, Yeh Hsueh and Mayumi Karasawa, *Preschool in Three Cultures Revisited*, University of Chicago Press, 2011. 各国のプリスクールの一日の映像は、ＤＶＤで入手可能。

（4）OECD, *Starting Strong IV: Monitoring Quality in Early Childhood Education and Care*, OECD Publishing, 2015. OECD（経済協力開発機構）の保育に関する最新の報告書『Starting Strong IV』では、「プロセスの質」を「子どもたちが保育のなかで実際に経験すること─保育施設のなかで起こること、例えば保育者と子どもたちとのかかわり（interaction)。保護者との関係性や使用可能な素材・教材、スタッフの専門的スキルも含む」としている。

（5）本章では、文化や文脈というキーワードから「保育」について考察した。一方で、保育所や幼稚園、認定こども園、地域型保育等で行う保育はもちろんのこと、家庭での養育も含めて広く「保育」を考える場合に、文化や文脈だけでなく、人間の生物学的な特徴についても十分に考慮することが必要であろう。人類学者であり霊長類学者であるサラ・ブラファー・ハーディーは、著書『マザー・ネイチャー──「母親」はいかにヒトを進化させたか〈下〉』（塩原通緒訳、早川書房、二〇〇五年）の中で、「一九世紀から二〇世紀初頭にかけての固定観念だった本能的に慈悲深い母親」（三三頁）とは異なる、子捨てをする現実の母親について説明する際、歴史的・生態的な背景や社会的、経済的な背景を根拠として、そうした母親は「社会的に構築される」と考えるだけでは不十分であり、繁殖生態学や社会生物学等の生物学的な説明が不可欠であるとしている。このように、ただ社会文化的な要因を考えるだけではなく、人類の生来的なメカニズムと考えられるもの（普遍性）の影響も合わせて、現代の子育てや保育の問題を考えていく姿勢が必要であろう。

コラム5　乳幼児は「ヘリ」で包囲されている

写真にあるようにN700系新幹線の座席の両角には丸い取っ手が付いており、通路を歩いてバランスを崩したときに摑まることができる。便利なデザインだなと眺めていたら、子どもの手先がスーッと伸びてきて、五本の指でしっかりと座席のヘリをつかんだ。そこを支点にして、姿勢を変えて、周囲を見回している様子だ。小さな手のかたちを見ていたら、遠い昔のことだが、おんぶしたときの母の両肩の丸み、食卓に並んだ料理を見ようと立ち上がるために握ったテーブルの端、外の景色を見るために両手で力を入れて摑んだ家具の端、窓枠などの幼い日の感触を思い出した。

乳幼児期の子どもたちの視線は多様なもので遮られている。つかまり立ちの時期に、子どもはあちこちにあるヘリに手を掛けてからだを伸ばして、向こうを覗く。何とか立ち上がることと、遮蔽を越えたところにある景色を見ることを同時に試みる。この時期、移動と視覚は一体に獲得されている。乳幼児施設の中にはどのような種類のヘリが用意されているのだろうか、「包囲するヘリ」は、子どもたちにどのような活動をもたらしているのか、現場で観察したいと考えている。

（佐々木正人／東京大学大学院教育学研究科教授）

図1　N700系新幹線の座席

コラム6　〝赤ちゃん向けしゃべり〟の意味

赤ちゃんに話しかけるとき、多くの人は、声がいつもより高くなり、抑揚が大げさになり、と独特の話し方になります。このような話し方は、対乳児発話（IDS：infant-directed speech）と呼ばれ、大人向けの話し方（ADS：adult-directed speech）と区別されますが、このような話し方をすることは、赤ちゃんにとってどのような意味があるのでしょうか。

調べてみると、四、五カ月の赤ちゃんはADSよりIDSに興味を持ち、IDSをしゃべっていた人とADSをしゃべっていた人では、IDSをしゃべっていた人に親しみを持つようです。また、IDSでは、ことばがよりはっきりと発音されることになるので、IDSで話しかけられたほうが、一歳より前の子どもでは、容易に発話に含まれる単語を聴き取ることができ、一歳すぎの子どもでは、単語の意味をより容易に学習することができます。

このように良いことづくしのIDSですが、なぜ大人は赤ちゃんにこんなふうに話しかけるのでしょう？　実は、大人でも子育て経験がある人のほうが赤ちゃんに対してすんなりとこのような話し方ができ、うつ状態の人では、赤ちゃんへの話しかけの抑揚は平板になりがちです。つまり、IDSは、話しかける大人の気持ちに余裕があって、かわいい相手とかかわる経験の中で磨かれていくものなのです。

（針生悦子／東京大学大学院教育学研究科教授）

コラム7　デジタルおしゃぶり――赤ちゃんの能動性を研究するための古くて新しい方法

　ここ四半世紀の膨大な数の乳児研究は、物理、数、人間の特徴などさまざまなドメインにおける乳児の知識を明らかにしています。しかしながら、こうした研究の大多数は、「注視時間」を測度とする乳児にとって受動的な方法に準拠しており、乳児の能動性を活かした実験を実施することはできません。こうした問題点を解決するため、私たちは、「デジタルおしゃぶり」を開発しました（図1）。

　乳児の非栄養吸啜行動を指標とした研究手法は、古くから新生児を対象とした実証的研究で用いられてきました。しかし、装置が大掛かりであったり、実験の実施と解析に多大なコストがかかったりといった理由で近年はあまり用いられていません。

　私たちが開発した「デジタルおしゃぶり」は、組込システムの技術を用いて、コンパクトかつ無線で複数のコンピュータと通信できます。また、二つのフォトセンサによっておしゃぶり乳首部の形状を高い時間解像度でセンシングしているため口腔内の異なる運動を計測することができます。

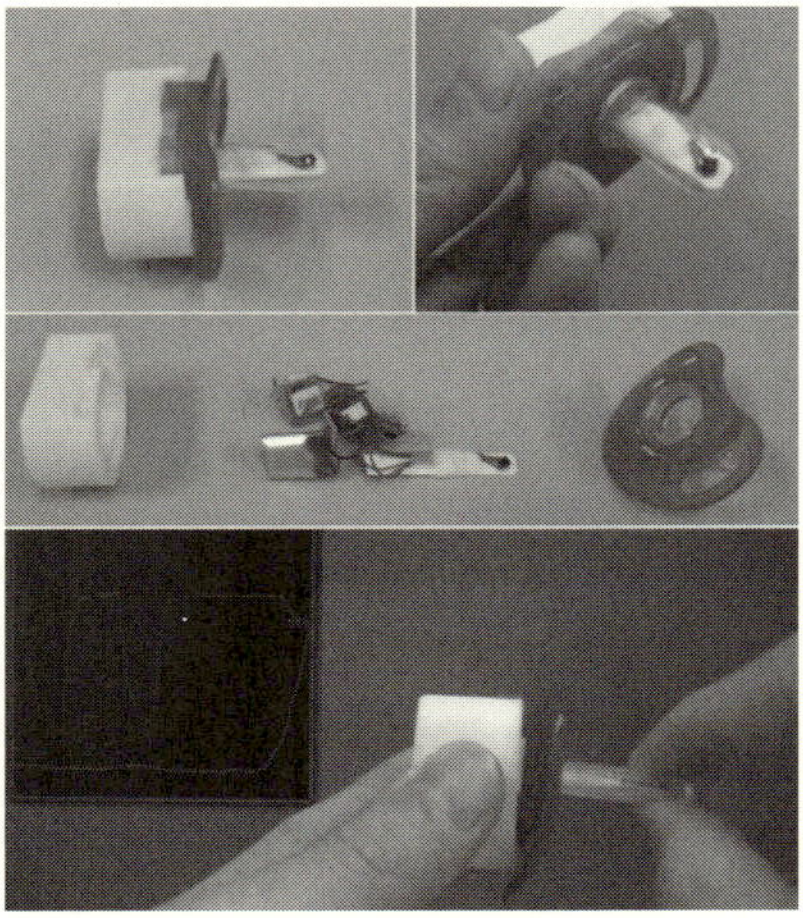

図1　デジタルおしゃぶり

このデバイスをもちいることで、現在、意思表出や言語・認知・運動機能が発達途上の乳幼児を対象とした評価実験を進めています。将来的には、四肢の運動が困難な高齢者や身障者にもこのデバイスを使ってもらう計画です。

（開　一夫／東京大学大学院総合文化研究科教授）

コラム8　早産児の脳障害の変化と今後の研究課題

新生児医療の進歩により救命された早産児の重度神経後遺症の頻度は明らかに減少してきており、現在では明らかな障害を認めないが認知行動の課題を持つ児への対策が重視されています。一九九〇年代では、大脳白質の破壊性病変が重度神経後遺症の主な神経病理として注目され、その予防に向けた取り組みが進められました。その結果として脳性麻痺の頻度が漸減する中で、多動性や学習などの認知行動の背景には、頭部ＭＲＩ検査において大脳皮質の脳回形成等の微細な違いがあることが示唆されています。こうした違いは低酸素や感染症などの病的な状態に起因するだけでなく、早期から母体外で生育される人工的な環境が関与する可能性があり、早産児が育つ環境への関心が高まってきています。こうした環境が児の発達に与える影響調査には、長期のフォロー期間が必要で、結果が明らかになった時点ではすでに新生児医療環境は変化しており、現場へのフィードバックも容易ではありません。長期の認知行動発達に相関する新生児の評価方法としては、頭部ＭＲＩの新たな画像評価法や行動の客観的評価などが研究的に行われてきています。今後さらに非侵襲的な生理機能的パラメーターの開発によって新生児の大脳皮質の局在機能の発達評価が可能となれば、早産の脳発育に対する影響を明らかにするだけでなく、早期の客観的な発達評価により、早産児を育成する環境改善へのフィードバックが可能となります。

（岡　明／東京大学大学院医学系研究科教授）

第3部　保育と学問

第10章　座談会　発達保育実践政策学の構築に向けて

秋田喜代美／遠藤利彦／大桃敏行／佐倉　統／多賀厳太郎／
村上祐介／山邉昭則／渡辺はま

山邉昭則（司会）：本日はご参集いただきありがとうございます。東京大学大学院教育学研究科附属機関として、二〇一五年七月一日に発達保育実践政策学センターが設置されて一カ月半が経ちました。今回このように合宿という普段とはまた違った非日常の場所にメンバーが集まり議論の機会を設けることができうれしく思っています。

学外の、保育・幼児教育の実践の先生方とは、秋田喜代美センター長と、遠藤利彦副センター長とともにすでに座談会を開催しました。このたびは、研究者としての立場から、本書の掲げるテーマについて何が言えるのか、あるいは、多様な領域の研究者が知恵を寄せ合ってどのような未来が切り開けるのか、そのあたりの課題や展望を含めて、自由に意義ある議論ができればと思っています。

また、外側の視点からもお力添えいただければと、東京大学大学院情報学環の学環長の佐倉統先生にモデレーターとしてご参加いただきます。先生からは学際的な立場から私たちに問いを投げかけていただきたいと思います。

佐倉統（モデレーター）：よろしくお願いいたします。私自身、進化などの観点からヒトの発達や育ちについてもかねがね関心を持っていましたし、科学的な知見の社会への援用など、専門である科学コミュニケーションの観点からも興味深く思っています。事前にお送りいただいたみなさんの原稿を読んで思ったのは、エビデンスベースでやっていこう、日本の保育周辺にはエビデンスが欠けているという見解が共通していますね。そのときに、何が問題で、何を解決しなければいけないのか、エビデンスがあると今のどのような問題が解決されるのかというところを、もう少し具体的にお聞きしたいと思います。そのあたりも話題にしていただければ幸いです。

「保育」とは

多賀厳太郎：保育をどのように定義するかというのが、議論を進めるために重要だと思います。それがこれからの議論すべてに関係するのではないかと思います。さて、「保育」って何ですか（笑）。

秋田喜代美：もともとは保護・養育の語からきているわけで明治になってできた語ですよね。乳幼児期の子どもを保護し、養育すると。保護と教育、療育、いろいろな具体的行為が「保育」には含まれていると思います。本書の序章で書きましたが、保育学会の初代会長倉橋惣三の定義においても、

「保育の本領は幅広い」ものでした。保育の射程は非常に広いです。ただ、ある種の発達、ヒトの最初の時期における社会文化的な営みを対象とした学術領域では、保育そのものは実践を指す概念だと思います。保育そのものは、家庭だけではなく、社会の公的な人たちが他者の子どもを育てる営みを含むと思います。

大桃敏行：保育を英語で訳すと何ですか。

遠藤利彦：care and education になります。

秋田：スウェーデンでは educare と呼んでいます。

大桃：エデュケアという言葉があるのですか。

秋田：造語です。education and care ですから。care and education と訳したり、education and care と訳したりすることもあります。

大桃：私が本書で紹介しているアメリカの連邦政策には child care and development という言い方が出てきまして、ケアと発達で、このケアをどう訳すか迷っていたことがあるのですが、このケアは保育にすごく近い意味なのでしょうか。

村上祐介：児童養護というのは、概念のなかに含んでいますか。

秋田：はい。社会的養護ではなく、養護および教育としての保育を含んでいます。

村上：明確に含んでいますか。

秋田：児童福祉法六条における「保育」には養護は含まれています。

村上：では、保育の下位分野の一つが養護ということですか。

秋田：そうです。〇―一八歳までが児童福祉法で措置されるということは、保育が関わってくるわけです。保育所保育と他の保育を分けて使う場合もあります。それから、児童養護施設や児童館の保育スタッフも保育士の資格を持っており、学童保育も行っています。

多賀：保育と教育という用語は、〇―一八歳ではどのような関係になりますか。

秋田：現行の保育所保育指針では、「養護と教育が一体となって展開されること」を保育としています。ですから、学校教育法二二条の「保育」と、児童福祉法の「保育」と「教育」で使う「保育」とは、どう違うのかについて、内閣府の子ども・子育て会議でも何年も議論がありました。

私は一本化して全部「保育」で呼びたかった派です。それに対して、幼稚園関係者や文部科学省は法令上も教育という言葉を使うので、子ども・子育て支援法では「教育・保育」施設になっています。文部科学省では、幼稚園教育で行われている実践を、「保育」と呼んでいます。学校教育法二二条で、動詞として一カ所だけ「保育し」という言葉を使っています。ですから、やっている営みは「保育」です。

渡辺はま：もう一つ言葉でわからないのが、待機児童の「児童」は、就学前の子どもに使うのですよね。待機幼児とか待機乳児という言葉はないですよね。

大桃：学校教育法上は、児童は小学校ですよね。

渡辺：そうですよね。ですから、待機幼児とか待機乳児と言うのかなと思うと、それは違うというのも難しいなと。
秋田：誰がつけた呼称かわかりませんが、児童は待機していません。親が待機して入れたいと思っているのであって、子ども自身が待機しているわけではありません。
大桃：学校教育法上と言いましたが、小学校が児童で中学校は生徒ですが、幼稚園に通う子どもはどう呼びますか。
秋田：幼児です。
大桃：やはり幼児ですよね。待機幼児と言ったほうがわかりやすいですね。
秋田：待機児童の場合は、大半は乳児ですよね。
遠藤：乳児です。幼児ではないです。
秋田：一歳児のところが一番の問題ですから。
渡辺：三歳児で待機するケースはあまりなく、三歳になれば必ず入れるのですか。
遠藤：よほど特別な希望を持っている人でなければ入れます。

「発達」とは

多賀：僕がよく悩むのですが、「発達」にはどのような定義があるのでしょうか。development は、生物学では発生と訳します。developmental biology というと発生生物学です。developmental psychologyは発達心理学と訳します。同じdevelopmentを、発達や発生と言うことがあります。

大桃：私たちの領域では、developmentは開発という意味にもなります。

秋田：保育では、発達という言葉を避ける人もいます。実践者の方は、「育ち」という言葉を使うことが多いです。「発達」は客観的に描くのですが、日常的な会話ではどちらかというと「子どもの育ち」という言葉を好みます。私も学術的に書くときは「発達」と書きますが、現場に即して語るときは「育ち」という言葉に意識的に置き換えています。そのほうが読者の感覚に合います。

大桃：「発達」と「開発」というのは、かなり意味が違いますよね。開発というと上からの視線がかなり入ってくるような感じがしますよね。

遠藤：developmentというのは、基本的に元来個体に内在しているものが徐々に展開するという語源があったという話があります。つまり、maturation（成熟）などに比較的近い概念だったのではないかという考え方です。しかし現在では、こうしたmaturation（成熟）の意味にlearning（学習）の意味をあわせて、年齢が上がるにつれて生じる個体の時系列的な変化を第三者的に見て、客観的に「発達」という言葉で言ってしまっていることが多いと思います。ただ、これも厳密に定義されているわけではなくて、慣習的にそのような使い方が一般的になってしまっているという気がします。

秋田：遠藤先生が言われた英語のdevelopmentというのは、写真を現像液に浸けると、湯気が出てくるように画像が顕れるというような意味合いですよね。ドイツ語のentwicklungですと、もつれた糸が広がって変化していくという感じですよね。

遠藤：ええ、もともと展開するという感じです。
村上：「育ち」を英訳するとどうなりますか。
秋田：development です（笑）。growth（成長）は、どちらかというと身体的な変化に使います。精神的な側面や心的側面は development を使います。
遠藤：日本人は主に身体的なものに「成長」という言葉を当てていますよね。
渡辺：基礎研究では、「成熟」と「発達」を分けますよね。生物学的に決められた流れに従った変化を指す場合は「成熟」を、育っていく人たちを主体にした能動的変化を含める場合には「発達」という言葉を使うことが多いような気がします。
多賀：生物学的に言うと骨や筋肉ができるのも development です。発生生物学の場合には使いますよね。
渡辺：developmental biology では、そのようなイメージが強いですよね。
大桃：これだけ学問によって違うとなるとおもしろいですね。
佐倉：昔は英語でも生物の進化、系統発生の意味で development を使うことがありました。今で言う evolution です。ダーウィンの時代は development のほうが主流だったと思いますが、それはもともと内在しているものが出てくるという、目的論的なニュアンスがあります。motivation でも development でもそうですが、何かピークがあって、そこに向かっていくようなイメージを私は持っています。そこから先は老化という感じで。若いときは、内在しているものが出てくるのでも、学んでいくのでもいいのですが、どうしても無意識に進歩的なニュアンスがつきまといますね。

大桃：生涯発達心理学には、人間の一生を発達で捉えるような考え方はありますか。

遠藤：life-span development というのは、ここ三〇—四〇年ぐらいの間に浸透してきた発想で、人の発達は成人期前期にピークに達し、その後は衰退していくのだということの否定がそこにはあったわけです。ピークというものを否定して、人はどの時点でも発達し得ると。そして発達は一次元上の進みの早さで測られるようなものではなく、多次元的に生じるものだという発達の多次元性と人それぞれの発達において幸福のかたちや人生の目的などは本来、異なるのだという発達の多方向性という発想が生じてきたのです。

大桃：その場合、変容に近いのでしょうか。

遠藤：基本的に発達という現象は実のところ、獲得と喪失が表裏一体のかたちで進行するものであるというように再定義されて、life-span developmental psychology というものが、ここ三〇—四〇年ぐらいの間に確立してきたわけです。昔は child psychology と developmental psychology は、ほぼイコールだったわけです。でも、それがはっきりと区別されたのです。昔の child psychology というのは、主に青年期までの発達を扱う学問領域でした。しかし、developmental psychology というのが、life-span development になって、受精から死に至るまでという、全生涯を対象とするように変わってきたということだと思います。

秋田：「親になっていく」というような社会文化的な役割としての過程も、発達として捉えるようになっていますよね。

子どもを取り巻く制度の現状

多賀：保育の実践と政策についての定義はそれぞれどのようなものでしょうか。

大桃：実践と政策は違うと思います。政策への貢献というのは、例えば、ある研究成果を次の政策にどのように反映していくかという感じです。また、実践への貢献は、幼稚園や保育所でどのようなかたちで研究成果が実施されていくかということになります。政策という概念については、必ずしも政府が行っていることだけを政策と捉える必要はないですよね。政府の活動を政策と言う人もいますが、政策はもっと広い概念で捉えていって、政府が行うのは政府政策とか公共政策という言い方もします。

村上：ポリシーというのは、カリキュラムポリシーとか、いろいろな使い方をしますよね。

秋田：それは方向性ということですか。

大桃：そうです。行動指針のようなものになります。アドミッション・ポリシーと同じです。

遠藤：ポリシーと政策には、随分距離がありますよね。

大桃：そうです。

秋田：指針とか方向性もポリシーに含まれるのですね。

大桃：もともとはそうです。

佐倉：ポリシーと政策に距離があるとはどういうことでしょうか。

遠藤：政《まつりごと》という言葉が入ると、随分違うニュアンスになりますよね。

佐倉：公共政策だと、public policy ですかね。

遠藤：子ども・子育て支援新制度の実施主体が、基本的に各自治体になりました。そこではポリシーというものが何重にも入れ子状になってしまっている状況があるように思います。ですから、実施主体である自治体が各園を動かすときの具体的な指針や方針の決定に、一番マクロの部分の国の文科省や厚労省などの制約がどのように効いてくるか、そこをどう整合的につなげるのかという課題があるように思います。また、さらに都道府県が実質的に大きな力を持っていたりします。すると、そうしたいろいろな力が、最終的に一人ひとりの子どもに直接触れる段階でどのように結集していくかに関して、様々なレベルのポリシーをつなぐ研究や実践が不足している気がします。

秋田：今遠藤先生が言われたような点に関して、おそらく基礎自治体だけでは対応できない問題の一つが、障害を持ったお子さんなどの専門的な保育に関する議論だと思います。基礎自治体が小さい場合には、専門家の数が十分ではないので、広域調整することになっています。そのような部分がきちんと保障されていかなければならないと思います。

ただ、基礎自治体の判断でいろいろなことができます。例えば、新潟県の聖籠町では三歳から五歳までの通常保育の保育料を全員無償にしているので、子育てに対する信頼が高くなります。また、青森県中津軽郡の西目屋村では、過疎化が進み、子どもが四〇人ぐらいに減少していました。しかし、〇歳児以上の保育料を全部無償にしたことで子どもが違うところから引っ越してきて、六〇人ぐらいになりました。やはり子どもがいるということが、その地域が将来的に生き残っていけるかどうかにつながります。ですから、そのような政策を打てるかどうかが大事なのです。遠藤先生が言われたように、専門家が知恵をどれだけ出せるかというところが問われてくると思います。

つなぐ人材

佐倉：先ほど遠藤先生がおっしゃった「つなぎ」ということとも関係すると思います。調整したり、モデレートしたりする役割の人が必要で、そのような人がいるとうまくいくのだと思います。しかし、そうした役割の確保は今のところこの領域に限らずどの分野でも自然発生的な、運頼み、個人頼みのようなところもあると思います。その辺をどう制度に組み込んでいくか、人材養成の仕方にもスポットライトを当てたほうがいいのではないかと思います。

遠藤：本当にそのとおりだと思います。その仕組みなり、それを担う人材育成が大変重要な課題だと思います。

山邉：先ほど遠藤先生がおっしゃったのは、国の政策が子どもの実際に触れるまでに幾重もの課題があり、望ましい政策であっても、現場へつなげるためにはきめ細やかな連続性をつくっていく必要があるという話だと思います。政策の文脈で言った場合、その間をつないでいくためにはどのような人材が必要と考えられるでしょうか。

村上：直観的に思いつくのは、現場と行政のことが両方ともある程度わかっている人です。もちろんNPOなども大事ですが、予算的には行政のお金は大きいわけです。行政には行政の論理があって、現場には現場の論理があって、そこが時に食い違うこともあります。両方の論理がある程度わかって、ある種の翻訳ができるような人がいるといいですね。折り合いをつけるというのでしょうか。

山邉：両者のロジックがわかって媒介できるという、政策形成で不可欠の能力かもしれませんね。

村上：どちらかしか知らないのでは、実施過程をうまくコーディネートするのは難しいのではと思います。

遠藤：基本的には個人ですよね。そのような力量なりセンスを持った個人ということになりますね。

村上：そうですね。でも、例えば、学校教育の話だと、現場からそのまま校長先生になるよりは、教育委員会に一回行って校長になるほうが、行政的な感覚という点ではいい面もあるという研究もあります。特に人事が大事だと思いますが、そのシステムというのはあり得ると思います。

渡辺：センター名に含まれる「発達保育実践政策」というのは、大きく言うと「発達」と「保育」と「政策」がありますよね。保育の現場に発達の知識が入ったりすることは割と想像できますし、保育の現場の実情が行政に反映されるというのもあると思います。けれども、発達と政策というときに、直接どのようにつなげていったらいいのかというのが難しいように思います。例えば、基礎科学の知見から英語を聞かせたら脳が活動したというようなことがわかったとして、では、英語をたくさん聞かせるようなカリキュラムやそれをサポートできる政策を組んだらいいかと問われたら、少なくとも私はいいとも悪いとも言えません。こういったときに、実証的な知見を使うのか、あるいは使わないのかという判断も基礎科学だけでやらなければいけないとなると、それ以上先に行けない気がします。
秋田：基礎科学からの知見のニーズはとても高くて、私の周囲でも、脳科学と言った途端に飛びついたりする人がいます。また、国際機関でも、この頃は乳児期の重要性が認識されるようになり、このぐらいまでに成熟するから乳児期が大事だというような神経科学からのデータがたくさん紹介されます。それと実践とはうまくつながって説明されるわけではないのですが、そのあたりを政策とつなぐ回路があり得るのでしょうか。
大桃：幼稚園は学校ですから、指導主事（教育委員会事務局におかれ、学校教育について専門的な指導を行う職）の守備範囲になっていて、指導主事が入れます。しかし、幼稚園は私立が相当多いです。保育所のほうは、いわゆる学校ではありませんので指導主事が入れない、入りにくいというところがあります。新制度では幼保連携型認定こども園が出てきます。すると、幼稚園的なところと保育所的なところを両方対象にするような新しい指導主事が必要になってきます。育てる人材というと、そこではないでしょうか。すると、実践と基礎科学が両方わかるような人を育てていくのは、私たちのこのプロジェクトの提言としてやっていけるかもしれません。
秋田：全日本私立幼稚園連合会では、公開保育コーディネーターという制度で、自分たちで公開保育をして他者にみてもらい、地域をつなぐコーディネーターを育てています。

大桃：その辺のところの持つべき知識、技能、スキルなどをある程度私たちのほうで提言していくということはあり得る感じがしますね。新しい資格の設定まではいかないにしても、このようなものは必要ですよと。

山邉：確かに現時点ではそのリテラシーや必要な能力が何であるのかということ自体が同定できていませんから、それは大事なミッションですよね。

遠藤：うまく成功しているモデルについてこのセンターで研究し、その成果を公開していくことで、各自治体がコーディネーターを設置し、それがうまく浸透し機能していく方向性が一番いいと思います。しかし、現状としては、各自治体が何をやっているかということ自体が外部に伝わっていかないという実態があるようです。もっと言えば、ある保育所でやっていることを隣の保育所は知らないというのが、今までの保育の世界の当たり前の状況であったわけです。そうした情報の共有の透明性を学問のなかでしっかりと保障できるようにしていくというのは、非常に重要なことだと思います。

大桃：学問のなかでもそうですが、自治体と組みながら新しいものをつくっていくということも、このセンターのプランのなかに入れられればおもしろいですね。

お金を投資すると保育の質は上がるか

多賀：ざっくばらんに言って、乳幼児保育にお金を投資すると本当によくなるのかというのは議論すべきことだと思います。その辺はいかがでしょうか。

村上：今、ジェームズ・ヘックマンの研究などが受け入れられて、幼児教育は大事だということになり、日本の政策にも影響を及ぼしている面はあると思います。待機児童問題があり、現実に受け皿がないということもありますし、幼児教育は効果があるのだということで政策が進むわけです。しかし、ヘックマンの話は貧困層が研究対象ですから、要するに限界効果（何かを一単位追加したときに得られる効用）が相当あります。例えば、日本で同じ調査研究をやったとして、ではどれぐらい効果が出るのかというのは実はわからない話かもしれません。

ただ、日本では義務教育は相当高度化された仕組みができていますし、国際的にみて公的支出がより少ないのは幼児教育や高等教育ですから、小学校・中学校に投資するよりは、幼児教育や高等教育に投資したほうが効率がいいだろうとも思っています。お金をつぎ込めば効果が出るというのはヘックマン的な話ですが、投資の限界効果を念頭に置かなければいけないと思っています。

秋田：私は、投資の金額がどれぐらいかということが大事だと思います。ただ、お金が園や県に配分はされるけれども、そのお金が子どものところまで本当に届くかというと、その保証はありません。先生たちの給与が上がったり、研修が行われたりしても、それが子どもにいい環境の構築に必ず寄与するかどうかというのは誰にもわかりません。それは公費を投入してみて、その効果を見るしかないと思います。

大桃：今の議論は、アウトプット（結果）とアウトカム（成果）の関係だと思います。お金を投じれば、例えば、保育者の数が増えるとか、そこにおける専門家の数が増えるとか、もっと少人数になるとか、そのような面でのアウトプット（結果）のところは変化が出てくると思います。しかし、そこにいる子どもたちにどのような変容が出てくるかは、家庭など他の要因が相当入ってきますので、アウトカム（成果）として子どもがどのように変わっていったかは見えにくいところがあると思います。

村上：アメリカの教育財政学では、value-added という考え方があります。いろいろな要因を統制したうえで教師の働きがどのくらい付加価値をつけたかということです。付加価値は学力点数などに平たく換言されがちなのですが、そのような考え方があります。幼児教育のアウトカムというのは、さらに測りづらいですが、初等中等教育では value-added のような、教師がどれぐらい価値を付加できたかという考え方はあります。

大桃：今の村上先生の話だと、小学校はテストの成績等でアウトカムが見やすいのですが、ヘックマンではないですが、就学前は非認知的（意欲や社会適応力など）なところが重要だとなると、それは評価や測定がしにくいですよね。アウトカムを測るというのは非常に難しいですし、それが四〇歳になって持ち家率の違いといったところにつなげていくとある程度見えるかもしれませんが、子ども段階の変容においては測りにくいのではないかという感じがします。

秋田：最近の教育経済学ですと、アメリカではラトガーズ大学にある国立幼児教育研究センター、NIEER（National Institute for Early Education Research）で、貧困層の子どもだけではなく、経済的に中流・上流層においても、多様な発達の子どもに効果があることが議論されています。心身の発達がゆっくりの子というのは、貧困階層だけではなく、中流や上流にもいるわけです。従来のヘックマンのように経済下位層だけがメリットを得るのではなくて、中流や上流層の子ども、認知的な側面などの就学後の成績などを見ることにより、一定の効果はあり得ると思います。ただし、先ほど村上先生が言われたように、アメリカやイギリスなどの従来から格差の大きかった社会では、そうした効果も考えられますが、日本のような全体的な保育・教育の質の高いところでそれが言えるかはわかりません。

遠藤：今まで研究が行われてきた貧困層や比較的ハンディキャップを持っている子どもを対象にしてお金を使っていくのであれば、その効果は当然期待できるような気がします。ただ、すべての層の子どもたちを対象にした場合、思い通りの効果はあまり得られないと思います。要するに、一般的な層を対象にした場合は、投資の効果があるというエビデンスはそう容易には見出せない気がするのです。

そのような意味からすると、お金を使ってどのような効果が得られるかという議論のときに、誰を対象にするか、何を根拠にするかは、正確にしっかりと整理した上で考える必要があると思います。まず第一にお金を使うべき部分は、やはり職業として保育に関わる人たちの待遇ですよね。現実的にお金を費やして待遇面が改善されれば、それは保育士の年齢構成のバランスに影響してくるのではないかと思います。

現在は、待遇が十分ではなくても仕事を続けてきた比較的年齢の高い保育士と新卒後数年という若い保育士とが実質的に保育の中心的な担い手になっている気がします。逆に言えばそれは、中堅層の保育士が、待遇が厳しくて、なかなか労働を持続していけないケースが比較的多いということを意味します。特に男性の保育士は長く保育に携わって働き続けることがとても難しい場合が少なくないようです。高いモチベーションを持っていて、早い段階で保育士になって保育所で働き始めたけれども、自身の家庭生活を維持できなくて辞めていってしまうという男性の保育士の割合は比較的高いのではないでしょうか。

保育に対するモチベーションも保育士としての資質も豊かに備えた人たちが仕事を長く続けていける状況を、お金を費やすことで確保できると思います。それをどのようなアウトカムに着目してどのように測定していくかはまた別の話ですが、意欲や資質のある人たちが長く働ける魅力ある職場を実現していくためにお金を費やしていくことは、大変重要なことだと思います。まずはそのようなところにお金がきちんと使われればいいなと個人的には思っています。

秋田：投資対象が、個別の子どもなのか、あるいは保育士なのかを考える必要があります。オランダでは、補助金が削減された場合に保育の質がどのように下がるかについて、園を単位にした分析研究をやっています。補助金がカットされると、外部評価の低い施設で、質がさらに悪くなっていきます。しかも、小規模な園は人件費が削られますから常勤が少なくなり、研修もできなくなり、教材費も減ったことが報告されています。このようなことが日本に当てはまるかはわかりませんし、個人の発達を見るだけでは問題がクリアには表面化しないかもしれません。しかし、園全体を見たときには、質が下がってしまうので、現状よりよくしていくという方向でないと厳しいのではないかと感じます。

何がいい保育かを定義するのは、とても難しいです。例えば、乳児や幼児では、園で預かった時点で、ひっかき傷がどこにあるか、あざがあるかないかをチェックします。そして、親が迎えに来たときに、元通りの体で戻すことが原則とされています。私は、これではレンタカーと同じだと思います。しかも、保育が長時間になればなるほど親は病院に連れて行くことができないだけに、その分商品のように子どもを扱わなければならなくなります。このような現状と、教育的に豊かな経験を保障することの間には乖離があります。高齢者の施設でも同様かもしれませんが、子どもについては親がとても敏感ですから。

佐倉：ガソリン満タンにして返すという感じですか（笑）。

大桃：自治体の規模によっては難しいところがあると思いますけれども、今の話でいくと、幼稚園であれ保育園であれ、例えば、わんぱく型保育施設や音楽型保育施設などに多様化していって、親が選べるような仕組みにしていく。そして、それを契約関係をもとにつくっていくというのはあるかもしれません。

遠藤：それは一つの方向性だと思います。

多賀：でも、何がいいか、悪いかというのは難しい話です。今のように多様性を確保して、いろいろな試みを各園でしたとして、おもしろい試みをするところに優先して予算をつけるというような話につながってしまうと思います。親が選択できるプロセスを国や自治体がサポートする仕組みをつくり得るかどうかについてはいかがでしょうか。

大桃：義務教育は共通性がかなり必要だと思います。学校選択を入れるにしても、それほど多様化するのは難しいところがあります。就学前だとどこまで多様性を認めていくかという問題になると思います。その場合、よき教育なりよき保育を誰が決めるのか。保育士でもいいですし、幼稚園の先生でもいいですが、保育所や幼稚園にかなり任せてしまって、「うちは専門的な判断から言うとこういった方針です」と。それに対して保護者の方から、「それだったら選ぼうね」というところで親の意向と、幼稚園の教諭なり保育士なりの一つのつながりができて、そのなかでの選択の行為があるのではないかと思います。その場合、どこまで多様性を認めていくかです。また、小学校とのつながりが出てきますと、多様性を認めたように思われながら、実際は小学校とのつながりがいいところだけが選ばれていって、そこだけが奨励されて助成されるような構図が出てきますと、本当の多様化なり競争にはならないという感じがします。

多賀：今回の制度改革で、多様性は維持されるほうにいくのか、むしろそうでないほうにいくのか、どちらでしょうか。

秋田：多様性は維持されていくと思います。乳児の最初期は個人差のほうが大きいと思います。しかし何千億円もの公的なお金が入るのですから、少なくとも幼児期の保育教育には一定の質の評価をすべきではないかと思っています。

その質を評価する基準を、誰がどのようにつくるのかが問題です。海外ではいろいろなスタンダードができていますが、それに準拠するのでいいのかということです。今、私立幼稚園などがやろうとしているのは、自園の保育を他の人が見る公開保育をすることで、質を評価につなげようとしています。また、保育所は経営的な側面では第三者評価を入れていますが、保育内容の側面の評価はまだ十分でないので、この質をどう捉えるのかが議論になってくると思います。

渡辺：多様化した園の中から子どもが通う園を自由に選べる家庭は問題ありません。でも、例えば、二四時間見てくれるところや病気のときも預かってくれるところを選ばざるをえないとき、そこの質が保証されているかどうかが重要ですよね。

秋田：ただ、選びたくても選べない子どもたちが数多くいます。

大桃：自由に選べない層が対象となる施設の質の低下が心配されますね。

佐倉：自治体の規模にもよるかもしれませんが、そのような格差というのは今でも大きくなっているという理解でよろしいですか。

秋田：格差は大きくなっています。今、国際経済協力機構ＯＥＣＤ（Organisation for Economic Co-operation and Development）加盟の先進諸国のなかで相対貧困率が日本は四位か三位だと思います。二、三年前には、お金を福祉に投入しても逆に格差が広がるのが日本だと言われていたぐらい差は大きいです。

村上：国際的には、日本は所得を再分配した後に格差があまり縮小しない国ですよね。

佐倉：つまり、セーフティーネットが機能していないということですか。

秋田：機能していません。単親若年層の子どもたちには機能していません。

大桃：同じように子どもを預かる施設も相当多様化していて、差がありますよね。
村上：現場としては、多様化は支持されているのでしょうか。現場の実践者にとってと、親にとっての側面があると思いますが、いかがでしょうか。多様であるというのは、いい面と悪い面と、両方あるのでしょうか。
大桃：むしろ内容の多様化よりも、渡辺先生がおっしゃったように、どのくらいの時間預かってくれるかとか、そちらのほうの要請が強いのかもしれません。
遠藤：多様化と分散化というのは実は話が違っていて、もちろん、一定の質が保証された上で多様化が進めば、子どもの発達にかなりプラスに働く可能性があると思います。しかし、その質の保証が置き去りにされて、ただ養育者側のニーズに応えるだけになってしまい、むしろマイナスの方向にどんどん分散化が進んでいくことが現実的に起きているような気がします。しかもそこの部分は、私たちからは一番見えにくい部分です。そこで保育の質がどうなっているのかは、非常に心配なところだと思います。

基礎科学と保育

遠藤：睡眠に関しては、基礎科学で研究が相当進んでいるように思います。例えば乳児を対象としたとき、お昼寝だけではなくて長時間保育も含め、どのような睡眠のあり方が保育所のなかで最低限確保されればいいかに関しては、基礎科学でしっかりと提言できるところまで進んできていると思うのです。睡眠は子どもの発達に相当影響があることがわかっていますが、そうでありながら、実際の保育にはその知見がほとんど反映されていない気がします。そのあたりはいかがでしょうか。

多賀：睡眠は、調べていけばいくほど発達の根源的なところに作用していて、そのメカニズムが分子メカニズムから行動メカニズムまでいろいろ研究が進んでいるというのが現状です。単に行動レベルではなくて、遺伝子のレベルまで約二四時間周期のメカニズムが組み込まれていることも知られてきています。では、それを実践にどう生かすかというときに、要は、ちゃんと夜寝て、昼間は活動することぐらいしか確たるメッセージ性を持てないわけです（笑）。

遠藤：お昼寝はどう考えればいいですか。

多賀：自然な睡眠の発達としては、新生児期は夜・昼の区別が比較的なくて、昼の間にも何度も寝て起きてというサイクルを繰り返しています。それが二、三カ月になっていくと段々昼間の睡眠が減って、夜の睡眠が増えていくというのが自然発生的に仕組まれています。例えば、生まれてすぐの赤ちゃんを昼起こして、夜寝かせるとしたら、それは生物学的な理に反しているのでおかしいわけです。では、七、八カ月の赤ちゃんの場合はむしろ昼間はもう少しちゃんと起こして遊ばせて、夜はもう少し寝かせたほうがいいとか、月齢による違いについては科学的なエビデンスがあると思います。そのぐらいのメッセージ性はあるかもしれません。

秋田：今はウエアラブルな機器がありますよね。それで子どもの睡眠や生態のリズムを解明して、

「このお子さんにはこういうふうにしたほうがいいですよ」というようなことは言えるようになってきていますか。

多賀：おそらくそのようなことは大事で、ウエアラブルな機器などをうまく使えば、個人個人がどのようなアクティビティを持っているかが、二四時間とか一カ月という範囲で見られるようになってきます。そのようなテクノロジーをどんどん導入することで、「いつ寝ましたか」というアンケートとは違ったかたちで、いろいろなデータを取ることができると思います。

そのような意味では調査の仕方に関するイノベーションもセンターでやるべき重要な課題です。従来の調査方法も踏まえつつ、今までなかったようなタイプの調査の仕方もうまく組み合わせていくことも重要なミッションだと思います。

秋田：新しい学際分野でおもしろい事例はありますか。

佐倉：ロボット研究にはあるのではないでしょうか。

多賀：ロボットはいろいろな側面で研究されてきたわけですが、人間の認知のプロセスを知りたいためにロボットをつくる人もいれば、ロボットがあると社会がどう変わるかということに興味のある人もいます。また、そもそもロボットをつくるためにはどのような材料が必要なのかに興味のある人もいます。そして、ロボットを共通の対象とする領域があって、そこに多様な人材が入ってくると、自然といろいろなコラボレーションができます。そして、ロボットを研究している人が、気づいたら、赤ちゃんの脳を研究しているというようなことが起きたりします。

秋田：それはロボット学会などの学会コミュニティができたということですか。それともプロジェクトベースの研究チームができて発展したということですか。

多賀：割と特異な研究者が何人か集まるとそのようなプロジェクトができてくるという感じです。

山邉：確かにロボットは示唆的で、学際的アプローチも成功しているところがありますよね。学際性の成立要件は、まずはそのような場をつくって、そこに人が集まって関わり続け、それが繰り返されると学際的な相乗効果が帯びてくると理解されています。それをロボットの方面の方々は自ずとやっているのだろうと解釈できます。

多賀：ロボットには、保育と関係することがいろいろあるような気がします。例えば、ロボットを園に持ってきて、子どもたちがそのロボットとどうやってインタラクションをするかという研究をしている人もいます。そもそも保育者をロボットで代替するとどうなるかということも、近い将来に議論しなければならないと思います。人のかたちをしている必要はありませんが、例えば、この子は今遊んでいて、この子は寝ているということをいろいろなテクノロジーを使って自動的に検出することができるとすれば、子どもを見ているという側面においては保育者でなくてもわかる部分が出てくるということです。

要するに、テクノロジーが非常に発達したときに、それをどこまでどのようなかたちで導入するかなどの重要な問題を含んでいると思います。

秋田：二年ぐらい前に、韓国の方が、ロボットをＯＥＣＤの幼児教育ネットワークに持ってきて、出欠を取ったり、「おはよう」とあいさつをしたり、健康管理をしたりといったような保育者代わりのロボットのデモンストレーションを見せてもらった記憶があります。そのときは、子どもの目線で「おはよう」と言うのとは違うなと思いましたが、確かにそこが省力化できると、別の何かに力をさけることがあり得るので、イノベーションとしては必要になってくる部分もあるかもしれません。

多賀：ウサギやイヌを飼うのではなくて、情報化、知能化されたかなり賢いおもちゃのロボットが普通に家にいるということが起きたりするわけです。そのようなときに、何が新しいおもちゃになり得るだろうかというような話も大事なことかもしれません。

秋田：インターネットを用いた調査を考えてみても、従来だと研究者がデータを取る側で、データを提供する側は情報が直接フィードバックされないということがありました。それが機器や調査方法のイノベーションによって、対話的、即時的な情報のやりとりができるようになり、データを提供する側のメリットも大きくなるような方向があり得ると思います。

山邉：そうした研究の成果は、ふだんから学術に親しまれている保育実践に携わる方であれば触れる機会があるかもしれませんが、全国規模で見ると現場にはなかなか届いていかない可能性もあると思います。実践に携わる方々が、そのような知見をいかに入手できるようにするかというあたりも、本センターのミッションかと思います。先ほどの、技術的なイノベーションでブレークスルーを見出していこうという戦略も、いまの時代は必要だと思います。それをきっかけに研究と実践の互恵的な社会システムをつくっていければいいですね。

渡辺：基礎科学の研究者が、「眠る」ことを考えるときには、生物としての側面にどうしても関心が向いてしまいます。ですから、例えば、長時間観察できるウエアラブルな機器があったとしたら、「では、データをたくさん取りましょう」ということになってしまいます。本当は、現実の社会システムのなか、つまり、例えば周りが騒がしいなかでの眠りの仕組み等を調べないと、使えるものにはならないと思います。社会システムを考えないままに、どんなに基礎研究だけ進めても、おそらく現実に生かすのは難しいと思います。人間以外の動物でも、睡眠の周期がどのようになっているかや、そのリズムがどうなっているかについては、たくさんのデータがあると思いますが、それらをすぐに使うことはできません。なぜなら、それらの社会の中でデータが現実に起きていることも切り離されているからです。データを取るときには社会システムを考えなければいけないと思います。

佐倉：現場の側から、こういうデータが欲しいというフィードバックがあったほうがいいと思います。今おっしゃったとおり、基礎科学の研究者は自分の知的好奇心に基づいてどんどん研究をやっていきますから、個人の関心にとどまらず、やはりそこから保育の場で使えるデータにするためにはそのままでは駄目なわけです。すると、最初から「こういうかたちでデータを取ってほしい」とか、「こういうようなデータがほしい」という要望を保育現場にいる人から出してもらって、それを吸い上げる仕組みをつくらないといけないと思います。今はそこがほとんどないわけです。

渡辺：現場からのフィードバックがないことと、基礎科学領域において、現場の視点から考えたいというモチベーションのある人がいないことも大きいと思います。

秋田：私も話を聞いていて、基礎科学で進んできていることはおもしろいなと思います。しかし、保育の現場の先生は、まず目の前の子どものことを考えなければいけないわけです。そもそも保育現場で学術が役立つという経験が保育者にはあまり多くないと思います。むしろ実践のことは自分たちでわかっているという感覚が強いと思います。しかし、今は園のシステムが大きく変わってきていますから、そのなかで基礎科学の知見を保育の場に翻訳できる人を増やしていくことは重要です。翻訳だけではなくて、保育にかかわる学術研究ができる人たちが増えることも大事だと思います。

村上：翻訳者がいるだけでは、まだ足りないということですね。つまり、もう少し実践に寄った基礎研究を別にやらないといけないということですね。

渡辺：基礎研究領域において、実践や現場とつながることを志向し、それを生き生きと楽しめる人がどんどん増えない限り難しいです。

秋田：政策領域についても同様だと思います。保育を実践している人は、目の前の子どもの目の輝きが増すよう、子どもを援助していきたいという人が多いです。しかし、それを保障するためには、園のシステムやそのマネージメントのレベルや、その財源や、それらを総合的に設計することを考えるレベルがないと、子どもに真にふさわしい保育の環境やリズムをつくれません。それらをおもしろいと思える人は多くないですし、また、そういった観点の必要性は、研究者たちには伝わっていません。

多賀：例えば、目の前の目の輝きがない子どもを何とかするために基礎科学のテーマを設定することは難しいと思います。

しかし、何で目が輝いたり、輝かなかったりするのかという問いにすればそれは基礎科学の大変興味深いテーマです。ですから、実践の現場で起きていることに対して興味を持つよう誘導する環境構築が重要です。そうすれば、実践に従って基礎研究をやるべきだという定義をしなくても、もう少しおもしろい方向に行くのではないかと思います。

山邉：それは、科学者の curiosity driven（好奇心に駆動されて前進する）の基本形であり、それがあったから基礎科学が発展してきたのも事実です。科学者の好奇心を社会へいかに相乗的につなげていくかを保育の文脈で考えていくことも、興味深いテーマだと思います。

秋田：私も、研究者誰もが、目の前の現実の問題の解決に直接当たる必要はないと思いますし、それはできないと思っています。現実の問題の背景にある、問いについての分析と解決のためのアイデアを出していくことが必要だと思います。例えば、「待機児童の増大で困っているから、こうしたらいいですよね」という具体的な指針は、実際に政策に携わる人や関係する人が問えばいいわけです。

子どもの生きている複雑な場で各研究者が自分の興味がある部分に焦点を当てて独自の分析方法で研究していくことが重要だと思います。

遠藤：私も、基本的に基礎研究は基礎研究で自立していて、むしろ突っ走ってもらったほうがいいと思います。ただ、現場における、基礎研究から得られた知見の使い方の行方に対して、基礎研究はどこまで責を負うべきかは、意外に難しいところだと思います。

現実的に一人ひとりの子どもは多くの制約のなかで育っています。例えば、お昼寝は、同じ時間帯に一斉に眠らなくてはならず、眠くない子どもにとってはストレスです。その一方で保育士にとっては業務をおこなう貴重な時間でもあるわけです。

　現在は眠りたい子だけ眠り、それ以外の子どもは遊んでいられる保育所もあるようです。子どもの自立的な育ちを優先しつつ、保育士の業務も効率的におこなえるしくみを考案することも大きな課題だと思います。

　現場が最も知りたい知見の一つは子どもの望ましい睡眠のかたちです。子どもはどれぐらいレジリエント（回復力がある）なのかは基礎研究でまだ十分に解明されていません。それが解明されてくると、積極的な応用まではいかなくとも、子どもについての共通の了解事項はできる気がします。

大桃：私は今遠藤先生がおっしゃったことは非常に大事だと思います。子ども・子育てで、子どもにとっての一番いい環境と、政策的に言えば、保護者なり親がどう対応するかというのがあります。先ほどのお昼寝の時間も、成長のなかでの子どもにとって望ましいお昼寝の時間についての議論と、「ここで寝かせておかないと八時ごろ保護者が来るときまでもたないぞ」という現場対応レベルの議論があります。子育て側の視点からの対応があって、政策はその両方のなかで選ばれていくとすると、「では、どこまでオーケーなのか」が、研究的にはなかなか難しいかもしれませんが、示されてくると政策判断にはとても有益ではないかと思います。

研究者の役割

佐倉：遠藤先生がおっしゃった基礎研究で得られた知見の現場での応用について、研究者が帰結にどこまで責任を持つかというのは私も興味のあるところです。今までの、特に生物学の反省としては、安易に生物学の成果が応用されて――後から見れば曲解だと誰も言いますが――ヒトラーの人種差別に適用されてしまったりしました。ヒトラーの『我が闘争』を読むと、進化論と遺伝学が自分のよりどころだというようなことが書いてあるわけです。たしかに彼の理解は科学的にはめちゃくちゃなのですが、彼があのようなかたちで利用できる考え方を自然科学が提供していたというのは事実ですから、そこは反省しなければいけないと思います。

けれども、どこまでが「製造物責任」の範囲かは本当に難しいところです。今まで科学というのは事実（ファクト）を追求するものだから、価値とは違うのだ、to be と should be は違うのだということで進展してきたのですが、特に二〇世紀後半ぐらいから脳科学や遺伝学、最近ではロボット研究などが進んできて、そう単純に建前で済ませられない状況がたくさん出てきているわけです。ヒトに関わる分野は、科学的にこういう成果が出たと一般のメディアで取り上げられたら、その瞬間から様々な社会的な文脈のなかで曲解されたり、誤解されたり、流布していくわけですよね。事実と価値はもはや分けられません。

こういう話をすると研究者は、よく、それはマスメディアが悪いのだと言います。しかし実際には、論文にはそこまで書いていなくても記者会見のときに研究者がそれに近いことを少し言ったことがきっかけになる場合が多かったりします。その発言をもとにメディアがそこだけを膨らませて記事にしたりするわけですね。ですから、そこの部分は研究者にも責任がまったくないとは言えない。なので、メディアや社会にどう対応するかに関する教育は、自然科学の研究者にも大学院生の頃から必要ではないかと思います。もちろんすべての研究者がそのような問題に関わる必要はありませんが、自分の研究成果はそれだけの社会的な影響を持ち得るのだということは、研究者一人ひとりが自覚するべきだと思います。

遠藤：子どもに関わる科学が曲解されて使われるときは、less is worse（乏しければ乏しいほど、より悪い）に関わるエビデンスが、more is better（あればあるほど、よりいい）にすり替えられて発信されることが多いわけです。何かの刺激が非常に不足したり、環境に深刻な剝奪があったりすると、子どもの発達のどのようなところにいかなるダメージが及ぶかに関してはかなり研究が進んできています。そこで得られた知見が一つのファクトとしてかなり確実なのだとしても、不足による負の効果は与えれば与えるほど子どもの発達が引き上げられるということを本来、まったく意味しません。それに関しては別種のエビデンスが必要なはずなのです。しかし、様々なメディアなどでは、less is worse が成り立つ環境剝奪に関わるエビデンスが、more is better ということに安直にすり替えられて、養育者や保育者、あるいは世間一般に伝えられてしまうことが横行している気がするのです。そして、そのことが、早期教育の有効性をいたずらにあおり立てたりすることを招いてしまうと思います。

知見のそのような使われ方に関して、自分も含めて、研究者が何も言わないのが果たしていいことなのかと良心が痛むことがあります。自分の得た知見の行方をどのように把握して、私たちが責をどこまで負うべきかは科学を旨とする者たちのコミュニティにとってのとても大きな課題ですが、そこは未だほとんど手つかずのままであるように思います。

山邉：確かに大事な問題提起です。エビデンス・ベースドという概念は近年プラスの意味で言われることが多く、実際に往々にしてそうかもしれません。科学に基づいた何かしらの意思決定は、従来よりも、よりよい方針を示すのかもしれません。センターとしてこれからエビデンス・ベースドで研究を進めていく場合、常にそのような省察的な意識は持っておくことが望ましいと思います。私たちがエビデンスと呼ぶものが、よき貢献をする一方で、もしかしたら想像もしていなかった影響を与えてしまうかもしれない可能性がある研究を進めているということも、学術的にきちんと見つめながら推進していくことが大事になってくると思います。それが先ほどの佐倉先生の事例から想像し得るテーマだと思います。

渡辺：実証的なデータがたくさん出てきたときに、基礎科学はただそこにとどまっていればいいということでは済まなくなると思います。実証データが現場に持ち込まれたときに責任は誰が取るのかということです。現場において子どもたちがどのように過ごすことが良いのか、あるいは保育者がどのように活動すべきかを決めるというのは、ある意味で責任を取ることだと思います。基礎科学の研究者が個人でできないことこそ、このようなセンターがやるべきだと思います。データがたくさん集まってきたときに、子どもや保育者の活動をどのように決めていくのか、現場の具体的な課題にどこまで踏みこむのか（あるいは踏みこまないのか）を誰が決められるのでしょうか。

例えば学習指導要領は、学年ごとの学習範囲について、誰かがあるときに勇気を持って決めているわけですよね。就学前の子どもに関してそのような決定をするとしたら、それはこのセンターが担える部分があるのではないかと思います。

秋田：カリキュラムを決めるときは、研究者と実践者の協働のなかで、研究者側からの厳密な条件設定の提案とともに、現実に妥当なラインとの調整をしていくことになります。アングロサクソン系の国ではマニュアル的に、「何々ができる」というような能力的な行動水準の次元が明記されます。日本のカリキュラムは学習指導要領も、幼稚園教育要領や保育所保育指針も、大綱的な特徴を持っています。特に乳幼児のカリキュラムに関しては、「意欲、態度、何々しようとする」という心情・意欲・態度を重視し、経験してほしい生活内容領域に沿って、表現されています、後は実践の場の自立的判断に任せているわけです。私たちも、マニュアルをつくるという方向性ではなくて、現実の文脈に沿ったかたちで可能な範囲のことを限定的に言うしかないと思います。

渡辺：結果的にそうなりますよね。基礎科学の研究成果が出たときに、「うちの園の子どもにこういう困った人がいるから、こうしたほうがいいですか」と聞かれた場合に、「そうとも言えますし、そうとも言えません」ということぐらいしか言えない状況を、続けていっていいのだろうかと思います。

このセンターのような枠組みで取り組むときに、自分がどこまで責任を持てばいいのかを考えることは、保育にも興味がある基礎科学の若い研究者がこの分野で活躍できるために重要なのではないかと思います。

佐倉：私の希望ですが、研究成果を研究者のコミュニティではなくて社会一般に向けて発信するときに、特に保育領域でどのような発信の仕方があるのか自体をセンターで研究してもらいたいと思います。そして、そのような課題に関して、少なくとも意識的に考えている研究者を育てるプロジェクトにしてほしいと思います。

山邉：佐倉先生がおっしゃるように、私たちの研究と社会との関わりやコミュニケーションについても時間をかけて取り組んでいく必要があると感じます。それが科学と社会の信頼にもつながってくるのだと思います。

渡辺：すべての基礎研究者が実践や社会との接点を強く持つ必要はないですし、それは無理なことですが、社会に情報を発信したいと思う研究者がこの分野にいるかどうかが一番重要だと思います。自分の研究と社会の問題をつなげたい人がいない限り、基礎科学の研究者を単に仲間に入れても続かないと思います。

秋田：保育の領域には、基礎的な科学研究者が少なく、逆にコマーシャル的な立場にいる人や、科学的知見を通訳できる人はたくさんいると思います。なかには、生かじりの評論家的な人やジャーナリストもいます。保育という領域は、子育て経験があると、誰でもわかったような気持ちになります。

そして自分の欲する科学知見に近い言説があると、きちんと論文を読んだりせずに、いたずらに引用して、半ばプロ的に語る人たちがいるという実態があります。特にコマーシャリズムに乗りやすく、そこに大きな問題があると思っています。

大桃：研究の成果を政策につなげていく場合はエビデンスを出していくことが大事です。先ほど秋田先生がおっしゃったように、エビデンスがそのまま政策を決定するわけではありませんから、実践者や政策者のいろいろな議論のなかでガイドライン等が決まっていくということになります。

それとは別に研究の結果をそのまま公表していくと、その使われ方が問題になります。先ほどのヘックマンの研究はそうだと思いますが、小さい頃に成育環境が悪いとこうなりますよ、犯罪率も高いですよとなると、だから投資しましょうという議論なのですが、小さいときにそのような環境で育った子にとっては、ヘックマンにそのような意図がないとしても、非常にネガティブなメッセージになります。「だから私は駄目なんだ」という失望感を与えることにもなると思います。公表の仕方にもセンシティブである必要があると思います。

遠藤：最近研究倫理ということを厳しく言われます。研究者としてやってはいけないこととやるべきことについての倫理と、研究対象に対する配慮という倫理があって、それらに関してはかなり意識化されてきていると思います。

しかし、研究知見の応用のされ方や、発信のされ方に関わる倫理的な意識というのは、非常に薄いのではないかと思うのです。様々なメディアを通じて少しかじっただけで、わかった気になり、それを誤った歪んだかたちでどんどん広めてしまう人たちが世間にいることは否めないところです。そうした事象にこそ一定のガイドラインや倫理というものが必要ではないかと思うのです。しかし、現実には、未だそうしたガイドラインや倫理はありません。例えば、さもきちんとしたエビデンスに基づいたと称する何とかメソッドなるものがとても有効だということがメディアなどで大々的に取り上げられると、子育てや保育の世界にとても安易なかたちで一気に広がってしまうことが実際に頻繁に起こり得るわけです。

そのようなことに関して、基礎的知見を得ている研究者側が、非常におかしいと思いながらも何も言わないでいる、あるいは言えないでいるという状況があると思います。そうした意味で、もう一つ、第三の倫理の柱として、研究知見の行方、伝えられ方、使われ方などに関する研究者側の配慮や責任というものが本来はあって然るべきなのではないでしょうか。

村上：世のなかに受け入れられるには、わかりやすさが重要になります。自分も経験したことがありますが、多くの市長が教育委員会制度の廃止に実は反対だと思っているという結果は、廃止に賛成か反対かを聞いた、小学生でもできるような非常にシンプルな調査データから浮かび上がったことです。その結果が世のなかの直感と違っていたから一定のインパクトがあっただけの話ですが、そのようなわかりやすい話のほうがパッと伝わりやすいわけです。

しかし、事実はもっと複雑なわけです。実験だって誤差もあるでしょうし、正確に伝えようと思ったら複雑になります。例えば、外的妥当性の問題もあります。つまり、一般化はどこまでできるのかということです。今回の調査や実験ではたまたまそうであったけれども、違うシチュエーションで違う園であったらどうなるかはわからないわけです。しかし、そのようなことを無視したほうが社会的なインパクトがあります。これは社会科学でもやりがちです。そこにジレンマがあります。

つまり、シンプルなほうが世のなかにインパクトを与えやすいのですが、そうすると過度に一般化したり、あるいは先ほどの less is worse と more is better ではないですが、本当は貧困の子どもだけに当てはまることなのに、さも全体がそうだというメッセージになったりしがちです。現実は複雑ですが、シンプルに伝えなければ世のなかにインパクトを与えるのは難しいというジレンマです。

山邉：村上先生と遠藤先生がおっしゃったのは、まさに研究倫理のテーマであり、科学コミュニケーションのテーマですね。保育も科学的な正当性にいくらか課題が残るような「神話」が出てくる余地がありますよね。ですから、研究倫理や科学コミュニケーションの論点は、早い段階で意識化しておく必要があると思います。ただ、それを実際の現場に届けていくためには、いろいろ方略を考える必要があると思います。例えば、保育指導主事や保育アドバイザーの必要な能力の一つとして、今先生方が問題提起されたような意識を持ってもらい、それを現場につなげて願わくば親たちにも伝わると。そうした意識を根づかせて、できる限り誤らない方向へ実践が行くのを支援することも考えていきたいところです。

科学的情報と受け取る側のリテラシー

佐倉：まったくそのとおりだと思います。ただ、一般にそのような評論家的な親や疑似科学的な話がはやる、受け入れられるというときに、どこに受容されているのかという現実をもう少し丹念に見ていく必要があると思います。

保育の話ではないのですが、私の母が認知症で、今、施設に入っています。一緒に暮らしていたときにデイサービスに通い始めて、最初は一緒について行ったんです。そうしたらそこの介護士の方が脳トレについて、「研究者と共同してこういうのをやっているんです」と誇らしげに話をしてくれました。科学的な効果は証明されてないいんですよね、あれは。もちろん黙っていましたが、「なるほど、こういう風に使われているのか」と、ある意味感心もしました。

そのときに思ったのは、先ほどの渡辺先生や秋田先生の話にも関係しますが、現場の人が脳科学に飛びつくのは、現場でも、エビデンスが必要だとかいろいろ言われていて、「科学的な」よりどころを欲しているからではないかということです。現場には経験知が豊富な方も多いと思いますが、現場知だけだと外部に対しての説得力が弱い。介護施設でも学校でも保育施設でもパターンは同じだと思いますが、家族や行政からあれこれせっつかれて現場が「客観的な」よりどころに見えるものにパッと飛びついてしまうという構図があるのではないかと思います。

そうだとすると、そのような人たちが疑似科学的な話に飛びついてしまうのかという背景を考えると、その原因を根本から取り除く必要があるのではないかと思います。あるいは、きちんとした科学的な裏付けのある代案を出していくことも必要ではないかと思います。

秋田：専門家が言っていることが市場原理のなかで商業的付加価値になることがあると思います。保育の実状や子どもの育ちの結果も見えにくいがゆえに、外側からの後ろ盾への要望があるのだと思います。残念なことに、保育者は豊かな専門知を持っているのにもかかわらず、ステータス的に低く見られるところがあります。現に、一目でわかるような、挿絵が多く、漫画的で、シンプルで薄いものやノウハウテキストばかり増えてきています。保育が複雑な現象で非常に奥深いものを探求していることを保育者はわかっています。でも、専門的能力が本来高いはずなのに、低く見られているのです。そして、マニュアル通りのことを実施すれば、一定水準の保育が可能な状況ができあがってしまっているとも思います。

多賀：今の一連の話のなかで、特に乳幼児の発達や保育に関わるような現象について、データそのものが絶対的に不足していると思います。あまりそれを言い過ぎると、自分たちの研究がいかに駄目かという自己否定につながるのですが、研究成果が曲解して受けとられることをうんぬんする以前に、むしろデータそのものが取得できていないことをもう少し多くの人が認識したほうがいいと思っています。そのためにも実践的な現場のなかで保育者たちといろいろな対話をしながら、研究者も一緒に活動できるような場をつくることが大事だと思います。

例えば、「赤ちゃんの睡眠の、こういう側面のデータを取っている人、いるの？」と言われると、たいがいいないわけです。ある限定状況を対象とした研究が拡大解釈されてパーッと世のなかに出てしまうことが時々起こると思います。しかし、そもそも実際は有用なデータそのものが非常に限られています。なぜ限られているかというと、それは、乳児が、基礎的な研究では一番やりにくい分野だということに起因しています。現実的に「あなたの子どもを二四時間預けて脳の活動を測りますか」というと、できないわけです。実際、脳のなかで何が起きているかは、データとして世のなかにないわけです。どこまでが科学的に明らかになっていて、どこからが明らかになっていないかを社会にきちんと伝えることも大事ではないかと思います。

大桃：科学者と社会とのつながり方ですが、自分の研究に基づいて政策なり、実践なりを具体的に提言して、これはいいよ、これは悪いよという価値判断をするというのはもちろんあると思います。しかし、そこに行く前に、何を研究テーマとして設定するかに社会とのつながりが出てくるのではないかと感じます。今、多賀先生がおっしゃったことはまさにそうですよね。実践とつながるテーマを選ぶこと自体が、研究者のスタンスのあり方だと思います。それはとてもいいことだと思います。

多賀：例えば、脳科学者の何パーセントの人が、子どもの発達に関してきちんとした知見を提示できるかは疑問です。脳科学者は、細胞のなかの分子がどうなっているかなどを調べている人がほとんどです。子どもの発達にとってどういうことがいいのかと保育園から質問されて、答えられる人はほとんどいないと思います。たいがい研究に忙しくて、自分の子どもの発達すらきちんと見ていないかもしれません。

するると、保育者が子どもの発達に有益なことに興味を持っていたとしても、実はそれに答えられる専門家自体がほとんど存在しないということを、明確に社会に言わなければいけないと思います。だからこそ研究が必要だという話になりますが。

遠藤：大切なことの一つは情報を発信する側で考える必要がある配慮と、もう一つは情報を受け取る側がどのようにその情報を読み取るかというリテラシーの部分なのではないかと思います。保育に関わる研修などに携わっている際、科学的な知見がある程度得られてくると、私たちは、それについてさらに研究しなければと思いますし、また、何とかそれを実践に結びつけていかなければならないと思うわけです。そうしないと、保育士や受け取る側のニーズに応えられないという意識が強く働くのです。そして、何とかできるだけ正確に、ただしわかりやすく伝えようと当然、努めます。ただ、限られた時間内では、科学的知見が保育現場で具体的にどのような意味を持つかまでを、十分には解説しきれないところがあるのも事実です。非常に限定的で不完全な情報しか伝えられないことも多々あるわけです。ただ、そういうときによく思うのは、今聞いていることはすべてに当てはまるわけではないし、当然、たった一つの正解ではないのだという意識を受け取る側でも、持ってほしいということです。自らが身を置く保育現場とのつながりで、様々な科学的な情報を、どこまで真に受け、どのように受け取ったらいいかというリテラシーの養成も、保育に関わる研修のなかでは、真剣に考えていかなければいけないのだと思います。

世間には、子どもに関わる学問的な話はたくさん流布しているわけですよね。科学的な情報を自分の目の前にいる子どもにどのように応用していけるかについて、受け取る側に、情報を正当に受容する力のようなものが必要だと思うのです。情報を発信する側が配慮することは言わずもがなです。ただ、それと同時に、教育というとちょっと上からの物言いになってしまいいやなのですが、情報を受け取る側に対するリテラシーの教育についても、しっかり考え実践していくことがとても大切であるように思います。

ヘックマンの考えが注目されているなかで、その論拠とされているペリー就学前計画の効果に関してもう少し踏み込んで見てみると、確かに介入群と非介入群の間には明らかに差があるわけです。しかし、あれぐらいスモールサンプルに、高投資をし、しかも集中的な働きかけをした結果の効果を過大評価してはいけないという見方もあるのです。現に介入を受けた群でも、収入に関しては、一般サンプルの平均値には遠く及ばないことが明らかになっています。私たちは、効果があったところのみに注目しがちで、その効果の大きさに関しては、その評価を概して怠る傾向があるように思います。基本的には介入を受けた人と受けなかった人との比較結果だけで、「環境を改善するとこんなに可能性があるんだ」という認識だけがクローズアップされてしまうわけです。しかし、本来は、そこでの効果が、非介入群との比較以外の観点からも、現実的にどれほどの有効性があるのかという視点を持つ必要があるのだと思います。

要するに、情報を与える側での配慮ももちろん必要なのですが、情報の受け手が、どのような関心と知識を持って、その情報をいかに受け止める可能性があるかまで含めて考える必要がある気がします。また、保育者のスキルを高めていこうとする場合に、情報を正当に受け取るための力、リテラシーの養成も、必ず考慮しなければならない点であるように思います。

多賀：ヘックマンの翻訳書には、極端な環境で育った人の脳は小さくなっているという画像があげられています。いろいろな環境があるなかで脳がどう変わっていくかということも、それほどはっきりわかっていないなかで、非常に極端な剝奪状況における事例をポンと出してきています。それをエビデンスとして予測を述べているわけです。その辺を鵜呑みにしてしまうと、今おっしゃったような問題が出てきます。

大桃：しかも認知的に何ができたというのではなくて、非認知的なところが入ってくると、それは人間の内面に関わるところですよね。「小さいときにそれがないと、将来は」という言い方をされると、相当影響力があると思います。

秋田：受信者側のリテラシーの育成は、山邉先生がご専門のアクティブラーニング（能動的な学修）などともつながると思います。研究者がある知見を焦点化して実践者に説明するのとともに、例えば、「科学的にこういうデータがあるのだけれど、事例としてはどう？」と、実践者同士が似たような経験の話などをお互いにし合うということがあります。私の最近の研究では、「こんなことがあるんだけれど、事例はある？　じゃあ、隣同士で話してみてくれる？」というようにします。研究者からの科学的知見の投げかけについて、そこから何が現場の課題に応用できて、何ができないかということを現場の先生同士が対話しながら検討する機会があるといいと思います。私たちは、科学的な知見を伝えると同時に、実践者が自分の課題と絡めたときにそこから何を学べるかをお互いに交流してもらえるような場をつくっていくことが大事なのではないかと思います。

山邉：共感します。遠藤先生が提起されたように、科学的な知見の取り扱われ方という議論のなかで、伝える側だけのリテラシーだけでは不十分なわけです。受け取る側のリテラシーという論点は、その議論に不可欠です。しかも、それを何らかの研修プログラムや教育の文脈に入れ込むにしても、それを実際に現場でどのように展開していくかというところまで、私たちが何かしらのアイデアを提示する必要があると思います。そのなかで、今、秋田先生がおっしゃったように、研修の現場で実際に保育士たちの身の回りの問題に引き寄せてもらって、能動的なやり取りのなかで受け取る側のリテラシーを育んでもらうところまで私たちが草の根レベルで考えていく必要があると思います。研修の枠組みの議論もとても大事ですが、それを本当に身につけてもらうためにはどうしたらいいかというところまでは考えていきたいところですね。

村上：私も同じことを思っていたのですが、情報を受け取るときのリテラシーについて研究者はある程度訓練されています。例えば、疑似相関を疑うとか、因果関係が逆ではないかとか、外的妥当性はどうかとか、いくつかのチェックポイントがありますよね。しかし、それを訓練するのに結構時間がかかりますよね。大学院の授業で四単位、八単位とかトレーニングしないと、なかなか身につきません。これを実践者にどうやって短時間で伝えればいいかと考えていました。基本的な部分は同じだと思いますが、実践者が短時間で必要なリテラシーをどう身につけるかは、独自の方法論の開発を考えたほうがいいのではないかと、今お話を聞いていて思いました。

遠藤：確かに標準化するのは難しいところがあると思います。保育現場は園も、実践者の雰囲気も、千差万別だと思います。それぞれの現場で、自身の課題とからめて何を切実に受け止めているのかは、かなり分かれていると思います。ですから、それぞれの現場ごとに科学的な知見をどう応用し、友好的に解釈できるのかを、自分自身で創造的に考える機会を設けるような工夫をしていくことも必要になる気がします。

秋田：おそらく実験の数値を正確に読み取れることが大事なのではなく、「質が違うとこのようになるらしくて、その質はこのようなもので測られているのだけれども、日本の場合どう？」とか、「保育の質を上げるにはこういう要因があるみたいなんだけれども、あなたの園ではどう？　ちょっとお隣としゃべってみて」というような参加型で、科学的知見を取り入れていくのが、実践者個人に、あるいは園にフィードバックするときには必要なことだと思います。研究者が研究のフィードバックをするときに、データを批判的に問う観点と、それは違うのだろうと思っています。

山邉：幸いにしてアクティブラーニングの具体的な方法は、ざっとレビューするだけでも二〇ぐらいあります。隣と対話することから、様々なワークショップのかたちまで、いろいろな方法論が最近開発されています。科学的知見を現場に有効的にフィードバックするには、アクティブラーニングの方法が役に立つと思います。本当に多種多様な方法があるので、学習者も好奇心を持ちながら学んでくれる方略がつくれるのではないかと思っています。

遠藤：それ自体が一つのミッションなのかもしれませんね。村上先生が言われたように、そのようなこと自体を研修のあり方のなかに組み込んでいくというのは重要だと思います。

日本の保育の独自性

多賀：さて、このあたりで次の話題に移りたいと思います。日本の保育には、他の国に比べたよさがあると思います。そのような比較文明論的な話や比較文化論的な視点から、日本の保育について話していきたいと思います。また、今後、世界に研究成果を発信するときに、日本のユニークネスを積極的にアピールしていくことは大事ですよね。

例えば、江戸時代は識字率が非常に高かったわけです。江戸時代は子どもへの教育がそれなりに機能していて、一度も対外的な戦争もしていませんし、いろいろな階層の人たちがそれなりに幸せに暮らしていたかもしれないわけです。明治時代に西洋から来た人たちが、日本では子どもがとても自由に暮らしているので感心したという話がありますよね。歴史的な視点から考えたときに、何が子育ての側面において大事だと思うか、どのようなことが幸せにつながるのかという、非常にマクロな視点には、基礎研究とは違うレベルの問題も含んでいると思います。先ほど、大桃先生から科学の規範をどうつくるかが大事だという話がありました。道徳も重要だと思います。子育てというのは、結局、日本の独自性や、日本がどうあるべきかという話につながっていく話だと思います。

大桃：歴史研究をやっている人が一人加わると強いですよね。キリスト教文化圏の場合は、子どもに対する原罪意識のようなものがあって、厳しくというのがありますよね。その点で、日本の場合、子どもをゆったりと自由に育てていく文化があります。

秋田：基本的に「七歳までは神のうち」と言われて、子供組という、各地域のコミュニティで年長の子が年少の子の面倒を見るという、広場的な発想が古来あります。逆に言うと、七歳までは子どもが健康に育つのを祈るという意味で、非常に自由に育てています。ですから、外国の人たちは、「見守る」という言葉が非常に日本的であると言うわけです。見守るというのは、認知的な判断はしているのですが、行動的には何もしていないわけですよ。そうしたふるまいが子どもを育てていくということや、どろんこに象徴される水・砂・土という経験を保育の場で保障していることに、外国の人は大変驚きます。日本の保育における戸外活動の重視についてのユニークネスは高いわけです。それをきちんと発信する研究者が少なかったことが、日本の保育のよさを海外にこれまで伝えてこられなかった大きな原因だと思います。

村上：誰もが、今年導入された、子ども・子育て支援新制度の行く末ばかり気にしていて、過去の保育政策研究について関心が払われていないなという印象が強いです。過去に起きていたことの原因や理由にもう少し関心を持つ必要があります。歴史研究はしているのですが、もう少し近い過去の話も研究したほうがいいのではないでしょうか。

遠藤：そのような問題意識を持って研究されている方というのは、やはりあまりいらっしゃらないのでしょうか。

秋田：保育の歴史研究では制度研究が中心であり、保育実践史の研究はまだまだ少ないと思います。保育制度史と保育カリキュラムについては研究されてきましたが、日本の歴史的な保育実践についての裏付けを主題とした研究は必ずしも多くありませんね。

大桃：子育ては日本の場合、お上や政府、国家ではなくて、家庭や地域のものという考えがあったから公共投資が少なかったのかもしれませんね。

村上：あと、日本のユニークネスは、今は人々のカルチャーのような話が中心ですが、制度や政策の面から見ますと、少子高齢化を先頭で走っています。少子高齢化が進む状況では、シルバー民主主義ではないですが、どうしても高齢者向けの支出に目が行きがちです。日本に続いていろいろな国が次々と同じような状況になっていきます。ある種の逸脱事例として、先駆的な事例になり得るという意味で日本のユニークネスがあると思います。

あとは、国と地方と現場が複雑に入り乱れる日本特有の制度ですが、アメリカやイギリスとは地方自治の仕組みがまったく違いますから、そのような意味でも日本のユニークネスはあると思います。文化の面から子育ての考え方を見る面もあれば、制度・政策における環境の差異の面でユニークネスを主張するやり方もあると思います。

秋田：日本は五歳において保育者一人当たりの子どもの人数がＯＥＣＤ諸国内で一番多い国です。保育者が担当する子どもの数を減らすべきだという議論は多いのです。一方で日本がそれでやってこられているのはなぜかというと、子ども同士の仲間関係が相互に支えあってきたからです。そして保育者は子どものその仲間関係を信頼しながら保育をおこなうわけです。それに対してアングロサクソン系の国では、五歳まで保育者は子どもから目を離してはならないという文化があります。要するに、先生が子どもを指導したり、面倒を一対一で見たりする管理の責任が強いわけです。翻って日本では、子どもがしっかり遊んでいたら、保育者は一歩引いて、子ども同士のやりとりを見守るという意識が強いわけです。その意味では、日本の保育者の専門性は、責任守備範囲を守り、危険管理をするというよりは、子どもを信じ、委ねる点にあり、それが子どもの主体性を育み非常にうまく機能してきた文化なのではないかと思っています。

佐倉：すると、むしろ人類学に近くなってきますね。そのような話もおもしろそうです。比較といったときに、どうしてもアメリカ・ヨーロッパと日本という比較がありますが、韓国はどうなのか、中国は、あるいは東南アジア、イスラム、その辺も視野に入れた比較をしてもらえるとおもしろいのではないかと思います。

秋田：戦後の近代化のなかで日本が最も早く幼児教育や保育で、救貧的なところから制度をつくり充実させてきたわけです。しかし、現在では、アジアの諸国はどこも制度改革が進んでいるにもかかわらず、日本は最も遅れていて、格差の問題が解消できていない国なのではないかと思います。

ただ、私が海外に行って一番誇れるのは、日本の保幼小連携について、小学校の先生が、幼稚園・

保育所からも学ぼうとする事例が比較的あることを話すと、先進諸国の方々が驚いて、強い関心を示すことです。それに対して、欧米やアジアでは、保育者というのは専門職としては一段低く見られているので、そこから小学校の教員が保育者から学ぶという発想はなかなか生まれてこないのです。しかし、日本は、行政誘導ですが保幼小連携が可能になっていて、乳幼児から小学校への発達の見通しを持つことが小学校教員にとっても有効であるという事例を、多くの人が感じつつあるわけです。

多賀：国家のパワーとして、今、中国というのは重要な国だと思いますが、当センターの所属する教育学研究科などで中国の大学との交流をいろいろしていますよね。そのなかで、学校教育に加えて幼児や乳児のレベルで中国が国としてどのような考え方をしているのかについて、私たちは情報を十分つかんでいるのでしょうか。

大桃：つかんでいないですね。

秋田：中国も含め、世界各国はたくさんの予算をつけて長期縦断研究をやっているのに対して、やっていないのは日本のみという状況だけははっきりしています。逆に言うと、ヘックマンの考えに非常に左右されて、それに飛びついているのが世界各国だと思います。

佐倉：日本だけ縦断研究がないという印象でしたが、なぜでしょうか。やはり保育や子育てに公的なお金を費やさない、それは家庭の問題だということである程度うまくいっていたからということもあるのでしょうか。

秋田：日本でもそういった研究が必要だと言われながら、国がそのための予算をつける研究機関がないのです。世界各国は今、幼児だけではなく、乳児のほうに議論が進んできているように思います。あとは何をもって幼児期の保育のアウトカム指標とするのかが難しいという問題があります。アウトカムのひとつとして、非認知的能力や社会情動的資質ということが言われてきています。それもアジアと欧米では意味するものが違いますでしょう。

遠藤：非認知的能力というのも、正直なところ、その具体的な中身があまりよくわからないのです。ヘックマンは労働経済学が専門ということで、中身を厳密に問うことが免除されている部分が少なからずあるように思います。しかし、言葉だけが一人歩きしてしまいますと、現実的に何をどうしていったら非認知的な能力を高められるかについて、それぞれの解釈次第になってしまうのがとても危ないように思うのです。例えば、非認知の中身をただ動機づけの重要性と狭く解釈して、結局のところ、高い学力と経済的達成につながっていく方向のみを推し進めようとするような人もなかにはいるわけです。

しかし、実際のところ、非認知の何が特に重要なのかというところの実態はあまりよくわかっていないわけです。四〇歳、五〇歳までの効果の持続があるとはいっても、現実的に効果を支えている本当の要因がいったい何なのかが厳密には特定されないまま今に至っているという状況があります。本来は、それこそ基礎研究のなかで、どんな要因がどのようなメカニズムで利いているのかをミクロなレベルで精緻に明らかにする必要があるはずなのですが。しかし、基本的に、そこがないまま、ただおおざっぱなマクロな部分の結論のみが一人歩きしている状況があるように思います。もっとも、逆に言えば、非認知的能力が重要という結果が非常に単純でわかりやすいので、様々な国や地域で、子育てや保育の政策にどんどんそれを生かしていこうとする動きが活発化しているわけですが。
秋田：グローバルな方向性に乗っかり、国際標準でものが見られるよさはありますが、一方でグローバルな潮流というものが、ときに社会文化的にローカルなよさを見失わせたりします。そのグローバルに標準化された視点だけで見ていくことでいいのかどうかは、常に考えないと危ないところではあります。

保育の未来

遠藤：保育者養成校で何を学ぶかを考えた場合、このように政策まで結びつけて考えるような発想に触れることはまずないのだと思います。そのような意味からすると、非常に長い目で見ていきますと、保育者養成の仕組みやカリキュラムを抜本的に見直していかなくてはならないところがあるような気がします。現状としては、ただ既定路線に乗って、ある単位をとったら保育者になれてしまうという状況があることは否めないように思います。実際のところ、真にどのような原理によって保育というものが成り立っているかを根本から知り考えるなかで、初めて、学んだことを応用しながら何を変えれば子どもが育つのかという発想を自分で持てる人材が育つような気がします。
そのような意味からすると、若い人が学問に触れた瞬間にその関心や興味を伸ばすように、発達保育実践政策学的な発想が養成課程で機能する必要があると思います。私たち自身、いろいろとわからないことがあるときに、多様な背景を持った人と議論をしていくうちに、ボトムアップ的に何か本質的なところが見えてくることも少なくないと思います。つまりこれから学問に触れる若い人たちにとって、対象が子どもという共通項があり、その子どもに関しての多様なアプローチを網羅的に知ることができる状況に学ぶ人が浸ることで、新しい保育実践のかたちを創造する力やこれまでにない発想で新しい研究課題を見出していく感性や力が培われる可能性があるような気がします。

そのような長期的展望での下準備を今から進めていく必要があると思います。現在、保育者養成課程は、かなり前時代的なまま形骸化してしまっているところも少なくはないという話を聞くことがあります。言ってみれば、最新の基礎研究の知見との距離が著しく遠くなってしまっているのです。そこをどう改善し、立て直し得るかについて真剣に考えないといけない時期に差しかかっているような気がします。

秋田：保育は即戦力が重宝されているわけです。専門職の高度化がなかなか進まない仕組みができています。その辺が非常に難しいです。

ですから、ストラテジーとしては、例えば、総合大学などでやっているように、横断講義的なもので関心を持つ人の、輪を広げていくことが考えられます。東大でも教育学研究科以外の組織のなかに「乳幼児っておもしろいな」と思ってくれるような関心を持つ人の輪を広げていくのがいいと思います。

渡辺：養成校で現場とのやり取りをしている人や現場の人がいないと、基礎科学と現場はつながらないと思います。研究者はそれぞれ取り組んでいる研究テーマがあります。そういった研究者が、例えば、「発達」や「子ども」をキーワードにして集まってきても、一〇年とか一五年くらいで、一通りやりたいことをやり尽くすと、次のテーマを見つけて、そちらに移っていってしまうことはよくあります。それで終わってしまう研究会や、プロジェクトは意外に多いと思います。子どもを見続けている現場の方の目や、現場の方々が知りたいことを次々とディスカッションできる場があれば、研究者も「発達」、「子ども」といった同じフィールドのなかで、次のテーマに向かえます。

多賀：遠藤先生が構想しているような、保育者が将来的に持つべき資質というのは、現在の状況では、非常にレベルの高い話になってしまっていますよね（笑）。

秋田：教養を学ぶ機会が不足していると思います。短大・専門学校は即戦力を求めるがゆえに、四年生大学では確保できる、幅広く物事を見るための多様な教養を身につける時間が与えられません。

山邉：教養というと古いイメージを持つ方もいるかもしれませんが、やはり大事ですよね。教養の中身は時代に即していろいろ変わり得るものですから、決して古めかしい教養という意味ではなくて、時代に即した保育の教養というものがあると思います。そこは守っていく必要があると思います。

大桃：この本はその一つになり得るかもしれませんね。

山邉：そう願っています。

秋田：養成制度の政策についても、私どものセンターでいろいろと議論できればと思います。

村上：実証研究は可能だと思います。保育者養成校の七割弱が短大や専門学校といっても、三割強は四大なわけです。幼稚園教諭と保育士は免許や資格の体系が違いますし、幼稚園教諭免許も、四大卒と短大卒で一種、二種があります。

秋田：専修免許は〇・四パーセントです。ほとんどいないわけです。

村上：私も調べていて思ったのですが、制度・政策に関する科目は、幼稚園教諭はありますが、保育士はありません。幼稚園教諭は教職ですから、教職科目としてあるのですが、保育士は教育原理の授業で少し学ぶだけです。四大と短大で保育者の質にどのような違いがあるのかという実証研究は可能かもしれません。すると、今のような実践重視の養成のあり方が本当にいいのかということになります。看護は今三年制ですが、それを保育は二年で養成しているわけです。どのように教養と実践のバランスをミックスさせるべきなのかは実証研究をやるべきです。実際に制度のばらつきがあるので可能だと思います。

秋田：雇用側はそうした研究実践を求めていない可能性もあるのかもしれません。

佐倉：保育士になってからステップアップしていくことはないのですか。

秋田：保育士にはキャリア階梯がありません。同じように幼稚園にも主任以外はありません。教員は主幹や主任などがありますよね。

村上：幼稚園の場合は、一〇年経験者研修はあるのですが、職位としては実際はほとんどありません。

秋田：保育士は資格ですから、免許更新もないです。

大桃：研修も体系化されていないですよね。

山邉：人材の受け皿の価値観は調べていったほうがいいなと今気づかされました。長年看護教育にも関わっていますが、看護の世界も専門学校から短大、四大、今は修士卒のような人材まで求めています。キャリアラダーもあり、認定看護師や専門看護師など、専門家としての自分の価値を高めてくれる制度もあるので、看護は学生と実践者ともにモチベーションが喚起されています。看護が比較的うまくいったのは、受け皿となる現場が高度な知識や技能を必要としているからというのがあります。

村上：でも、看護師や初等教育教員、幼稚園教諭、保育士というのは、組織論的に言うと準専門職で同じです。ヒューマンサービスでかつ専門職で、一定の高度な労働も必要されるということです。では、看護は高度化しているのに、なぜ保育はできないのかが、私から見ると、ある種のパズル（問い）なのです。乳幼児の保育だってある程度高度化はしていますし、必要なわけです。看護はもちろんそうです。それは不思議な気がします。

山邉：看護は少し特殊で、現代病の構造が非常に複雑になり、医療技術も高度化しているという背景があります。疾病の複雑性や医療技術の発達の延長線上で、合理性をともないつつ高度化された看護のニーズが生じていると言えます。そこが保育の現場とだいぶ違うところかもしれません。

遠藤：現場の先生のなかには、保育士養成でも、インターン制が必要だと言う方がいらっしゃいます。現在の状況は、何の先行経験もなく、新卒ですぐ担任になってしまうようなことがあるわけです。ほとんど専門的な知識やスキルもないまま、実は一番難しいはずの乳児担当などをいきなりやらされてしまうことも現に少なからずあるようなのです。しかも、そのような人たちがキャリアを確実に積み重ねていければ、まだいいわけですが、現実には待遇面のことなどもあって、二、三年で辞めてしまい、また新しい人が同じようなことを繰り返していくという一種の悪循環のようなこともあるのかもしれません。保育士というのは、経験を積み重ねてきた中堅層の保育士が昔はいたと聞いたことがあります。しかし、今は、若いうちにすぐに辞めてしまうケースが多く、経験に裏打ちされた専門性というものが、保育所のなかで、十分に成り立たなくなってしまっている状況があるように思います。

秋田：労働条件が厳しくなっていますから。常勤の比率がどんどん下がっています。ですので、働くのが大変になっているのだと思います。

山邉：医師でも卒前に臨床を体験するクリニカル・クラークシップがありますし、看護でも同様の仕組みがあります。インターンというのは、うまくデザインすれば、受け入れの園としても悪い話ではないですよね。私が知らないいろいろなハードルがあるのかもしれないですが、学習者にも受け入れの園にも互恵的な仕組みを考える価値は十分あると思います。

秋田：専門職でありながら、「お母さんならできる仕事」、「女の人だったら誰でもできる」、「子育て経験者なら誰でもできる」という素人考えがいまだにまかり通っています。どうやったら専門職たる者と言えるのか、専門家の条件とは何なのかを考える必要があります。

多賀：保育者のあるべき姿とか今のステータスの議論のなかで、保育や発達を一歩引いた立場から学問の対象として見ると、実は最高難度の問題だということを社会に訴えることによって、間接的に非常に大事な仕事なのだという話につながればいいと思います。先ほど述べられた問題も、現在のあらゆる学問を総動員しても、解けるような状況にはないぐらい難しいですし、保育は一番大事な問題だというメッセージを発信することは必要だと思います。

私は最近、空海に凝っています。彼は、若いときに中国に留学して、中国に行ったらいきなり最高レベルのタフネスを発揮し、向こうの人と遜色なく活動しました。タフでグローバルであったわけです。その後日本に帰ってきて、今度は国を動かします。政策に関わって全国のインフラ整備までやっています。学校もつくりました。その意味では現実世界を非常にポジティブに捉えて、しかも国まで動かして、学問を極めて非常にたくさんの本を後世に残しています。ですから、実践と基礎研究と現実世界をどうやってよくするかということをすべて担うスーパーマンのような人です。保育には空海のようなエネルギーが必要なのだという、そのぐらい強いメッセージを出したらいいと思います。

大桃：そのようなメッセージは、実践に携わっている人に励みになりますよね。

秋田：「一番高度な専門職の一つなのだ」ということがうまく伝わるといいなと思っているわけです。

大桃：そのようなことが職のステータスを上げていきますし、励みになりますし、待遇も向上していくということになります。

秋田：この本のタイトルは、そのような意味で保育の人にとっては、「あらゆる学問が私たちを支えてくれているんだ」という励みになります。

佐倉：二一世紀の空海ということですよね（笑）。私が所属している情報学環が東京大学にできたときに、創設者の一人である原島博先生がおっしゃったのは、レオナルド・ダ・ヴィンチを引き合いに出して、彼の時代は一人で何でもできたけれども、今は学問が進んで情報量も多いからとても一人ではできない。じゃあどうしたらいいかというと、一人ではできなくても、大勢でレオナルド・ダ・ヴィンチになるんだ。そのためにはまずは隣とつながればよい。T型とよく言われますが、Tがどんどんつながっていって、全員で輪になればいいんだよねという話をしていました。学問を環のようにつないで、みんなでレオナルド・ダ・ヴィンチになろうよと言って「情報学環」と名づけられたんです。学生にもよく言うのですが、隣とつながって輪にしましょうと。空海は一人でやっていたのが、今は、つなげてみんなで、ということですよね。

遠藤：なるほど、「あらゆる学問を保育につなげる」ということですね。

山邉：私たちの未来の輪郭が見えたところでちょうど時間となりましたので、この辺りで座談会を終了したいと思います。ありがとうございました。

（二〇一五（平成二七）年八月一三日、於：横浜ランドマークタワー会議室）

第11章　学術と社会の架け橋としての科学的助言——学術の健全な発展へ向けて

山邉昭則

はじめに

二一世紀の今日、国際連合教育科学文化機関（ユネスコ）と国際科学会議（ICSU: International Council for Science）共催の一九九九年の世界科学会議でも宣言されたように、「科学の発展のための科学」という意味合いの強かった従来の科学の営みに対して「社会のなかの科学」という考え方で捉え直すことの必要性が指摘されている。現在進行中の社会問題から人類の持続的発展に関わる長期的な課題まで、科学者が政府や政策立案者を含めた社会へ科学的根拠を提供し、「科学的助言」を行うことが必要とされるようになってきている。また、参加型の公共的意思決定へと社会が移行する動きのあるなか、市民の要望や疑問に丁寧に耳を傾け、時には文化的なコンテクストを踏まえて助言することも求められている。こうした潮流は、科学への期待感の表れであると同時に、科学に対して社会から厳しい眼差しが向けられるようになったことの表れともいえよう。これからの研究者には、自らの研究の社会的な位置づけへの省察的な視点を養っていくことがさらに必要になると考えられる。そうした状況のなかで、本書が提案する発達保育実践政策学という新しい学問は、社会への貢献をその目的の一つに据えたものであり、その性格上、社会へ科学的助言を行うこととは不可分といえる。そこで本章では、幾らか俯瞰的見地から、「科学的助言」の国内・国際的な潮流を確認し、その概念の整理と基礎的な考察を通じて、この新しい学術活動の展望を探りたい。

1　科学的助言が求められる背景

(1) 日本学術会議における科学的助言

二〇〇六年一〇月、日本学術会議は、「科学者の行動規範について」と称する声明を公表した[1]。この声明は、科学者が社会の信頼と負託を得て自律的に研究を進め、科学の健全な発達を促すための、すべての学術分野に共通する基本的な規範を示すものである。ここでいう「科学者」とは、自然科学のみならず、人文・社会科学を包含するすべての学術分野で新たな知識を生み出す活動、あるいは、科学的知識の利活用に従事する研究者、専門職業者を指す。本章で登場する「科学者」も同様の定義であり、加えて「研究組織(研究プロジェクト)」や「研究者コミュニティ」も含意する。

同声明が大学等の研究機関に周知され、各機関が自律的にそれを遵守する動きがこれまでにみられた。その後、研究倫理や科学者の社会的責任についての議論が深められ、二〇一三年一月に改訂版が策定、公開された。(2) 改訂版で加筆されたのが、Ⅲ「社会のなかの科学」という個所である。そこに含まれる具体的項目としては、「社会的期待に応える研究」、「科学研究の利用の両義性」、「公正な研究」、「社会のなかの科学」、「法令の遵守」等がある。冒頭で言及した世界的潮流と符合するものといえる。

声明文のなかでは、「科学活動とその成果が広大で深遠な影響を人類に与える現代において、社会は科学者が常に倫理的な判断と行動を為すことを求めている。また、政策や世論の形成過程で科学が果たすべき役割に対する社会的要請も存在する」と、科学者倫理および科学と政策の関係について言及されている。同時に、「科学がその健全な発達・発展によって、より豊かな人間社会の実現に寄与するためには、科学者が社会に対する説明責任を果たし、科学と社会、そして政策立案・決定者との健全な関係の構築と維持に自覚的に参画すると同時に、その行動を自ら厳正に律するための倫理規範を確立する必要がある。科学者の倫理は、社会が科学への理解を示し、対話を求めるための基本的枠組みでもある」と、自律的な倫理規範の必要性も明示されている。それらを踏まえて、改訂版で強調されるのが、「科学的助言」というキーワードである。それが登場する個所を幾つか示す。

・科学者は、社会と科学者コミュニティとのより良い相互理解のために、市民との対話と交流に積極的に参加する。また、社会の様々な課題の解決と福祉の実現を図るために、政策立案・決定者に対して政策形成に有効な科学的助言の提供に努める。その際、科学者の合意に基づく助言を目指し、意見の相違が存在するときはこれを解り易く説明する。

・科学者は、公共の福祉に資することを目的として研究活動を行い、客観的で科学的な根拠に基づく公正な助言を行う。その際、科学者の発言が世論及び政策形成に対して与える影響の重大さと責任を自覚し、権威を濫用しない。また、科学的助言の質の確保に最大限努め、同時に科学的知見に係る不確実性及び見解の多様性について明確に説明する。

・科学者は、政策立案・決定者に対して科学的助言を行う際には、科学的知見が政策形成の過程において十分に尊重されるべきものであるが、政策決定の唯一の判断根拠ではないことを認識する。科学者コミュニティの助言とは異なる政策決定が為された場合、必要に応じて政策立案・決定者に社会への説明を要請する。

以上から分かるように、科学的助言は社会の福利向上を目的とした政策形成との関連のなかで特に必要とされる。重要な点は、科学的助言が、単にそのまま「科学的知見」を意味するものではないことである。科学的助言は、いわば科学的知見が社会へ意義をもたらすものとして伝達・助言可能な形態へ変換されたものである。科学的知見に関する見解の相違や不確実性が存在する場合は、それについて明確に解説し、助言と異なる政策決定が為された場合は、必要に応じて政策立案者に社会への説明を要請するという、監査的機能も必要とされる。なお、声明の最後に、「科学者は、自らの研究、審査、評価、判断、科学的助言などにおいて、個人と組織、あるいは異なる組織間の利益の衝突に十分に注意を払い、公共性に配慮しつつ適切に対応する」旨が示されている。科学的助言もまた、科学研究そのものの正当性の保証と同じく、常に自律的に正されていくことが求められるわけである。

（2）OECDにおける科学的助言

科学的助言をめぐっては、国際的にも多角的な議論が重ねられている。以下、それらについて確認していきたい。

二〇一五年三月二五日、ＯＥＣＤは、「政策形成のための科学的助言——専門家組織と科学者個人の役割と責任（Scientific Advice for Policy Making: The Role and Responsibility of Expert Bodies and Individual Scientists）」を公開した。(3) 各国の科学的助言のプロセスが効率的かつ信頼のおけるものとなることを目指し策定されたものである。この報告書の冒頭でも、科学的助言が政策形成および社会の意思決定にますます大きな役割を果たす時代状況にあり、長期的な政策立案から喫緊の課題対応まで、幅広い状況で科学的根拠を政府も必要としているという近年の特徴が強調されている。科学的助言の場面でしばしば必要となる国際的な連携を進めるうえで、共通の原則は健全な基礎となり得る。(4)

報告書においては、以下の通り、国際的視座からの政策提言がなされている。幾らか緊急の事態が想定されたものであるが、中長期的な科学的助言の在り方についての考察を深めるためにも十分参考となる。

①各国政府および関連機関は、助言プロセスとメカニズムに関する明確で透明性の高い枠組みおよび手続き上の規則を設定すること。

②各国政府は、即時の対応が必要とされる問題における適時・適切な科学的助言を確保するための有効な仕組みを確立すること。

―一貫性があり信頼性の高い情報を国民に提供する手順を含めて、国レベルでの備えと対応に関わる組織および個人の役割と責任を定める。

―即時の対応が必要とされる事態において、科学的助言を提供する助言組織および関係者の間の国際協力を促進する仕組みを設定する。これは、事態への実際の協力だけでなく、備えを改善するためのデータ、情報、知見の共有を含む。

③各国政府は、複雑でグローバルな社会的課題に関連する国内および国際的な科学的助言組織の間の整合性を確保するため、国際機関と随時協働すること。

―各国の科学的助言組織と関係国際組織との間の情報、データ、グッド・プラクティスの共有を促進させる。

―グローバルな社会的課題に関する国際的な科学的助言を国や地域の政策に適用・検証し、またその反対のパターンも実施することを確保する。そのための仕組みがない場合、それを確立する。

④各国政府および関連機関は、政策形成のための科学的助言に対する社会的信頼を確立するための方策を実施すること。

―助言プロセスが必要に応じて公開され、開かれたものであることを確保する。

―科学的助言が、透明性が高く説明責任を果たすようなかたちで検討、伝達、活用されることを確保する。そのための、科学的助言の実践および活用に関する科学者と政策立案者へのトレーニングを行う。

2　科学的助言の構成

(1)　科学的助言のプロセス

政策における科学的助言の需要が高まるにつれて、多様な助言組織や助言プロセスが、様々な関係者を巻き込みつつ異なるレベルで確立されてきた。多くの国において、国家レベルの科学的助言システムは四つの要素の多様な組み合わせによって構成されている。①科学（および技術・イノベーション）

に関わる政策について法令に基づいて政府に助言を行う委員会、②科学的情報が必要とされる特定の問題に取り組むよう命令ないし委任された常設または臨時の科学的ないし技術的助言組織、③明示的な要請に応じてあるいはそのような要請無しに政策に関連する報告書や助言を提供する学術的組織、④何らかの公式な助言機能を併せ持つ場合もある助言者個人ないし顧問、である。(5)

そうした状況下で、様々な国が科学的助言組織の設置や運営に関する一般的な原則や指針を策定してきた。それらは、次のような標準的な助言プロセスにおける主要な五段階を取り扱っている。(6)

①課題の設定

課題には、単一の技術的リスク評価のような比較的単純なものもあれば、多くの異なる視点から捉えられる複雑なものもある。科学的助言が政策に影響力を持つためには、助言の最終的な利用者が科学の専門家とともに課題設定の当初から関与することが理想である。複数の利害関係者が関心を持つ複雑な問題については、主要なすべての利害関係者が課題設定に参画することが多くの場合適切である。

②助言者の選定

適格な専門家の関与と利益相反の回避は、科学的助言プロセスの質や正当性にとって常に極めて重要である。問題が複雑になるほど、より幅広い分野からの助言を統合する必要がでてくる。このことはつまり、これまで以上に自然科学者と社会科学者の協働を進め、科学的言語や用語の本質的相違を克服すべきことを意味する。課題によっては、科学者以外の専門家や一般の人々の参加も必要となる。利益相反の回避は、助言者グループの多様性が高まるにつれて難しい課題となり得る。イデオロギー的ないし科学的な利益相反は同様に重要であるにもかかわらず、容易には特定し難いこともある。

③助言の作成

専門家が選定され、すべきことが明確化された後は、政治等からの干渉なしに彼らが独立して活動できることが重要になる。問題の複雑さが増すにつれ科学的な不確実性も高まることが多い。一般的に、科学的助言には不確実性（ないし蓋然性）の評価およびそれを明確に伝達する表現が含まれるべきである。独立したピア・レビューが行われることが、科学的助言の質や正当性の向上に役立つこともある。

④助言の伝達と活用

時期尚早であったり不正確または偏った報告は、助言プロセス全体を損ない得る。「誰に、何を伝達する責任が、誰にあるのか」という実践上の問いは、いかなる助言プロセスにおいても重要である。助言の内部や外部への伝達に関する個人及び組織の責任とその限界が十全に理解されるべきである。助言プロセスにおけるすべての関係者の助言や意思決定に係る責任の定義についても理解されるべきで、意思決定の手順が事前に確立されているべきである。

⑤助言プロセスの透明性

適切な手続きを踏んだうえでの助言プロセスの透明性・公開性は最重要の事項である。科学的助言とそれに関連する根拠は適切な時期に公表されるべきであり、政策立案者も科学的助言の活用に関して透明性を保つべきである。要請に基づいて提供された科学的助言が政策立案の際にどう考慮されたのかを常に説明できなければならない。とくに要請に基づいて提供された科学的助言と明らかに相反する政策決定を行う際には、政策立案者はその根拠を説明する義務がある。

本章で、科学的知見の創出や実践への活用だけではなく、その間の助言プロセスの適正化の必要性を強調する理由は、以上の論点とほぼ合致する。

（2）科学的助言の規範

科学的助言は、政策を適切に立案するうえで貴重な、あるいは不可欠な情報となり得るが、次のような課題も付記されている。助言がどのように形成・伝達されるか、助言の対象となる政策が利害関係者の受け止め方にもその「効果」が依存すること、科学的根拠だけを考慮して政策決定がなされることは稀であり、科学自体に不確実性があるなかでとくに複雑な問題の場合は数多くの利害の間のバランスをとらなければならないことなどである。

このように政策形成と実施のプロセスに科学者の関与が広がり、深まると、特定の政策を正当化するような科学者の振る舞いやそれを促す政治や行政の圧力などが生じやすくなる。そのため近年、先進諸国を中心として科学と政策の関係を律するような行動規範を作成する動きが加速している。主なものを紹介したい。

米国では二〇〇九年三月九日、バラク・オバマ大統領が政府における科学の健全性（Scientific Integrity）を確保するための包括的規範の検討を指示した。それを受け、二〇一〇年一二月一七日、ジョン・ホルドレン大統領補佐官が各省庁に通達を出し、この通達に基づいて各省庁は適切な措置をとるべく検討を実施した。なお、米国では、政府機関が公表する科学的知見の質を確保するための指針や、国家科学アカデミー（NAS: National Academy of Science）等による科学的助言の中立性・独立性を確保するための仕組みについて、以前から議論されてきた。

イギリスでも二〇一〇年三月二四日、経済イノベーション・技能省（BIS: Department for Business Innovation & Skills）が、政府と科学的助言者それぞれの役割及び両者の関係について理念的な規範を公表した。イギリスでは、国際的影響をもたらした牛海綿状脳症問題の際の科学的知見の取り扱いが大きな問題となったことをきっかけに、一九九〇年代後半から、政府機関が科学的助言を入手し活用する際の原則や、政府の審議会の中立性を確保するための規範が定められてきた経緯がある。

ドイツでも二〇〇八年、ベルリン・ブランデンブルク科学・人文科学アカデミー（BBAW: Berlin-Brandenburgische Akademie der Wissenschaften）が政府に対する科学的助言の在り方に関する指針を定め、これがドイツ国内の他の主要アカデミーでも採用された。

さらに、冒頭に触れた、世界の科学者の代表会議である国際科学会議、そして、「懸念される世界的課題についての意思決定において最良の科学的助言を結集させる（Mobilizing the world's best science to advise decision-makers on issues of global concern）」ことを目標に掲げるインターアカデミーカウンシル（IAC: The InterAcademy Council）も、政策形成における科学の役割についての議論と指針策定を継続的に行っている。欧州連合（European Union）の政策執行機関である欧州委員会（EC: The European Commission）も、二〇〇二年に科学的助言の収集と活用に関する指針を策定した。

現時点で日本には、前掲の日本学術会議による「科学者の行動規範」以外に、政策形成過程に目を向けた行動規範は明確には存在していない(7)。科学の政策への関与が高まるとともに政策への科学的根拠が必要とされる現在、規範の策定と深化は科学的助言の健全な運用のために不可欠であり、対応が急務であるといってよいだろう。

そうした規範の典型例として、二〇一〇年にイギリス政府が発表した「政府への科学的助言に関する原則（Principles of Scientific Advice to Government）」の要点を以下に示す(8)。

・政府は、科学的助言者の学問の自由、専門家としての立場及び専門知識を尊重し、十分に評価しなくてはならない。

・政府および助言者は、相互の信頼を損なうような行為を働いてはならない。

・助言者は、その作業において政治的介入を受けてはならない。

・助言者は、広範な要因に基づいて意思決定を下すという政府の民主主義的な性格の任務を尊重し、科学は、政府が政策形成の際に考慮すべき根拠の一部であることを認識しなくてはならない。

・政府は、その政策決定が科学的助言と相反する場合には、その決定の理由について公式に説明し、その根拠を正確に示さなくてはならない。

ここでは、学問の自由と自律性が十分保証された状況下で科学的助言が提供されることが重要であると強調される。また、政治と科学は緊張関係にありつつも相互に尊重され、両者とも説明責任を果たす率直な姿勢が求められている。前掲の日本学術会議による規範が科学者からの科学的助言の望ましい在り方の理解とするならば、ここに挙げた規範は政治の側からのその理解ということができる。両者に大きな齟齬はなく、両面から見ることでより明確となる。

3　科学的助言の課題と展望

（1）学術の「統合」という潮流

科学的助言が必要とされる状況を受けて、助言を形成する研究組織はいかなる未来像を目指していくべきか。複雑な社会問題解決のためには、ある特定の分野だけではなく、人文・社会・自然科学の知見の効果的な融合が鍵となることは先に確認した通りである。

これまでの科学研究の営みは基本的に、専門化、細分化へと向かう、いわば要素還元主義的な特徴を持ち、その枠組みのなかで人材も再生産されてきた。しかし、科学的助言は、そうした従来型の形態ではなく、分節化されていた要素の「統合」を目指すなかで行われる傾向が強まる。その理由を知るために、学術が大きな変容を迎えている時代状況を改めて俯瞰したい。

今から約二〇年前、イギリスの科学社会学者のマイケル・ギボンズらは、「モード」という科学研究における知識生産の様式を表す概念を用いて、現代の科学が「モード1」から「モード2」へと移り変わっていることを指摘した(9)。モード1とは、専門分野ごとに形成された科学者コミュニティ内部で自律的に研究テーマが選ばれ、成果が発表されるような研究活動である。そこでは、学会等による「ピア・レビュー（同僚評価）」に基づくレフェリー制度を通じて科学知識や論文の評価がなされ、その品質が維持・管理される。一九世紀半ばの科学の制度化によって確立され、二〇世紀を通して広く浸透した。それに対してモード2は、学問分野を越境し、既存の科学の制度を超えた社会的コンテクストのなかで行われる専門領域横断型の科学研究や技術開発を指す。社会との密接な連関を持ちつつ研究が進められ、知識生産を社会的実践として遂行する傾向を有する。

モード2には二つの特徴がある。一つは、知識生産の拠点とコミュニケーション網の多様化および分散化である。モード1では、ほとんどの研究が大学内で完結する傾向があるのに対して、モード2では、様々な研究機関、行政機関、企業などの様々なアクターが協力して研究が推進される。二つ目は、研究についての社会的説明責任（accountability）がより明確に求められることである。モード2では政府や企業から税金や研究予算が投入されるため、研究目的自体も社会的に承認される必要があり、成果についても社会的なアセスメントが要求される。モード1が個別の専門分野に分かれたdisciplinaryであるのに対して、モード2は、Inter-disciplinaryであり、日本語では学際研究などと表現される。本章が扱う科学的助言もまさに社会との連関のなかで、多様な研究・実践のアクターとの協働で為されていくものである。自然的存在で社会的存在であるヒトの発達の複雑性、政策的議論、横断・縦断調査等による新たな知見の創出など、保育もまた高度に学際性を帯びた課題といえる。

そうした学際研究は、「統合（integration）」を目指すことが特徴の一つとされる。「統合」は、ラテン語のintegrareに遡り、字義通りには、「全体を作ること」を意味する。動詞としては、「機能する全体へと結びつけ、あるいは機能する全体に融合させること」とされる。学際性については二〇世紀終盤以降、様々な議論が行われてきた。例えば、近年最も体系的にまとめられている一つであるレプコの研究（二〇一二）によると、「学際的統合」は、次のように定義される[10]。

学際的統合とは、専門分野の知見を批判的に評価し、より包括的な理解を構築するために、それらの間に共通基盤を作り出す認知的プロセスである。包括的理解は、統合プロセスの成果または結果である。

当該研究では様々な個所で、学際的統合は「プロセス」であることが強調される。そして、プロセスの結果として、「新しくより包括的な理解に到達する」と位置づけられている。この点においても、本章で見てきた科学的助言との親和性が認められる。以上を踏まえると「科学的助言は、様々な学術的知見が統合され、新しくより包括的な理解に到達されたもの」と再定義することもできよう。

（２）科学的助言のための基盤

科学的助言を形成・伝達・活用する素養についても考えておきたい。前項で科学的助言との親和性が示唆された学際研究の様々な議論をまとめると、「学際性によって育まれる認知的能力」として、以下の五つが指摘できる[11]。

①他者視点取得の技術を育て、応用する

②複雑な課題の知識構造を発展させる
③一致しない知見の間に共通基盤を創出し、発見する
④複数の専門分野の一致していない知見を統合する
⑤課題に関するより包括的な理解を生み出す能力としての認知的進歩

①の他者視点の取得は、ある特定の専門家コミュニティの内部だけでは得難い重要な技術である。「学際的活動に繰り返し接することで、学習者が他者視点取得の技術を応用できるようになる」ということを示す認知・指導に関する研究がある。[12] 他者視点の取得や多重な視点の活用は、自ずと対象とする課題の概観を求める。学際的な研究の核は、他者の視点を取得する能力と、課題やシステムのより包括的な理解を発展させるために専門分野の概念・理論を活用する能力といえる。

②は、関連する専門分野の視点の間の関係を批判的に評価しつつ、核となるテーマのより深い認知的分析を引き出すことを意味する。より深い認知的分析のためには、関与する専門分野がどのように課題を理解し、アプローチしているか、そして多様な視点がどのように相互に関係しているのかを分析することが重視される。

③について、一致していない知見や理論の間に共通基盤を創り出す能力は、課題に対するより包括的な理解を構築するために必要不可欠なものである。

④は、複数の専門分野の一致していない知見を統合するという、幾らか難易度の高い能力である。

だが、一致していない知見を整理して客体化する作業を学術的に進めることで実現可能であり、それは学際的な研究を強化するプロセスとなる。

⑤は、単一の専門分野の手段とは異なる方法で現象を説明し、課題を解決し、成果を創出し、新しい問題を提起する能力を意味する。最終段階で目指される認知的進歩ということができる。

このように整理すると、複数の学問が集い、包括的理解へ達するプロセスをイメージしやすくなる。先に見てきたように、本章の主題である「科学的助言」は、対象とする事態に対応するため、関連する複数の学問による知見を統合させ、知見の不確実性も考慮して、最善のかたちへ包括的に整えて社会へ発信することが必要とされる。その際、以上のように、概念的に整理していくと、具体的な学術的手続きを助けるといえよう。

本書の主題である保育政策についても、問題の解決にはいかなる科学的知見が必要となるのか、そこにいかなる限界や不確実性があるか、社会への包括的なメッセージをいかにわかりやすくかつ正確に届けていくかなど、課題を総合的に捉える能力が求められる。さらに、助言を受け取った側がそれを様々な条件下でどのように活用し、どのように社会へ影響を及ぼしていくかという想像力も必要となる。そのために、前掲の、学際性に基づいた包括的理解へ導く認知能力の育成が寄与できる可能性は十分あるといえよう。

（3）隣接研究・実践との連関

これまでの議論を俯瞰すると重要な先行研究・先行実践と接続させて捉え直す意義も見えてくる。学習者と対象世界という多相を客体化することが科学的助言の素養には必須となるが、既にその基礎的議論は拓かれており、二一世紀の学びの新たな変容についての総括的な議論も進められている[13]。また、前掲のOECDの報告書において科学的助言に対する市民社会の関心の高まりについて解説されているが、政治や社会の公的な意思決定に能動的に参加する資質を育むシティズンシップ教育をめぐる研究は多くの重要な示唆を与える[14]。メタ学習の支援も含めた社会に生きる学力の観点からの議論[15]、カリキュラムの社会的意義の観点からの議論も、多角的な学術的批判とともに考察を深化させていくための視点を提供してくれる[16]。総合的・協働的な探求型の学びを重視するプロジェクト学習からも多くの示唆が得られる[17]。乳幼児を総合的に観る学問も具体的視座を与えてくれる[18]。未来社会を展望する視点も同様である[19]。さらに、わが国にも、研究、臨床（実践）、政策提言のすべてにおいて師表となる人々が存在するが[20]、長期的視野から、そうした総合的能力を育む契機として科学的助言の概念が活用できる可能性もある。そして、科学政策への健全な批判を通して、科学的助言を深化させていくことも本質的で重要なテーマと考えられる[21]。

実践の文脈へ目を移すと、近年、国際的に学習者の能動性を重視するアクティブ・ラーニングの意義が広く認められている。その基本要件である、聴く以上の関わり、技能の発達、活動の重視、態度や価値の探求、高次の思考（分析、総合、評価）の重視は科学的助言の基礎となる[22]。幾らか筆者の経験に触れておくと、これまで高等教育における実践の文脈で、学習者の主専攻と合わせて、学術と社会の関係を捉え直す副専攻の教育も担ってきた。欧米の高等教育機関で多く認められるMajorとMinorの専攻システムを反映したものである。それを通じて、学習者は主題を俯瞰し、自己の専門を客体化し、専門間の共通点や差異を理解し、社会状況を踏まえた政策提言をする能力の基礎を養うことができる。既に修了生の多くが政策立案の現場で貢献している。こうした教育は、様々なメディアによって情報過多に陥っている社会へ向けて、科学的見地からいかなるメッセージを発信する必要があり、それがどのような影響を及す可能性があるのかを批判的に捉える能力の育成にもつながる。

また、アクティブ・ラーニングのなかでも、課題解決をより志向するＰＢＬ（Problem Based Learning）も継続的に実施してきた。チーム内の相互作用のなかで、他者から学ぶ思考を身につけ、学習プロセスへ主体的に関わる態度を涵養し、課題解決に向けて理解を統合させることが目指される。ＰＢＬは医学教育の文脈で誕生したものであるが、元々の定義は、「基礎と臨床に関する知識を習得するとともに、臨床での実践において直面するような事例を通して、課題解決の能力を身につけること」である。[23] この基礎と臨床実践の関係は、科学的助言の形成と活用のアナロジーと位置づけることもできよう。同じく医療者教育の文脈で誕生した多職種連携教育（IPE: Inter-professional Education, IPW: Inter-professional Work）も、学習者の段階で様々な価値観の職業と協働する能力の育成が想定されたものであり、助言の伝達や活用のフェーズで必要とされる能力育成に貢献できる可能性がある。

人間を対象とする保育領域での科学的助言という観点からは、科学的知見の形成・伝達・活用をめ

図1　本章筆者によるアクティブ・ラーニングを取り入れた授業の様子

ぐるＥＬＳＩにも意識を向けることが極めて重要であろう。ＥＬＳＩとは、Ethical, Legal and Social Implications（倫理的・法的・社会的諸問題）の頭文字をとったものである。もともとはアメリカのＮＩＨ（National Institute of Health）で考案され、科学研究の推進にともなう様々な影響を適正に評価し、対応することを求めるものであり、今日ではあらゆる研究分野での世界標準の概念となっている。例えば、侵襲は身体的侵襲に限らず、対象者が抵抗や困惑を感じる要素があればそれは心理的侵襲といえ、除外されなくてはならない。高度な個人情報の保護対応や、研究の経過で何らかの問題が発見された場合の対象者への情報伝達の可否など、様々な問題が想定される。こうした論点は、今後一層、科学的助言の重要な構成要素として取り入れていく必要があるだろう。倫理は科学研究を抑制するものでは決してなく、重要な科学研究が良質かつ持続可能に推進されるための「車の両輪」といえる。人間の育ちを対象とする発達保育実践政策学でも十分に考慮されるべき要素といえよう。

おわりに

本書のテーマである発達保育実践政策学は、その基本的な役割の一つとして、「科学的助言」を担う可能性が高い。本章では、科学的助言を鍵概念として、国内外の動向と学術的分析をレビューしつつ、望ましい助言の在り方の考察を行った。それを通じて、助言の形成・伝達・活用の適正化とそのための素養の育成についての基礎的な示唆を得た。

これまで見てきた通り、適格性・中立性・透明性といった要素が、科学的助言において非常に重要である。これらの要素に注意を払うことは、助言の有効性や質を向上させるとともに、科学者、政策立案者、国民の間に求められる信頼の確保にも資する。

助言プロセスの信頼性の向上のために、各国間で経験や実施例を共有する機会が増えつつある。現時点で指針や行動規範が存在しない、あるいは不十分な場合は、そうした実践上の指針が、システムやプロセスに関与する人々も参加するかたちで、適切なレベルで作成されることが重要となる。

今後も、様々な観点からの学術的批判とともに、科学的助言の在り方をさらに洗練させていくことが求められているといえよう。

注

（1）日本学術会議「声明　科学者の行動規範について」二〇〇六年
（2）日本学術会議「声明　科学者の行動規範——改訂版」二〇一三年
（3）OECD (2015). Scientific Advice for Policy Making: The Role and Responsibility of Expert Bodies and Individual Scientists. (OECD Science, Technology and Industry Policy Papers No. 21.（日本語要約：http://www.oecd.org/sti/sci-tech/ScientificAdvice-Japanese.pdf)
（4）OECD (2015). op. cit., pp. 37-40.
（5）OECD, op. cit., pp. 13-17.
（6）OECD, op. cit., pp. 18-23.
（7）科学技術振興機構・研究開発戦略センター「政策形成における科学の健全性の確保と行動規範について」二〇一一年、二七頁
（8）科学技術振興機構・研究開発戦略センター、前掲、一五頁
（9）野家啓一『科学哲学への招待』ちくま学芸文庫、二〇一五年
（10）Repko, A. F. (2012). Interdisciplinary Research: Process and Theory, 2nd ed. SAGE Publications. pp. 15-16.（アレン・F・レプコ『学際研究——プロセスと理論』光藤宏行ほか訳、九州大学出版会、二〇一三年）
（11）Repko, op. cit., p. 274.
（12）Baloche, L., Hynes, J. L., & Berger, H. A. (1996). Moving toward the integration of professional and general education. *Action in Teacher Education*, 18, pp. 1-9.

(13) 佐藤学「学びの対話的実践へ」、佐伯胖／藤田英典／佐藤学編『学びと文化１　学びへの誘い』東京大学出版会、一九九五年。佐藤学「21世紀型の学校カリキュラムの構造――イノベーションの様相」東京大学教育学部カリキュラム・イノベーション研究会編『カリキュラム・イノベーション――新しい学びの創造へ向けて』東京大学出版会、二〇一五年

(14) 小玉重夫「シティズンシップ教育のカリキュラム」、東京大学教育学部カリキュラム・イノベーション研究会、前掲

(15) 市川伸一「『社会に生きる学力』の系譜」、東京大学教育学部カリキュラム・イノベーション研究会、前掲。市川伸一／植阪友理「社会に生きる学び方とその支援」同書

(16) 本田由紀「カリキュラムの社会的意義」、東京大学教育学部カリキュラム・イノベーション研究会、前掲

(17) 田中智志／橋本美穂『プロジェクト活動――知と生を結ぶ学び』東京大学出版会、二〇一二年

(18) 小西行郎／遠藤利彦編『赤ちゃん学を学ぶ人のために』世界思想社、二〇一二年

(19) 佐倉統編『人と「機械」をつなぐデザイン』東京大学出版会、二〇一五年

(20) 永井良三「里程」二〇一二年

(21) 金森修『科学の危機』集英社新書、二〇一五年

(22) Bonwell, C. C., & Elison, J. A. (1991). Active learning: Creating excitement in the classroom. ASHE-ERIC Higher Education Report No. 1.

(23) Albanese, M. A., & Mitchell, S. (1993). Problem-Based learning: A review of Literature on its outcomes and implementation issues. Academic Medicine, 68 (1), pp. 52-81.

第12章　発達保育実践政策学への期待——学問と学問のつなぎ、学問と社会のつなぎ

佐倉　統

はじめに

「発達保育実践政策学」という名称を初めて聞いたとき、失礼ながらこの名前をなかなか覚えられなかった。単語の順番が前後したり別の単語に置き換わったりして、しばらく混乱していた。言いがかりになるかもしれないが、この熟語がまだ熟していないからなのだと思う。ちなみに、私が所属している「情報学環」は大学院の研究科相当の組織だが、もっと熟していなくて、設立から一五年以上経った今でも、しばしば「情報学科」や「情報環境学部」と間違えられたりしている。

さて、発達研究と保育研究と政策学は、研究対象も手法も人材育成の方法も、ほとんど独立に発展してきたものだと聞いている。しかしさまざまな社会的要請や学問的要請からこれらを相互に連携させる必要が生じ、それに応えるべく設立されたのが、この発達保育実践政策学センターということで

ある。

このような研究や実践が必須であることは論を俟たない。育児の方法、家族の形態、両親の勤務形態、学校教育、児童の権利、日本社会の人口パターンなど、個人のレベルから社会、国家のレベルまで、すべてが大きく変化しつつあるため、伝統と経験にもとづく今までのやり方が通用しなくなっている。新しい方法と仕組みを考えるための基盤、拠り所として、たしかな事実にもとづいた学術的成果を使えるようにすることは、なにより重要である。

この際に考えなければならないのは、このような課題志向型の学問研究（いわゆる、モード2型の学問。下記、第2節（1）を参照）の難しさである。従来、とくに「基礎」と称される学問領域は、社会的な課題とは無関係に、研究者の知的好奇心を駆動源として発展してきたとされる。(1) 高度に専門化した現在の学問のあり方のもとでは、その分野に精通した専門家でないと課題の重要性は判断できないのが普通である。社会的要請と学術的意義とを、どのように調整したらいいのか――これが本章のテーマである。

課題志向型研究と密接な関係にあるのが学際性である。(2) 課題志向型の研究は、通常は複数の学問領域をまたがる学際的な構成となる。学際性への希求は、現実の課題は複雑で、単一の学問領域では対処できないことから生じているが、一方でこれは学問領域の専門化、細分化が進んだことの裏返しでもある。

いずれにせよ、発達保育実践政策学が機能するためには、学際性と課題志向性の二つの問題をクリアする必要がある。それが、この学問領域の成熟を意味するのだと思う。

本章では、この二点＝学際志向性と課題志向性をどのように扱って生産性の高い枠組みや組織を作るかについて、考察する。まず第1節で、学際志向が陥りやすい問題点を論じ、その対応策を検討する。対応策のひとつが、社会的課題を学問推進の原動力とすることである。第2節で、その理論的背景、歴史的背景、現在の実例について述べる。第3節では、このような学際的・社会連携的研究領域を確立し、持続的なものにするための概念装置として、適正化技術を援用しつつ、方向性を検討する。

1 学際という名の落とし穴

(1) 魚の鱗——学際といえども対象は狭く

新しい研究活動を始めるときに、「学際 (interdisciplinarity)」がマジックワードになることが多い。この「発達保育実践政策学」もそうだし、私の所属している情報学環も学際を謳い文句にしている。東大内外、また諸外国にも存在する学際組織は枚挙に暇がない。(3) いちいち具体名をあげるまでもないだろう。

新たな研究課題を遂行するために異なる研究分野をつなぎ合わせてプロジェクト化するのは、有効そうに見えるし、魅力的だ。だが、分野が異なるということは、それなりの理由や経緯があってそうなっているのであり、単に異分野の研究者を連れてきて同じプロジェクトに据えれば学際的研究が自動的に推進するというものではない。これは、学際組織（情報学環）で一五年以上、研究と教育に従事してきた私の、個人的ではあるが偽らざる確信である。学際的なプログラムや組織を活性化し、機能させるためには、それなりの工夫と努力が必要である。

アメリカの社会心理学者、ドナルド・キャンベルは、今から五〇年近く前に、学際的な研究教育の難しさと弊害について指摘している(4)。キャンベルは社会心理学の方法論、とくに社会実験の妥当性の検討などで名高いが、進化論にも造詣が深く、進化論的認識論（evolutionary epistemology）の開祖のひとりでもある(5)。ここでは彼の主張のうち二点を引用する。

第一点は、学際教育のあり方である。学際研究に従事するためにはさまざまな異なる分野について習熟する必要があると思いがちで、そのため人材養成カリキュラムが総花的になりがちだ。人文、社会、自然科学のありとあらゆる分野を学ばせようとする。しかし、ひとつの分野だけでも専門的な知見を習得するのに五年や一〇年かかるのである。それを二つも三つもマスターすることは、単純に物理的な時間の長さから言って、無理なのである。学部、あるいは大学院の数年間でそのような「全知全能」型のカリキュラムを学んでも、その若者は結局何ひとつ専門的な技能を身につけないで課程を修了することになる。それだけならまだしも、何も身につけていないのに、あたかも自分は全知全能のスーパーヒーローであるかのように錯覚し、鼻持ちならないエリート主義を身につけてしまうことすらある、とキャンベルは批判する。このような、広範囲にわたる分野をカバーしなければいけないという錯誤を、「レオナルド・ダ・ヴィンチ症候群」と彼は指摘している。

第二点は、その裏返しとして、では実際の学際研究はどうあればいいのかについてである。ひとりの人間が研究できる対象は限られている。学際であろうと既存領域ど真ん中であろうと、そこでできる研究の範囲と深さは、変わらない。キャンベルはこれを魚の鱗の一枚にたとえている。さて一方で、既存学問領域は解明すべき現象のすべてを満遍なく覆っているわけではない。歴史的な経緯や人間関係やさまざまな政治的要因によって、ある部分は大量に深く研究が蓄積されており、他方、現実世界に課題や難題が存在していても、学術領域がそこをカバーしていないことは珍しくない。学術界は同業専門家による相互評価が評価基準なので、専門性や正当性は評価できるが、その領域以外のところで生じる事象は原則として研究対象にならない。つまり、ある学術専門領域は、自律的に（と言えば聞こえはいいが、裏返せば自己満足的に）その対象と領域の境界を定め、その中で知識を再生産するのである。そのような専門領域が複数存在しているときに、それらの「すきま」に興味深く重要な課題があれば、それをカバーして周囲の学術領域に少しずつ重なるような研究領域を設定できる。作業量は、鱗一枚。従来の専門的学問と同じ。しかし、複数の既存領域に接している。これが、あるべき学際の姿だ。学際研究も、大きさは既存の学術研究と大差ない。対象をどう選定するかの問題というわけだ（研究対象を既存学問領域の価値基準や学問的要請から離れて設定できるかどうかは、社会との関係で後述する）。

以上が、キャンベルの「学際＝魚の鱗一枚」論の概略である。繰り返しになるが、五〇年近く前に、現在でもまったく色あせることなく通用する議論——いや、むしろ、学際研究が広く行き渡った現在だからこそ価値のある議論を発表しているキャンベルの慧眼に、改めて恐れ入る。

(2) ラバであれ――「魚の鱗モデル」――生き残る学際

キャンベルの「魚の鱗モデル」は、学際研究のあり方として示唆に富む。それだけでなく、既成の学問領域のあり方としても、教訓的だ。学術的な重要性と社会的な重要性の関係を、どのように調整するのか。学問が専門的になればなるほど、社会的な重要性とは無関係に学問的重要性が判断されるが、その価値の根拠づけはどのようにして承認されるものなのか。これについても、社会的課題と学術的課題を連携させる必要性を次節で検討する。

キャンベルの学際論が扱っていない点のひとつは、この課題選定の継続性をどのように担保するのかである。既存学術領域のすきまにあるということは、そこの課題は、いかに社会的要請が高かろうと、当該領域では（少なくとも今は、まだ）さほど重要とは認識されていないということである。研究者養成の課程は、おおむね既存の学問領域に準拠して組み立てられているから、その領域の外にある学際的研究テーマを重要と考える研究者は、なかなか育たない。あるいは、社会的課題として重要だとは認識していても、自分の専門領域で扱うべき（扱える）対象ではないと考える。

専門家および専門家の卵たちによる、このような保守的な姿勢は、ある意味では学問領域をむやみやたらと拡散させず、求心力を保つためには、健全なものである。学会発表でときどき見られる、およそ学術的に無意味で、おまけに不勉強で、社会的意義のカケラもない、いわゆる「トンデモ」発表ほど有害なものはない。多くの研究者の時間を奪い、学生たちにも悪影響を与える。専門領域を堅持し、そこで培われた厳密な学術的方法論を死守することは、絶対に必要だと私は思う。

しかし、であれば、学際的な指向をもった研究者や研究活動を、どのようにして再生産していけばいいのか。

学術活動は知識という情報を生産する活動であり、研究者同士の情報のやりとり——論文を読んだり相互にディスカッションしたり——によってその生産を実現する。[6] これは、生物が遺伝情報を有性生殖によってやりとりして、次の世代を再生産することと、情報のやりとり（コミュニケーション）という点では同型（isomorphic）である。この、生物の遺伝情報と人間の文化情報の同型性に注目して、イギリスの進化生物学者リチャード・ドーキンスは文化情報の単位を「ミーム」と名付けた。[7] 生物のゲノムが相互に交配できる遺伝子プールの範囲が、種《しゅ》（species）である。[8] とすれば、ミームにとって「種」に相当するものは、ある特定の学問領域ということになる。学術情報を相互にやりとりするのは専門領域を同じくする研究者同士であり、専門領域の異なる学者とは、学問的な話はほとんどしない。自分の専門外の学会にも、普通は参加しない。

さて、このアナロジーをさらに一歩進めて考察すると、学際領域というのは異なる種どうしの掛け合わせで生じた雑種に相当する。通常、雑種は不稔である。[9] 第一世代の雑種同士を掛け合わせても、その次の世代はできない。ということは、学問的雑種であるところの学際領域は、次世代の専門家を残せないことになる。逆に言えば、次世代の専門家育成に成功すれば、その領域はすでに学際ではなく、確立した既存分野ということになる。新興学術領域成立の基準となるのは、通常は、学会、学術専門誌、教科書、人材育成システムが、それぞれ確立しているかどうかである。つまり、「種」としての再生産システムが確立しているかどうかである。

しかし、すべての雑種が一代限りで消えていくかというと、そんなことはない。よく知られている家畜のラバ（騾馬）は、オスのロバとメスのウマとの交配でできる雑種だが、身体が丈夫で健康であり脚力も強いので、古くから軍事や産業の各場面で人や物の運搬に使われてきた。最古の記録は紀元前数千年の古代エジプトにさかのぼるという。(10) ラバ自身は不妊で、子孫を残すことはできない。しかし、「ラバを生じさせる」方法や知識が代々伝えられて、その都度、ロバとウマを掛け合わせてラバが作られてきたのである。ラバそのものではなく、ラバの「作り方」が生き残ってきたと言ってもいいだろう。

学問的雑種であるところの学際領域が生き残る道も、ここにある。有益な雑種であれば、その学際領域の作り方――どの分野とどの分野の専門的知識が必要か――が、望まれる学際プロジェクトのノウハウとして伝わっていけばいいのである。

ここでも鍵は、社会的要請との関係である。雑種でない生物は、人間にとっての有用性とは無関係に、たとえ人間に害をもたらすものであっても、それぞれの種が再生産を繰り返して生き残っていく。同じく既存の学問領域も、社会的有用性とは無関係に、学問内の自律的意義によって存続していくことが可能である。

しかしラバはそうはいかない。ラバが常に存在し続けるためには、その「作り方」が記憶されていなければならない。そのためには、ラバが人間にとって有用であることが、決定的に重要だ。人間にとって有用でない雑種の「作り方」は記憶されずに忘れ去られていく。

ラバとは逆の組み合わせでオスのウマとメスのロバとの間に生まれるケッテイ（駃騠）は、身体がラバより小さく育てにくいなどの理由から、家畜としてはほとんど使われていない[11]。

将来にわたって生き残る学際領域であるためには、ケッテイではなくラバでなくてはならない。

次の節では、社会的課題と学術的課題の関係について論じる。

2　学問と社会の間をつなぐとはどういうことか

（1）モード2

まず最初に、課題志向性（issue oriented）、あるいは課題志向型研究（issue oriented research）について、簡単に定義しておこう。学術的な要請から研究や調査のテーマを決めるのではなく、現実社会の要請からテーマを選定するのが、本章で言う課題志向型研究である。これはマイケル・ギボンズら[12]の提唱した「モード2科学」とほぼ等しい。学際研究のプロジェクトは社会的要請に応じて構成されることも多く、また、学際研究を成功させるためには異なる学問分野で共通の課題を共有することが重要という指摘もあるので[13]、課題志向性と学際性は裏表の関係にあると言える。

一方で近代科学（ここでは自然科学を想定する）は、とくに二〇世紀以降は価値命題と事実命題を区別することを重視している。したがって、社会的要請に応じて研究対象を選ぶのではなく、その分野に精通した専門の研究者が蓄積した専門的知識にもとづいて重要性を判断し、テーマを選定するのが理想の姿とされてきた。[14] ダーウィンの進化理論（事実命題）を社会現象（価値命題）に適用したハーバート・スペンサーを、ジョージ・エドワード・ムーアが批判した議論がその根底にある。[15]

科学は価値命題を扱わないとすると、基礎研究と社会の接点はどこに見いだせばいいのか。ひとつの考えかたは、基礎→応用→実用という流れを想定する、研究開発の線型モデルである。線型モデルとは、第二次大戦後にアメリカの科学技術政策に大きな影響力をもっていたヴァネヴァー・ブッシュが強調したもので、専門家がおこなう基礎研究の中に、社会的意義を有する種（シード）があり、それを応用研究で製品開発し、社会に送りだす実用化が達成されるとするものである。彼はこの線型モデルの図式を最大限に活用して、戦後アメリカの基礎研究を振興したのだった。[16]

しかし現在は、このような線型モデルは批判され、基礎と応用と実用は相互に影響しながら進んでいくという考えかたや、それぞれの間に明確な区別は付けられないという考えかたが主流である。[17] 基礎→応用の線型モデルは、ブッシュが基礎研究に国家予算を付けるためにぶち上げた妄想というよりは、第二次大戦後の一時期、少なくともアメリカではそのような状況にあったのだという解釈もなされている。[18]

基礎と応用と実用が相互に影響するということは、社会的な課題を解決することが基礎的研究を推進するドライブになりうることも意味している。一方で、先に述べたように基礎的研究は一般に専門的研究者の知的好奇心を駆動力として発展してきたものだから、専門家でない一般社会の興味関心は学術的価値とは必ずしも一致しない。

この齟齬をどのように調整するかが、学術と社会の関係を考える上で重要な現代的課題である。学術的にはさほど価値がなくても社会的価値が高ければ解決に取り組むべきだという考えもあるが、これは「学問」というより「運動」に近くなる。もう少し、学術的な価値も担保しつつ社会的な要請にも応えるという方向で活動してきたのが、いわゆる「市民科学」と称される一連の活動である[19]。市民科学の定義は多様だが、ここでは大まかに以下のように定義する。公害問題や環境問題、原発問題など、社会的にも注目度の高い課題について、学術アカデミアが必ずしも市民の要請に十分には応えていないという状況認識のもと、学術専門家が社会的な要請に取り組むのが市民科学である。具体的な研究者としては、公害問題の宇井純、原発の高木仁三郎らが挙げられる。市民科学研究室は、上田昌《あき》文《ふみ》のもと、このような問題意識で現在も活動している数少ないNPO法人である[20]。

このような社会的要請に応える領域を「学問」として確立するためには、大きくわけて二つの方向性があると思う。ひとつは、既存の学術領域においても学術的に意義のある課題を見つける、あるいは社会的要請をそのような形に整えることである。もうひとつは、新しい学術領域として確立することである。次の第2項ではこの第一の方向について検討し、第3項では第二の戦略を検討する。

（2）社会的課題を学術的課題とするために（1）——歴史的背景

前項で述べたように、科学（自然科学）と価値の関係は、現在でこそ、切り離すべきだという意見が主流である。また、後者（価値）を社会的要請と読み替えれば、学術研究と社会の間の距離のひらきは、自然科学に限らず、人文社会系も含め、おおむねどの領域でも大きい。

しかし、昔からそうだったわけではない。科学が社会的営為として確立する少し前、一七世紀ごろにはまだ科学と社会の距離はきわめて近く、社会的課題に貢献することが科学と科学者の使命であるとされていた時期もあった。科学の使命というよりも、いわゆる「ノブレス・オブリージュ（noblesse oblige）」（高貴なる者にともなう義務）が根底にあった面もあるが、それでも、科学と社会の関係を考えるときに一七世紀から一九世紀初頭にかけてのいくつかのエピソードは検討に値する。たとえば、一八世紀から一九世紀にかけて活躍したイギリスの化学者で新しい元素を多数発見したハンフリー・デイヴィーは、炭鉱での火災を防ぐために粉塵が中に入るのを防ぐランプ（デイヴィー灯）を開発して、炭鉱労働者の労働環境改善に貢献した。デイヴィー（「デービー」とも表記される）自身、自分の仕事の中でこのランプの開発がいちばん重要なものだと述懐している[21]。

自然科学者たちの学会・協会が整備され、「科学者 scientist」という言葉が発明されるなど、科学が社会の中で体制化されたのはおよそ一九世紀とされている[22]。デイヴィーはその直前、一八二〇―二六年にイギリスのロイヤル・インスティテューション会長を務めている（Royal Institution は「王立研究所」と訳されることもあるが、国王が設置したわけでなく、科学者たちの要請に応えて国王が認可したものであり、「王立」とするのは誤訳であると思うので、ここではカタカナ表記とする）。デイヴィーは、自然科学と人文学が一体となっていた時代の最後の巨人ともいえるが、それだけに、科学と社会が分離してしまった現在の状況を批判的に見直す際にはひとつのモデルともなりうる。

デイヴィーとて、彼のすべての研究がただちに社会的要請に応えるものであったわけではない。自らの知的好奇心に導かれるまま、人間や宇宙の起源に関する基礎的な考察もしているし、派手な効果を狙った化学の実験ショーは人気があり、みずからの研究活動の宣伝普及としての側面も強かった。しかしそれらの中でデイヴィー灯の発明という人道的な業績をデイヴィー自身が高く評価していたのは、科学研究は社会的課題に応えることが重要であるという彼の価値観によるものとみるべきであろう。

これは必ずしもデイヴィーに限らないことだが、当時の「科学者」たちは、人文学者でもあった。先にも触れたように、英語の「科学者 scientist」という用語は一九世紀半ばに発明されたもので、デイヴィーが活躍したのはその直前にあたる。彼は科学者ではなく「自然哲学者」だったのである。

これは単なる言葉の違いではない。科学者は、自然の摂理を明らかにすること自体が究極の目的である。つまり社会的応用がなくても、自然の解明自体が目的として存立しうるということが、「自然科学という営為が社会の中で確立したこと」であり、「科学者が独立した職業として社会的に認知されたこと」の意味である。そして、繰り返しになるが、科学と科学者のこのような社会的地位が確立し、社会的に認知されたのがおおよそ一九世紀半ばなのである（もう少し正確に言うとこのプロセス自体は一八世紀から一九世紀にかけてゆるやかに進行し、最終的に一九世紀半ばに確立した）。

それに対し、デイヴィーのような立場であれば、自然の摂理を解明すること自体が究極の目的ではありえない。彼と同時代に活躍した天文学者のウィリアム・ハーシェルは天王星を発見した業績で知られるが、ハーシェルの宇宙観や自然観も人文学的な価値観にもとづいていた。宇宙について知ることは、人智の限界を広げることであり、すなわち人間の価値を高めることだ、というのが彼の信念だった。[23]

その後――ウィリアム・ハーシェルの息子、ジョンの世代の「科学者」たちの活動によって――科学が科学として自立／自律する。つまり、哲学や人文学の一分科としてではなく、自然科学として独自の価値規範と方法論を確立し、独自の職能集団として社会的にも認知されるようになると、科学は科学独自の目的を追求するようになる。[24]

（3）社会的課題を学術的課題とするために（2）――現在の諸問題

この、科学が自律的に活動する体制は、今なお、変動している。この体制の基本は、その分野の専門家による知識の品質管理（ピア・レビュー）である。専門家の集まる学会での口頭発表や、主として学会が編集・管理している学術専門誌への論文発表には同業専門家の事前査読を経るのが通例であり、それによってそこで公開される知識が一定の水準にあることが保証される。また、発表された後も、それが重要性の高い研究なのか、再現性は保証されているのかといったことについて、やはり同分野の専門家から厳しい審査にさらされる。この、発表の前と後の品質管理システムが、自然科学が生産する知識の信頼性の源であり、したがって科学者の多くは、「査読付き学術誌」に掲載された論文を生産することを目標に活動する。

もちろん、良い研究をして良い論文を良い雑誌に掲載することを目指すのは、科学者として当然のことである。そのモティベーション自体には、批判されるべきところは何もない。しかし一方で、論文生産のための圧力が強くなりすぎると、再現性の乏しい結果を発表してしまったり、さらにひどい場合にはデータそのものを修正したり捏造したりといった研究不正を起こす研究者も出てくる。意図的な捏造でなくても、研究者の無意識のバイアスや論文採択のバイアスなどが影響して、科学総体が生産する結果に一定のバイアスが見られるという主張は、繰り返しなされている。たとえば、「有意差がない」という結果は論文になりにくく、「有意差がある」という結果の論文のみが採択されやすいという選択バイアスは、薬の治験結果などに一定の偏向を与えている可能性がある(25)。

研究課題の選択についても、やはり、専門家ならではの偏りが忍び込む可能性は、常にある。学術的な専門家集団として科学者が存立しているのだから、そこで選定される課題は専門家集団内での価値規範にもとづいて重要性が判定される。つまり、一般社会での社会的要請が課題選定に反映される経路が、ほとんどない。ハンフリー・デイヴィーが自ら最高の仕事と誇ったデイヴィー灯の発明は、社会的な効用という点では素晴らしいものだが、その発明だけでは科学者の「専門的業績」として評価されるものではない。科学が社会的に確立する以前の古き良き時代に、デイヴィーが活躍していたからこそ、この業績を誇ることができたのだと言えなくもない。

しかし、ではデイヴィー灯が科学的に無価値かと言えば、ただちにそのような結論になるわけでもない。そこで工夫された新たな技術や、素材に関する材料科学的考察などが他の専門家から見て科学的にオリジナリティがあると判定されれば、科学的業績として認定されることになる。

この点は、科学者集団が確立している今日でもまったく同じはずである。社会的要請と学術的価値とを分離して独立したものと考えるのではなく、両者に共通する課題の選定や設定をおこなえばいいのである。地域参画型研究（CBPR: Community Based Participatory Research）やユーザー参加型技術評価（UPTA: User Participatory Technology Assessment）などと呼ばれる一連の活動は、このような、社会的要請と学術的意義の「共通集合」こそ重要であるという認識にもとづいている。

発達保育実践政策学も、基本的な考えかたは同じであると思うし、同じであることを期待する。CBPRなどで蓄積された経験例によれば、参加型研究が成功するためには、学術と社会のつなぎ役が重要である。両方の要請に通じた人や組織が間に入って、双方のニーズを満たすように研究をデザインすることが求められる。

これは決して簡単なことではないが、アメリカでの疫学調査[26]や日本の福島原発事故後の低線量被曝調査など、成功している事例も少なくない。福島での低線量被曝については、住民主導で個人線量を測定し、専門家をまじえてその値を生活の中でどのように活かすかを考える「福島のエートス」[27]と、小児用の体内被曝量測定装置「ベビースキャン」を開発した物理学者・早野龍五の事例をあげておきたい。

福島のエートスは、専門家が地域と有効に関わるには住民側と専門家側との両方につなぎ役が必要だという二重つなぎ役モデル（double interpreter model）の典型例として解釈できる。[28] 線量測定値という「科学的データ」を、住民の生活の中で意味をもつものに変換するために、住民と専門家が協議を重ねてきている。[29]

早野龍五は、科学的にはほとんど意味のない乳幼児の被曝線量を測定するために、インダストリアルデザイナーの山中俊治や企業と共同して、乳幼児専用の測定装置を開発した。乳幼児は母親と一緒にいることが多いので母親の被曝線量がわかれば測定値としては十分なのだが、子供自身の測定値がないと不安だという母親の要望に応えて、新たに測定機を作ったのである。[30]

どちらの事例も、住民からの社会的要請が学術的意義とも合致しており、両者を有効に結びつけることが可能であることを示している。しかし、いつでもどこでも両者の共通項が簡単に見つかるわけではない。両者を結びつける課題の設定について、学術的意義と社会的要請の両方に精通しているつなぎ役が必須である。場を作ることに加えて、このようなつなぎ役の人材養成も、当センターの目的として重要なところであろう。

3　体制づくりの方向性——知の適正化を目指して

前節で述べた地域参画型研究（CBPR）は、いろいろな分野で成功例が見られるが、注意すべき点は、研究分野によって参加型の有効性に違いがあることだ。上記は、社会側の要請が学術的な意義と適合したという成功例だが、この他、生物の分布調査や化石発掘など、観察者の「物量」がある程度ものを言う自然誌の分野でも成功例が多い。天文学も、昔からアマチュアの貢献が大きい領域である。日本でも彗星の発見者（コメット・ハンター）として名高い関勉(31)や池谷薫など、活躍しているアマチュア天文学者は少なくない。

一方で、物理学や化学の最先端分野においては、住民参加型は成り立ちにくいと思われる。素粒子物理学の研究には巨大な実験装置が必要だし、理論的考察にも高度な数理的知識が必要だ。しかしこの分野にも住民参加型研究の成功例はある。地球外知的生命体探査プロジェクトのSETI@homeである。これは地球外知的生命体の兆候を探るには、宇宙からの電波の解析に膨大な計算力が必要であるため、インターネットで接続された多数のボランティアのパソコンを並列計算機として活用するものである(32)。

SETI@homeは、天文学だけでなく、計算機科学における住民参加型研究のあり方としても、大変興味深い。スーパーコンピューターを使わないとできないような計算をボランティア・ベースで実現しようという発想は、「ボランティア・コンピューティング」と称されるが、（地球外知的生命体の発見こそまだであるものの）十分実現可能であり、実用に耐えるものであることが証明されたのだ。

これは、ひとつの新しい学問領域を確立したことにひとしい。SETI@homeの管理運営を担当したカリフォルニア大学バークリー校は、この運用を通して分散コンピューティングの基本的なプラットフォーム・ソフト（BOINC: Berkeley Open Infrastructure for Network Computing）を開発し、現在、重力波の探索やタンパク質の構造予測、疫学、化学構造解析など、多くの分野での分散コンピューティング・プロジェクトに使われている。

SETI@homeは、社会からの要請にもとづいているわけではないが、従来は市民参加が難しかった領域での参画型研究を実現し、ＢＯＩＮＣという新たなプラットフォームを生み出した。このように、現在はまだ学術活動として認知されていなくても、新しい領域を確立していくのは、学際研究や社会連携のひとつの方向性である。これを「新領域確立型」と呼ぶことにしよう。

先述したが、ある活動が学問領域（discipline）として確立しているかどうかは、専門家の集まり（学会）、教科書、学術専門誌、人材養成機能の確立が基準となる。発達保育実践政策学がこれらの基準を満たせるのか、またその方向を目指すのかどうか、いずれ判断を迫られる時期が来るかもしれない。

もうひとつの方向性は、時限的な学際プロジェクト方式である。異なる分野の専門家たちが、専門領域では研究対象になりにくいが興味深いテーマを掘り下げるために、あるいはより効果的な異分野連携を目的として、時限的におこなう学際プロジェクトである。そこで得られた新しい知見は、プロジェクト終了後にそれぞれの分野にフィードバックし、既存分野の新たな活性化につなげる。研究者がリフレッシュするという意味で、「お祭り型」と言えるだろう。お祭りというのも実は一過性ではなくて、毎年恒例化しているものである。社会は定期的にそのようなリフレッシュを必要としている。プロジェクトをお祭り型として恒久化することは、十分ありうる。

第三の方向は、「適正技術型」である。これは、実問題の解決のためには最先端の科学技術がいつも必要であるとは限らず、多くの場合、技術的な新規性は低くても実用的には十分であることからその必要性が強調されるようになった概念である。発展途上国への技術協力や技術供与から発想された概念であるが、どの分野にも適用可能であると考えられる。

ある課題を完璧に近く解決しようとすれば、最先端の技術を駆使する必要があるかもしれないが、そのような機械は大量には製作できないし、費用もかさむ。現実場面では、そのような機械よりも、課題解決能力は六割、七割であっても、費用が安く、大量に生産可能な技術の方がはるかに有用である。しかしそのような製品は科学的にも技術的にも新規性がほとんどないため、学術的な価値はほとんど認められず、専門家はあまり参入したがらない。

社会的要請と学術的価値のこのような乖離を埋める概念が「適正技術（appropriate technology）」である（個人的には「技術の適正化」とした方が意味がわかりやすいと思っているのだが、適正技術が定訳になっているのでそれにしたがう）。概念というよりも、技術を社会的状況に応じて適正な形にデザインする、そのような戦略、あるいは方向性と言った方がよいかもしれない。たとえば、インドネシアでの適正技術を推進している田中直《なお》自身が関わった例として挙げているのは、汚水排水処理施設の設置である。[33] 工業先進国であれば高性能の化学フィルターを使用すればよいのだが、費用もかかるし維持にも技術が必要なため、途上国でこのシステムをそのまま導入しても定着させることは非常に困難だ。私も以前、西アフリカのギニアの奥地に滞在していたとき、日本製のショベルカーが放置され、朽ち果てて子供の遊び道具になっているのを見たことがある。

どんな技術であれ、単独で存在しているのではない。それを使いこなすだけの知識と技能をもった人々がいて、製品を運んだり設置したりする業者があり、製品を稼働するためのエネルギーを供給するシステムが必要だ。さらに、社会の経済的水準や技術製品そのものに関わる歴史的・文化的背景など、あらゆる技術製品はそれをとりまく生態系とともにある。生態系の中で他の要素と適切な関係を持てず、みずからの位置（ニッチ）を安定的に定められない技術は、生き残り定着することはできない。ある技術を、周囲の技術的生態系の中で適切な関係（みずからが定着できる関係）が維持できるような形にデザインするのが適正技術の考えかたである。

科学的な研究と、それによる知識の生産についても、この適正化技術の考えかたは適用できると思う。言い換えると、その社会、文脈、背景に定着できる「適正知識（appropriate knowledge）」を生産することが、社会的要請に応える科学研究のあり方であるし、そのための基盤を整えることが大学や研究機関には求められる。発達保育実践政策学研究センターも、そのような**適正知識生産センター**、あるいは**適正知識基盤センター**としての役割が求められるのではなかろうか。

おわりに

以上、異なる学問分野どうしの横のつなぎと、学術研究と社会とのつなぎという観点から、発達保育実践政策学への期待を述べた。第三者の勝手な思い込みや誤解もあるだろうが、どうかお許しいただきたい。

最後に、学際的プロジェクトとして見たときの発達保育実践政策学の利点と、今後の方向への個人的な希望を述べておわりたい。

まず利点だが、テーマの重要性がすでに社会的に広く認識されていることがあげられる。育児や教育について、すでに多くの人が関心をもっていることは今さら言うまでもないだろう。テーマの社会的意義や重要性をことさら説明したり強調したりする必要がないというのは、学際プロジェクトの社会との関係を配慮するさいには有利な要素である。また、異分野の専門家を集めて学際研究体制を構築する際にも、課題を明確に設定することが容易である。先に具体的な課題をうまく設定することが学際研究の成功の鍵のひとつであると述べたが、保育はこの問題をクリアすることが容易なわけである。

一方で、社会からの期待が大きいということはそれだけ評価が厳しくなるということでもあるし、関与者（ステイクホルダー）が増えるとそれらの間の調整コストが高くなるというデメリットもある。これらの不利を減らすためには、発達保育実践政策学として取り組むテーマやその範囲、方向性を早めに設定して周知しておくことも必要だろう。いわば、自分たちの土俵を明確に設定して、その領域での活動とすることを納得してもらうのである。

次に今後への個人的な希望だが、二点ある。ひとつは、教育に関する財政的な問題の検討と、もうひとつは地方の状況への配慮である。

一点目の財政面については、「公」が教育に出資しないという日本社会のあり方の改善の方法を検討していただきたいと願っている。日本では「子弟」の教育はどちらかといえば「私」の領域とされてきたという印象があり、公的な予算的支援はOECD諸国の中でも低い方である。このような状態でこれから先も進めていくことはできないだろうと直観的には感じている。とくに保育や幼児教育への公的支援の充実が不可欠だと思う。なぜこのような傾向が日本に見られるのか、その原因の解明も含め、今後の方針と対策の樹立を検討していただきたいのである。

振り返ってみれば、明治以降、保育もふくめ広い意味での教育を充実させてきたことが、豊かで安定した日本を作る際の基盤となったことは疑いようがない。明治政府は外国からの借金なしに近代的な教育制度を作り、推進してきた。列強諸国の植民地になった国々に比べると、この財政的自立がその後の日本の自立的近代的発展の礎になったことは明らかだ(34)。グローバル化や高度情報化など、国と社会のあり方が大きく変わりつつある現在においても、教育の公的予算の充実化と自立化が必要であるといえるのではなかろうか。

二点目は、地方の状況への配慮である。とくに政策については中央の動向に目が行きがちであるが、人口減少や少子化への対応という点でも、地方の保育・教育のあり方を丁寧に視野に入れておく必要があると考える。再び明治以降の日本の近代化を持ち出すと、その初期の段階から地方でも行き届いた高度な初等中等教育が実施されていたことが、その成功の原因のひとつである、これも今さら言うまでもない点である。長野県松本市の擬洋風建築で有名な開智学校に象徴されるような教育水準の高さ、規律、あるいは前進することへの強い意志は、単に制度が整っていたからとか江戸時代の文化水準が高かったからといって具現化されるようなものではないと思う。中央政府の集権的な近代化であったとしても、それぞれの地域は地域として自律し、個々人の人生が充実して展開されていたはずである。

それを近代日本人の上昇志向と表現してしまうのは簡単だが、決してそれだけではない側面——地域に根ざした文化と社会の熟成——があったのだと思う。たとえば、開智学校のある松本では、廃藩置県などによって松本城の天守閣が取り壊されそうになったとき、啓蒙家の市川量造が城を会場とした博覧会を計画・実行し、その収益で城を買い戻し、保全に成功している(35)。市川による博覧会の提言書（当時の筑摩県参事・永山盛輝に宛てたもの）には、外国の博覧会事情にも触れ、松本城を庶民の憩いの場とする計画が提案されている。彼の博覧会に関する考えかたは市民参加型の典型であり、博覧会終了後も地域に貢献できる施設を残すことを明確にうたっていて、現在から見ても先進的なものである。また、長野県の高等女学校などで長く教鞭をとっていた河野齢藏《こうのれいぞう》は高山植物の研究家や山岳写真家としても活躍したほか、画家、歌人としても知られた多才の人で、新種の高山植物の発見や山岳地帯の植生調査は学術的価値の高い業績として評価されている(36)。だが、その学術も思想形成も、松本の地を離れることなく形成され、達成されたものである。明治期の日本の地方には、そこで学ぶだけでも、学界や芸術界に貢献するだけの優れた文化と学術と道徳を身につけることのできる素地があったのである。

地方の教育水準の高さが、日本の近代化を支えたと言っても過言ではない。そしてこれからの日本のあり方を考えるとき、地方が重要であることは明らかである。「日本の経済社会は、まさに転換のステージにあるといえる[37]」。少子化、高齢化、人口減、産業の衰退など、社会全体が縮退していくプロセスになっているいま、この「撤退戦」をどう乗り切るかが、今後二〇年、三〇年、あるいは五〇年先の日本のあり方を大きく左右するだろう。そして日本社会が抱えているさまざまな問題は、地方にこそ顕著に表れている。すでに地方は撤退戦を戦い続けている。そのノウハウを日本全体に活用する方法を模索すると同時に、地方の撤退戦そのものも緩和していく必要がある。そのためには、地方の教育の質と量をどう維持していくかが大きな課題となってくる。

発達保育実践政策学における学術と社会の往還には、その成果が中央と地方も往還して行き渡っていくことが期待されているのである。

注

（1）　類似の意見表明は多数あるが、たとえば、佐藤文隆『科学と幸福』（岩波現代文庫、二〇〇〇年）などを参照。

（2）　Moran, J. *Interdisciplinarity*, 2nd edn, Routledge, 2010 ; Klein, J. T. *Interdisciplinarity: History, Theory, & Practice.* Wayne State University Press, 1991.

（3）　Ibid.

（4）　Campbell, D. T. "Ethnocentrism of disciplines and fish-scale model of omniscience." In: *Interdisciplinary*

Relationships in the Social Sciences (eds. by Sherif, M. and Sherif, C. W.), Aldine, 1969, pp. 328-348.

（5）キャンベルの業績と生涯については、英語版ウィキペディアが詳しい（https://en.wikipedia.org/wiki/Donald_T._Campbell）。

（6）アメリカの科学史研究者ピーター・ギャリソンは、人類学の「交易圏（trading zone）」概念を科学活動に援用し、研究者間の情報のやりとりが学問分野の確立や維持に重要であるとする論を展開している。Galison, P. and Stump, D. J. eds., *The Disunity of Science: Boundaries, Contexts, and Power*. Stanford, Stanford University Press, 1996.

（7）リチャード・ドーキンス『利己的な遺伝子　増補新装版』日高敏隆ほか訳、紀伊國屋書店、二〇〇六年、原著一九七六／一九八九／二〇〇六年

（8）種の定義は多数あり、そもそも種を実在する個物とみなすかどうかも議論が分かれる。私は、種は個物（individual）としては実在しておらず、個体またはゲノムを要素とする類（クラス［class］）であると考えるが、ここではその議論は本筋には関係ないので、おいておく。

（9）概念操作の手続き的には逆で、不稔の子ができる個体同士を別種であると定義するのがエルンスト・マイアによる「生物学的種」概念である。Mayr, E. *Animal Species and Evolution*, Cambridge, Harvard University Press, 1963.

（10）https://ja.wikipedia.org/wiki/ラバ（二〇一五年一一月二〇日確認）

（11）https://ja.wikipedia.org/wiki/ケッテイ（二〇一五年一一月二〇日確認）

（12）マイケル・ギボンズ『現代社会と知の創造――モード論とは何か』小林信一訳、丸善ライブラリー、一九九七年

（13）Moran, op. cit.（n. 2）

(14) 池内了『科学技術と現代社会（全二巻）』みすず書房、二〇一四年

(15) 内井惣七『進化論と倫理』世界思想社、一九九六年

(16) 上山隆大『アカデミック・キャピタリズムを超えて——アメリカの大学と科学研究の現在』ＮＴＴ出版、二〇一〇年

(17) 同書

(18) 同書

(19) Hand, E. "Citizen science: people power," *Nature* 466 (7307), 2010, 685–687.

(20) http://www.csij.org（二〇一五年一一月二〇日確認）

(21) Holmes, R. *The Age of Wonder: How the Romantic Generation Discovered the Beauty and Terror of Science*. Harper Press, 2008 の第八章。

(22) ibid (n. 21)、第一〇章。

(23) ibid (n. 21)、第四章。

(24) それでも一九世紀後半になっても、「科学者」という呼び名への抵抗は残った。ダーウィンの盟友で進化論の普及につとめたトマス・ヘンリー・ハクスリーは、「科学者」と呼ばれることを嫌ったという。

(25) デイヴィッド・J・ハンド『「偶然」の統計学』松井信彦訳、早川書房、二〇一五年、原著二〇一四年。このようなバイアスを減らすため、仮説と方法のみを先に登録しておき、結果の如何にかかわらず論文として採択される事前登録制もおこなわれている。

(26) Israel, B. A., Schulz, A. J., Parker, E. A., & Becker, A. B. "Review of community-based participatory research: assessing partnership approaches to improve public health," *Annual Review of Public Health*, 19, 1998, 173–202; Israel, B. A., Eng, E., Schulz, A. J., & Parker, E. A., eds. *Methods in Community Participatory Research for Health*,

2nd. edition, wiley, 2005.
(27) 安東量子「共通の言葉を探す――福島原発事故後の共同体と生活」『5: Designing Media Ecology』第三号、二〇一五年、四四―四九ページ
(28) 佐倉統「優先順位を間違えたＳＴＳ――福島原発事故への対応をめぐって」『科学技術社会論学会誌』印刷中
(29) 宮崎真「被災者として、医師として――明日はこれを食えるという話をしよう」『5: Designing Media Ecology』第三号、二〇一五年、六五―六八ページ
(30) Hayano, R. S., Yamanak, S., Bronson, F. L., Oginni, B., & Muramatsu, I. "BABYSCAN - a whole body counter for small children in Fukushima," http://arxiv.org/abs/1402.5508, (2014)
(31) http://comet-seki.net/jp/（二〇一五年一一月二〇日確認）
(32) http://setiathome.ssl.berkeley.edu（二〇一五年一一月二〇日確認）
(33) 田中直『適正技術と代替社会――インドネシアでの実践から』岩波新書、二〇一二年
(34) 山内昌之『世界の歴史20　近代イスラームの挑戦』中央公論新社、一九九六年
(35) 松本市立博物館編『博物館一〇〇年モノ語り』松本市立博物館、二〇〇六年、七ページ
(36) 松本市立博物館編『河野齢藏――博物学者のProfile』松本市立博物館、二〇一五年
(37)『平成二一年度　国土交通白書』一五ページ

＊本章で述べた知見は、ＪＳＰＳ科研費２５２４０６４、２５５６１０１２６の助成を受けたものである。

コラム9　再考――発達ダイナミクスとゆらぎ

生体情報や健康関連情報のデータ分析が専門で、教育や医療のフィールドを念頭に、データを如何に取得するか、どのように分析するか、結果を如何に解釈するか、健康リスクの評価や予防介入にどのように活かすか、といった問題について、生理測定、信号処理、モデリング、統計解析などの立場から研究してきました。

以上が表向きの顔とすれば、裏の顔は、もう四半世紀になりますが一貫して「ゆらぎ」の研究者です。上記データのうち生体情報はとりわけ複雑で、実際に複雑動力学系にみられる多くの特徴を有するのですが、そのような特徴を大量のデータから如何にして抽出するかという専門的関心に加え、それらをダイナミクス（動態）の理解につなげることに興味があります。例えば、疾病が発症する、発達が新たな段階に入る、まさにその局面での動態の劇変を、ゆらぎの性質を通して見ていきたいということです。

動態の劇変によって疾病が発症・増悪するという概念は、私がこのような研究を始めた頃「動的疾患」の名のもと一世を風靡しました。発達研究における“Dynamic Systems Approach”なども その影響を受けたものかと思います。動的疾患については、その後四半世紀、概念上の重要性は繰り返し強調されてきたものの実証的な研究はさほど進展しなかったのですが、最近、情報通信技術の発展により変化の局面で大量にデータ（ゆらぎ）を得ることが可能となりつつあることから、発症予測やリスク評価の観点からも新たな展開が期待されています。発達研究にも同様の展開がありえるでしょうか？

（山本義春／東京大学大学院教育学研究科教授）

コラム10　食嗜好と保育

私は食品科学の視点から、人間がどのように味を感じるのかといったことについて研究をしています。「おいしさ」を真に理解するためには、我々がどのように味物質を受容し認識しているのか、そのメカニズムを明らかにすることがとても大事です。このような研究の一環として、一生における嗜好性の変化についても興味を持っています。食事の好みは成長に応じて変化しますし、さらに、食べ物の好き嫌いは個人によっても異なっています。このような差異が生ずるメカニズムについては、意外と知られていないのが現状です。

最近、幼少期の食経験が成長後の味覚嗜好性にも影響を与えるといったことが明らかにされてきました。マウスのようなモデル動物を使った実験でも、離乳期の頃に強い味覚刺激を与えると、それによって脳の味を認識する部位に変化が生じ、その結果、嗜好性が変化してしまうのです。我が国ではすでに超高齢社会に突入しており、健康寿命の延伸を目指した様々な取り組みが実施されています。食塩の摂取を減らすために減塩食を中心とした薄味のメニューにすることは高齢者の健康に寄与しますが、「薄い味つけを好む」ようにするためには、実は幼少期の食事からコントロールしなければならないのかもしれません。子どもの食事が一生の健康を決めてしまうとなると、保育における食事の大切さという点からの検証も必要となってくるでしょう。

（三坂　巧／東京大学大学院農学生命科学研究科准教授）

コラム11 「ライフログ」から「食事ログ」へ

映像技術が専門ですが、巡り巡って「食のマルチメディア記録」に関して研究しています。遡れば、人の見聞きしたものをそのままデジタル記録できたら、素晴らしいと、いまでいうライフログの研究を始めたのが九〇年代後半でした。見たものすべて常時記録すれば、後から何かを探したり、発見したりと、何にでも使えると、当時は、様々なセンサを繋いだPCを負い、バッテリの続く限り記録し、自分の行動を閲覧する課題などに取り組みました。この複合的な処理は、とてもチャレンジングな課題で、いまだにそうです。しかし、このチャレンジに満ちたライフログ研究は、大きな問題がありました。研究を進めるほどに現実的ではなくなってしまったのです。苦労してデータをとっても全く使わない可能性は高く、大きな負担には見合うものがないかもしれません。転機は、運動会のバスケットボールの学生が卒論生として来たところから始まりました。その学生は、食に興味があり、画像解析でカロリー計算をしたいと提案しました。食が好きなら、まずは、そのログを画像でとることを始めてはどうかと、汎用のライフログから大きく転換することにしました。それが、食の写真日誌をつくるFoodLogというシステム（食事ログ）の始まりです。対象を狭くしたつもりが、食自体大きな領域でした。食事は、健康、ダイエット、栄養、調理、レシピ、レストラン、その流通や生産、ひいては文化等々と生活に強烈に関係しています。今は、情報処理で記録を深く解析するとともに、横に広げる展開を進めています。多分に保育にも関係しそうです。

（相澤清晴／東京大学大学院情報理工学研究科教授）

コラム12　建築学から保育につながる

私は、保育建築（幼稚園・保育所・認定こども園）をフィールドの中心として活動する環境行動研究者です。建築計画学や環境心理学を学びながら培ってきた「環境を捉える視点」を活かしながら、保育者や運営者などの使い手が、空間を創造し環境を設定できる建築家のような能力を持てるようになることを目指して日々研究や活動をしています。

研究では、子どもたちの行動やそれらに応じた居場所や場面を記録しています。例えば、音楽の楽譜のように幼児の行動を表した時には、年齢が低いほど通園してまもなくは座ったり寝転がることが多く、特にそれが自分のロッカー周りで起きていることが明らかになりました（図1（a））。通園したての幼児には、座る場所、落ち着いて静かに周りを見渡す場所が有効なことがわかりました。

このような、気持ちや心が育つために必要な環境や環境を変えていく方法をまとめています。

それでこれらの成果を活用し、保育者のみなさんと実際の保育現場における環境の意味や価値を議論する方法や環境設定変更の方法を開発・普及し続けています。（佐藤将之／早稲田大学人間科学学術院准教授）

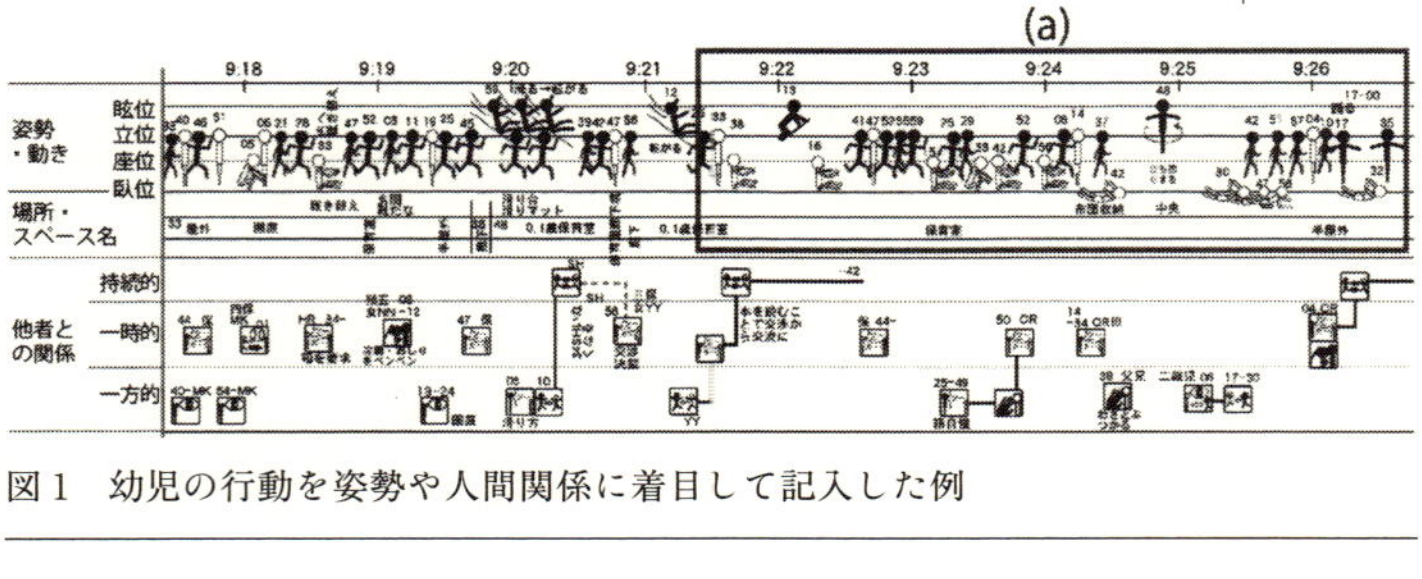

図1　幼児の行動を姿勢や人間関係に着目して記入した例

あとがき

本書を手に取って下さり、最後までお付き合いいただいた読者の皆様へ心から感謝したい。保育をテーマとする書として、本書のユニークな点は、視点の多様性にあると思われる。保育の現場で起きている問題点の客観的な分析、一刻も早く問題を解決しなければならないという危機感、そもそも人間の発達や保育とは何かという科学や哲学等、幅広い内容を含んだ構成になっている。各章ごとに、それぞれの著者による異なる視点からの議論が展開されており、座談会やコラムにも、多様性が現れている。このことは、保育について性急な解答を得ようとする読者には少なからずとまどいを与えたかもしれない。しかし、本書が狭い専門領域の小論の寄せ集めではなく、全体を通じて、あらゆる学問が保育という問題につながっている、というベクトルを感じ取っていただければ、編者としてはこのうえない喜びである。なによりも、本書は、読者ごとに違った読み方が可能であると考えられる。そのことによって、著者らも想像していないような新しい発想が生まれ、既存の概念にしばられない、「保育」についてさらなる「化学変化」を引き起こす触媒効果を期待したい。

本書で議論してきたような領域を模索するにあたり、二〇一四年の秋から、東京大学大学院教育学研究科内で、毎月、定期的なセミナーを開始した。同じ研究科に所属していても、研究の分野が異なると、同じ場で学術的議論をする機会はあまりなかったが、これを機に、発達科学、教育学、政策学等の異なる分野の研究者が、「子育て・保育」というテーマに関して、それぞれの切り口から考える、とても大切なきっかけとなった。合計一二名の研究者の話を聞きながら、どのような展開が可能かを考える時間となった。二〇一四年一月一一日には、日本学術会議主催フォーラム「乳児を科学的に観る——保育実践政策学のために」を開催した。三〇〇名を超える参加を得て、「発達科学の基礎からの提言」、「エビデンスに基づく保育実践政策のために」というテーマについて、国内の幅広い領域の専門家とともに議論することができた。二〇一五年七月に「発達保育実践政策学センター」の設置が決まり、それに合わせて、月に一回のセミナーは、「発達保育実践政策学セミナー」というかたちに発展していった。学内外から、子育て・保育、発達基礎、政策に関わる多くの研究者（二〇一五年一二月までに、合計一六名）にお話いただき、多種多様でユニークな視点から、思考を巡らせる機会をいただいている。二〇一五年八月二二日に、当センターの設立記念シンポジウムを開催した。保育の実践者から研究者まで二〇〇名余の参加を得た。海外の研究者による「日本のこれからの保育の質の向上のために」、「ヨーロッパにおける保育の質と長期縦断研究の動向」についての講演や、「保育の質を高めるために」というテーマでのパネル討論を行った。このように、「あらゆる学問をどのように保育につなげることができるか」についての多くの議論が、本書の基盤となっている。この間に議論していただいたすべての方々、特にその最初期の段階で、我々に刺激と方向性を与えてくださった方々に、心より感謝するとともに、これからも様々な形で、この問題を共に議論させていただきたいと切に願っている。

本書の編集、刊行にあたり、東京大学出版会の木村素明氏より、多大なお力をいただいたこと、心より感謝いたしたい。

二〇一六年三月

多賀厳太郎／山邉昭則

執筆者一覧（監修、編者以外は五十音順）

秋田喜代美［監修］（東京大学大学院教育学研究科教授・同研究科附属発達保育実践政策学センター・センター長）【序章，第1章，第4章，第10章】
主要著書に『「保育プロセスの質」評価スケール』（共訳，明石書店），『学校教育と学習の心理学』（共著，岩波書店），『保育の温もり』（ひかりのくに）など

山邉昭則［編者］（東京大学生産技術研究所協力教員・同大学教育学研究科教育学研究員）【第10章，第11章】
主要著書に『アクティブラーニングのデザイン』（分担執筆，東京大学出版会），『医と知の航海』（分担執筆，西村書店），『ビッグクエスチョンズ 倫理』『ビッグクエスチョンズ 哲学』（いずれも共訳，ディスカヴァー・トゥエンティワン）など

多賀厳太郎［編者］（東京大学大学院教育学研究科教授）【はじめに，第5章，第10章】
主要著書に『脳と身体の動的デザイン』（金子書房）など

遠藤利彦（東京大学大学院教育学研究科教授・同研究科附属発達保育実践政策学センター・副センター長）【第4章，第7章，第10章】

大桃敏行（東京大学大学院教育学研究科教授・研究科長）【第2章，第10章】

佐倉　統（東京大学大学院情報学環教授・学環長）【第10章，第12章】

高橋　翠（東京大学大学院教育学研究科特任助教）【第8章】

村上祐介（東京大学大学院教育学研究科准教授）【第3章，第10章】

淀川裕美（東京大学大学院教育学研究科特任講師）【第9章】

渡辺はま（東京大学大学院教育学研究科特任准教授）【第6章，第10章】

あらゆる学問は保育につながる
発達保育実践政策学の挑戦

2016 年 3 月 28 日　初　版
2016 年 8 月 30 日　第 2 版

[検印廃止]

監修者　秋田《あきた》喜代美《きよみ》
編　者　山邉《やまべ》昭則《あきのり》／多賀《たが》厳太郎《げんたろう》

発行所　一般財団法人　東京大学出版会
代表者　古田元夫
153-0041　東京都目黒区駒場4-5-29
http://www.utp.or.jp/
電話　03-6407-1069　Fax 03-6407-1991
振替　00160-6-59964

組　版　有限会社プログレス
印刷所　株式会社ヒライ
製本所　誠製本株式会社

ISBN 978-4-13-051333-3　Printed in Japan